한국의 사찰숲

한국의 사찰숲

초판1쇄 인쇄 2016년 3월 14일
초판1쇄 발행 2016년 3월 21일

지은이 | 전영우
펴낸이 | 남배현
기획 | 모지회
책임편집 | 박석동

펴낸곳 | 모과나무
등록 2006년 12월 18일(제300-2009-166호)

주소 | 서울시 종로구 종로19, A동 1501호
전화 | 02-725-7011
전송 | 02-732-7019
전자우편 | mogwabooks@hanmail.net

디자인 | Kafieldesign

ISBN 979-11-87280-00-2 (03220)

이 도서의 국립중앙도서관 출판예정도서목록(CIP)은
서지정보유통지원시스템 홈페이지(http://seoji.nl.go.kr)와
국가자료공동목록시스템(http://nl.go.kr/kolisnet)에서
이용하실 수 있습니다.(CIP제어번호 : CIP2016006902)

ⓒ 전영우, 2016

모과
나무 (주)법보신문사의 출판 브랜드입니다.
지혜의 향기로 마음과 마음을 잇습니다.

한국의 사찰숲

다음 세대를 위한 생태역사보고서

전영우 지음

모과
나무

책을 펴내며

한국의 사찰숲은 국토 면적의 0.7%밖에 안 된다. 이 좁은 면적에
국가 자연유산 중, 천연기념물로 지정된 식물과 명승이 10% 이상
씩 자리 잡고 있다. 이 비율은 사찰숲이 토지 면적보다 15배나 더
많은 식물, 명승 등의 자연유산을 보유하고 있음을 의미한다.

이뿐만 아니다. 사찰숲을 제외하면 존립 자체가 어려운 국립공
원도 있다. 내장산 국립공원의 39.8%, 가야산 국립공원의 39%,
월출산 국립공원의 40.6% 면적이 각각 내장사, 해인사, 도갑사의
사찰숲으로 구성되어 있기 때문이다.

오늘날 자연과 생태의 중요성이 나날이 고양되고 있고, 그 가치
를 지키고자 다양한 활동이 나라 안팎에서 전개되고 있다. 하지만
자연과 생태의 진수인 사찰숲의 가치와 기능에 주목하는 이는 별
로 없다.

사찰숲의 진가가 생태와 경관 측면에서만 존재하는 것은 아니다. 곤궁했던 지난 시절에 대부분의 전통 사찰은 운영 경비를 사찰숲의 벌채 수입으로 충당했다. 사찰숲이 사찰 재정의 중요한 수입원이었던 셈이다. 그래서 사찰숲의 고유 기능인 자원의 역할도 간과할 수 없다. 이런 실정임에도, 사찰숲의 임산물 생산에 관심 두는 이도 역시 많지 않다.

사찰숲이 보유한 생태적 가치와 자원적 역할을 알게 되면서 사찰숲에 대한 나의 의문은 점차 커져만 갔다. 그 기원과 형성 유래는 물론이고, 과거와 현재에 이르기까지 어떻게 이용되었으며, 오늘날은 누가 얼마나 소유하고, 앞으로 어떻게 이용해야 할 것인가로 그 궁금증은 확장되었다.

문제는 점차 늘어난 이런 궁금증을 속 시원하게 풀어줄 공개된 어떤 자료도 없는 현실이었다. 사찰숲의 아름다움과 정서적 가치에 관한 이야기는 이전에 펴낸 책인 《절집 숲》(2011)에서 충분히 했다고 생각한다. 그러나 사찰숲이 형성된 유래와 이용 실태를 정확히 파악할 수 있는 책이 꼭 필요하다고 생각했다. 이 책은 그런 부분의 궁금증을 조금이라도 해소하는 데 도움이 되길 바라는 마음에서 지금까지의 연구 결과를 모은 것이다.

《한국의 사찰숲》 전반부는 사찰이 언제 어떻게 숲을 소유하게 되었고, 그 숲을 어떻게 이용하였는지에 대한 의문에 답하고 있다. 몇몇 사찰에서 숲에 얽힌 이야기가 구전되고 있지만, 그 기원이나 형성 유래는 물론이고, 과거의 이용 실태를 온전히 밝히는 기록을 쉬 찾을 수 없다. 조선시대 숭유억불의 엄혹함, 임진왜란과 병자호란의 참화, 일제강점기의 식민지 수탈, 6·25전쟁 등으로 사찰숲과 관련된 대부분의 기록이 망실되었기 때문이다.

그래서 관련 자료들을 샅샅이 뒤질 수밖에 없었다. 그중에서도 《삼국유사三國遺事》,《조선왕조실록朝鮮王朝實錄》,《승정원일기承政院日記》, 송광사의 사지寺誌《조계산송광사사고曹溪山松廣寺史庫》산림부山林部는 물론이고, 몇몇 사찰의 완문, 매매문기 등에서 사찰숲과 관련된 기록들을 찾아내었다. 이 기록들을 퍼즐 맞추듯이 조각조각 맞춘 덕분에 사찰숲이 이루어지는 과정과 사람들이 이용하던 모습을 그려낼 수 있었다.

조사를 하면서 흥미로운 사실도 확인했다. 그 하나는 1745년(영조 21년)의 《승정원일기》 기록이다. 그 당시 나라 전역의 숲이 헐벗게 되자 국용재(國用材: 소나무, 참나무, 위패용 밤나무 등)를 원활하게 조달하고자 조선 조정이 사찰숲에 주목했다는 내용이다. 조선 왕실의 이 공식 기록은 조선 후기에 온 나라의 숲이 황폐해졌을 때, 사찰만이 제대로 숲을 지켰음을 간접적으로 증언하고 있다.

이런 사례는 반복된다. 1910년 통감부에서 최초로 실시한 나라 전역에 걸친 임적조사 결과, 민간 소유의 숲보다 사찰 소유 숲이 더 울창했으며, 1943년의 조선총독부 통계에도 국유림이나 사유림의 산림 축적이 감소할 때, 사찰의 산림 축적은 오히려 더 늘어나고 있다. 6·25전쟁 직후에도 유사한 현상이 나타났다.

한두 번도 아니고, 300여 년에 걸쳐 지속해서 나타난 울창한 사찰숲을 상상해보면 자연스럽게 의문이 든다. 나라 전역이 헐벗을 때, 사찰은 어떻게 숲을 지켜낼 수 있었을까?

이런 의문에 대한 직접적인 답은 아니지만, 숲에 대한 사찰의 의지가 예사롭지 않았음은 송광사의 산림부로 확인된다. 산림부에는 조선시대 사찰숲을 지켜내려는 사찰의 단호한 의지가 기록되어 있다. 바로 사찰숲을 국가의 율목봉산과 향탄봉산에 획정시켜, 왕권의 보호 아래 숲을 지켜냈던 자구책을 담고 있기 때문이다.

특히 송광사는 봉산 획정 전 과정을 산림부에 남겼고, 그 덕분에 지금껏 불분명했던 조선 후기의 대표적 산림시책인 봉산의 지정과 운영 과정뿐만 아니라 사찰숲의 기원과 형성 유래, 현대적 소유권 획득 과정까지도 파악할 수 있게 되었다.

사찰은 이처럼 천년 세월 동안 사찰숲을 지키고자 나름의 노력을 다했다. 이런 사실을 알게 되면, 조선총독부의 시혜적 산림정책으로 사찰이 산림을 무상으로 양여 받은 것이란 일각의 주장이 얼마나 터무니없는 소리인지 알 수 있다.

《한국의 사찰숲》 후반부는 일제강점기와 광복 이후의 사찰숲 이용 실태와 활용 방안을 다루고 있다. 일제강점기 사찰숲 이용 실태는 조선총독부 사찰림 벌채허가원을 바탕으로 작성되었다.

국가기록원의 조선총독부 자료에는 243개소의 사찰이 1918년에서 1943년까지 사찰숲을 벌채하고자 제출한 650여 건의 벌채허가원과 관련된 수천 쪽의 서류들이 수록되어 있다.

디지털 기록으로 공개된 이 자료들 덕분에 일제강점기 사찰숲의 이용 실태를 쉽게 확인할 수 있지만, 이들 650여 건의 벌채허가원에 수록된 정보의 양이 너무 많아, 책에는 겨우 일부만 소개할 수밖에 없었다.

광복 이후의 사찰숲 이용 실태를 정리하는 일은 사찰숲의 기원과 형성유래를 밝히는 일만큼 어려웠다. 조선시대나 일제강점기보다 오히려 광복 이후의 사찰숲에 대한 기록과 자료를 찾기가 더 힘들었기 때문이다. 그래서 1960~1970년대의 사찰숲 이용 실태는 그 당시의 신문기사에 주로 의존할 수밖에 없었다.

사찰숲의 이용 실태와 관련된 흥미로운 또 다른 사실은 자연과 생태의 가치가 오늘날처럼 중요하게 인식되지 않던 20세기 70여 년 동안(1910~1980) 사찰숲은 사찰 재정을 지탱하는 주 수입원이었다는 사실이다. 가람의 유지와 보수는 물론이고, 중건 및 인건비 등에 필요한 재원의 많은 부분이 사찰숲에서 충당되었다. 일제강점기는 물론이고 광복 이후에서 1980년대 초반까지도 이런 추세는 계속되었다.

지난 천년의 세월 동안 사찰숲의 역할과 이용 실태를 한눈에 조망하면, 생태를 중시하는 오늘의 시각으로만 사찰숲을 볼 것이 아니라 자원의 가치로서도 사찰숲을 함께 볼 줄 아는 균형 잡힌 시각이 필요하다는 점을 절실히 깨닫게 된다. 더 나아가, 사찰이 지난 수백 년 동안 숲에 적용한 자원 이용 방법은 오늘날 산업문명의 대안으로 우리들이 찾고자 애쓰는 지속가능성의 살아있는 사례라 할 수 있다. 승가공동체가 자원의 고갈을 막고자 수백 년 동안 수용 능력에 따라 적절하게 이용했을 뿐만 아니라, 후세가 이용할 수 있도록 관리했던 자원이 사찰숲이었기 때문이다.

문제는 불교계 안팎이 사찰숲의 자원적 기능은 망각하고, 생태적 가치에만 눈돌리고 있는 현실이다. 이런 현실을 타개하는 데 작은 도움이라도 되었으면 하는 바람으로 책의 후반부에 천년 이상 사찰림 경영 경험을 간직한 일본 곤고부지(金剛峰寺)의 사례와 사찰숲을 활용하는 데 필요한 한국임업진흥원의 산림정보 서비스 이용방법을 포함시켰다.

사찰숲에 관심을 가진 지 20여 년이 흘렀다. 〈숲과 문화〉에 '안정사의 금송패'를 소개한 1993년 이래, 문화의 창으로 숲을 읽고 해석하고자 시도했던 한 학인에게 사찰숲은 또 하나의 매력적인 천착 대상이었다.

사찰숲에 천착한 보람도 있었다. 사찰숲이 오랜 세월 동안 조상과 자연의 상호작용으로 형성된 독특한 문화경관이고, 그 독특함 때문에 사찰숲은 우리만이 간직한 자연유산이라고 앞장서 주장할 수 있었고, 《절집 숲》에 이어 《한국의 사찰숲》도 펴내게 되었기 때문이다.

정년을 앞둔 즈음에 사찰숲에 몰입할 수 있는 기회가 다시 찾아온 것은 사찰숲과 함께한 지난 세월에 대한 멋진 보상이었다. 지난 한 해 동안 법보신문이 연재 지면을 제공한 덕분에 그동안의 연구 결과를 정리할 수 있었다. 금상첨화격으로 자비화의 연구비 지원 덕분에 200년 동안의 송광사 사찰숲 변천 과정도 동시에 연구할 수 있었다.

이 책의 구성이 더 풍성해지고, 다양한 고증 자료를 수록할 수 있었던 것은 사찰숲으로 맺어진 이런 신묘한 인연들 덕분이다. 그 행운을 한 권의 책으로 엮어준 모과나무 남배현 대표에게 감사의 마음을 전한다.

이 책의 서문을 마무리하면서 능력에 버거운 글쓰기로 그동안 겪었던 고통의 기억은 어느 틈에 사라지고, 다시는 이런 기회를 갖지 못할까 두려운 마음이 앞섰다. 독자 여러분의 질정과 성원이 필요한 이유다.

2016년 2월 송안당松眼堂에서

전영우

차례

1
한국
사찰숲의
시작

5
미래의 사찰숲

사찰숲에 대한
새로운 인식

사찰하면 곧 숲이다. 숲이 없는 사찰을 상상할 수 없기 때문이다.
부처님의 탄생과 성장, 출가와 수행, 성도와 전법, 그리고 마지막
입멸까지 모두 숲에서 이루어졌다. 그래서 불교를 숲의 종교라 일
컫는다.

우리나라 사찰이 갖고 있는 숲이 조계종 1년 예산의 22.5배나
되는 1조 800억 원의 가치를 매년 창출하고 있다는 사실을 아는
이가 얼마나 될까? 평생 벌어도 1억 원을 쥐기 힘든 서민의 살림
살이에 1조 원이라는 거액의 크기를 가늠하기란 쉽지 않다. 조계
종의 1년 예산이 480억 원, 2015년 확정된 우리나라 예산이 376
조 원임을 감안하면 더욱 그렇다.

1조 800억 원이라는 가치는, 국내 산림 636만ha(1ha = 3,025평)
에서 창출되는 공익기능평가액이 109조 70억 원[1](2010년 기준)이니,

이를 종단의 산림에 대입해서 산정한 평가액이다(현재 종단의 산림은 최소 추정 면적이 6만 3,000ha에 이른다). 이 금액은 대한민국 국민 한 사람이 1년 동안 전국 사찰의 숲에서 2만 1,000원의 혜택을 누리고 있음을 뜻한다.

산림의 공익기능평가액이란 숲이 갖고 있는 다양한 기능—수원 함양, 산림 정수, 토사 유출 붕괴 방지, 산림동물 보호, 산림 휴양, 이산화탄소 흡수, 산소 생산, 대기 정화, 산림치유, 산림 경관—을 자산 가치로 셈한 것을 말한다. 이 평가액은 우리 산림이 성장해 감에 따라 해마다 9.5% 이상씩[2] 불어나는 추세이고, 생태보전이 잘된 사찰림, 즉 사찰숲의 특성을 감안하면 그 평가 가치는 더 늘어날 것이다.

국립공원과 도립공원과 군립공원의 산림 면적 중 사찰숲이 차지하는 비율이 각각 8.3%, 15.5%, 13.6%에 달하는 것, 설악산의 신흥사와 가야산의 해인사 사찰숲이 각각의 국립공원 내에서 창출하는 공익적 가치가 50~80%에 달한다는 연구[3]는 사찰숲의 공익 가치에 대한 구체적인 사례이다.

사찰숲의 공익 가치에 대한 중요성은 조계종과 산림청이 2008년 맺은 '사찰산림 보호 및 공익적 가치 증진 업무 협약'을 통해서도 확인된다. 이 업무 협약에 따라 산림청은 2011년에 전국 25개 교구 본사에 '사찰임야 현황도'와 '사찰임야 임상도'를 배포했다. 배포된 '사찰임야 현황도'에는 조계종 소속 485개 사찰숲의 임야구

국내 사찰 중 가장 넓은 숲을 가진 월정사는 들머리 전나무 숲으로도 유명하다.

역 경계가 구분되어 있다. '사찰임야 임상도'에는 나무의 종류와 굵기, 나이 등의 자세한 정보가 들어 있다. 그러나 산림청이 조계 종의 사찰임야에 대한 구체적 정보를 담은 자료를 제작해 교구 본 사에 배포한 지 벌써 몇 년이 지났지만, 과문한 탓인지 종단에서 이 자료를 활용하고 있다는 소식은 듣지 못했다.

사찰숲에서 좀 더 긍정적인 가치를 만들기 위한 조계종의 움직 임과 노력이 없지는 않았다. 종단의 기획실장이 2013년 새해 계획 으로 "사찰숲을 비롯한 정신문화와 관련된 불교 자원을 국민 치 유와 사회 통합에 활용할 수 있는 지원책"의 수립 필요성을 피력 했다. 2014년에는 지방선거에 즈음하여 '전통문화 계승 발전 방 안'의 하나로 사찰숲의 '공익적 가치와 불교적 가치'의 조화를 꾀할 수 있는 정책을 종단에서 제안하기도 했다. 그러나 아쉽게도 공익 적 가치 증진에 대한 구체적인 실천은 물론이고, 천년이 넘도록 불 교적 가치로 활용해온 종교림의 역할과 기능에 대한 논의조차 듣 지 못했다. 종단을 포함한 불교계는 지금껏 한 번도 경험해보지 못한 '조' 단위의 공익 가치를 어떻게 받아들여야 할지에 대한 진 지한 고민과 연구가 과연 있는 것인지 궁금하다.

종단이 소유한 사찰숲의 경계는 물론이고 그 숲의 구체적 정보 까지 산림청에서 제공했는데도 사찰숲을 대하는 움직임이 적극 적이지 못한 이유는 무엇일까? 조계종 총무원의 '산림국장'직이나

통도사는 가람 내외의 반대를 무릅쓰고 한국성을 상징하는 전통문화 경관인 들머리 소나무 숲을 지켜냈다.

각 사찰마다 있던 '산감'직이 직제에서 오래전에 사라진 이유, 사찰 숲을 관리할 예산을 쉬 찾을 수 없는 이유는 또 무엇일까?

아마도 가장 큰 이유는 사찰 경제에 도움을 주던 사찰숲의 벌채 수익을 더는 기대할 수 없고, 비록 1조 800억 원이라는 거액의 공익 가치가 사찰숲에서 창출될지라도 사찰의 운영에는 직접적으로 도움이 되지 않기 때문일 것이다.

사찰숲에서 얻는 벌채 수입과 공익 가치는 금전적 재화로 계량화할 수 있지만 종교적 기능과 역할을 하는 사찰숲의 불교적 가치는 정신적인 부분이기에 쉽게 계량화할 수 없다. 사찰 숲에서 얻는 자비, 탈속, 무상, 불성, 광명, 풍요, 생명에 대한 종교적 자각을 금액으로 산정할 수 없기 때문이다. 사찰숲에서 창출되는 불교적 가치를 국민 모두에게 알기 쉽게 제시할 수 있는 이론적 성찰이나 고민이 보이지 않는 현상은 이런 어려움 때문이겠지만, 종단의 무관심과 무지도 분명 무시할 수 없는 이유일 것이다. 조계종이 소유하고 있는 부동산의 대부분(96.65%)이 임야[4]임에도 미술사를 전공한 박사 스님은 다수인 반면 산림학을 공부한 박사 스님은 한 분도 없는 현실이 그 무관심을 증명한다.

사찰숲에 대한 종단의 소극적 태도와 극적으로 대비되는 기관이 있다. 산림청이다. 나무를 심고 산불을 끄고 병해충을 방제하던 기관으로만 여겨졌던 산림청은 20년 전부터 숲을 달리 보기 시작했다. 숲을 경제자원으로만 보던 기존의 시각을 깨고 국민의 건강·복지·교육을 감당할 수 있는 더 큰 복합자원으로 새롭게 인식한 것이다.

산림청은 산림 휴양, 산림 문화, 숲 해설, 숲 유치원 등을 넘어서 이제 국민의 생애주기별 복지까지 산림에서 해결하겠다고 뛰어들고 있다. 그 대표적 사례가 산림치유다. 예산이 수천억 원에 이른다는 설이 공공연히 돌 만큼 산림청은 수백억 원의 예산을 들여 산림테라피센터 개장을 준비하고 있다. 인체의 면역력을 높이고 건강 증진을 목적으로 개설 중인 '치유의 숲'은 국립 3개소, 공립 2개소가 운영 중에 있으며, 32개소가 추가 조성 중에 있다.

불교계는 숲과 함께 생활해온 장구한 역사적 전통과 질적으로 월등히 뛰어난 하드웨어(사찰숲과 사찰)와 소프트웨어(템플스테이, 명상 및 마음 치유)를 보유하고 있으면서도 사찰숲의 불교적 가치를 제대로 활용하지 못하고 있다. 전국에 걸쳐 59곳의 사찰이 1백만 평(330ha) 이상의 숲을 보유[5]하고 있지만, 그 넓은 사찰숲을 '국민 치유'와 '사회 통합'에 제대로 활용하고 있는 사찰은 없다. 안타까운 현실이다. 그 이유는 무엇일까?

휴먼웨어(산림 전문가, 산림치유 전문가, 생태 체험 전문가, 숲 해설가)를 갖추지 못한 데서 그 이유를 찾기도 하지만, 지엽적인 핑계일 뿐이다. 오히려 종단을 비롯한 불교계가 산림에 대한 고루한 인식의 틀을 고수하고 있는 것이 가장 큰 이유 아닐까 생각한다. 고루한 인식의 틀이란 사찰숲의 불교적 가치를 새롭게 정립하거나 계발할 의지 없이 기존의 모습 그대로 산림에 무관심한 상태를 말한다.

21세기의 사상적 특징은 생태주의다. 불교적 세계관이야말로 생태주의나 생태윤리에 큰 영향을 미쳤다. 이러한 경향은 산림 이용에도 그대로 적용될 것이다. 앞으로는 사람들이 사찰숲을 '생태소비'할 것이라는 말이다. 하지만 이에 대한 종단의 대비는 없는 실정이다.

더욱 커져가는 생태소비시대 환경에서 종교림인 사찰숲은 어떤 역할을 할 수 있을까? 종단의 비전문성과 무관심으로 인해 사찰숲(국립공원)을 이용하는 국민에게 사찰숲의 불교적 가치와 공익적 가치의 차이를 올바로 설명하지 못할 뿐만 아니라 사찰숲의 활용 현안에 제대로 대처하지 못하는 지금의 현실을 어떻게 봐야 할까?

언론이나 타 종교단체가 사찰숲의 소유권 형성 과정[6]이나 사찰숲의 면적 증감[7]을 주시하는 이유는 사찰숲의 불교적 가치보다 공익적 가치를 중하게 여기는 시대정신 때문일 것이다. 우리가 '사찰숲'에 주목해야 하는 이유는 이처럼 숲에 대한 다양한 가치관이 혼재되어 있는 세태에 사찰숲의 기능과 역할을 보다 분명하게 구명究明해야 하는 당위성 때문이다.

우리 사회가 오늘날 갖고 있는 사찰숲에 대한 인식의 편린은 불교가 종교림으로서 숲을 소유하고 관리해온 1천7백 년 동안의 역사와 다르지 않다. 사찰숲이 어떻게 형성되었는지, 소유하고 이용하는 과정은 어떠했는지 살펴보는 일은 불교가 앞으로 숲을 어떻게 바라봐야 하며 어떻게 활용해야 할지를 모색하는 기초를 다지는 일이 될 것이다.

1

한국
사찰숲의
시작

01

숲의 종교,
불교

나무 아래
수행처

불교는 숲의 종교라 할 수 있다. 불교와 숲의 관계는 석가모니의 일생을 통해서도 엿볼 수 있다. 불경에는 석가세존의 수도修道, 정각正覺, 성도成道, 입적入寂의 모든 과정에 나무가 밀접한 관련을 맺고 있음을 밝히고 있다. 석가모니는 사라나무 숲에서 태어나고, 보리수 아래에서 정각을 이루었다. 숲이 정사精舍였고 거기서 수행을 하였다. 또 두 그루의 살나무 아래에서 입적했다고 경전에서는 밝히고 있다. 이런 배경 때문에 불가에서는 석가모니와 관련을 맺은 나무들을 성수聖樹, 각수覺樹, 도수道樹, 사유수思惟樹, 불수佛樹 등으로 부르고, 이것들을 총칭하는 집합명사로 보리수菩提樹라 부르기도 한다.[8]

나무와 불교와의 밀접한 관계는 도량道場이라는 단어에서도 찾을 수 있다. 사찰과 유사한 의미를 지닌 도량은 석가모니가 보리수 아래에서 성도한 자리를 일컫는 보리도량菩提道場에서 유래한다[9]. 이와 같은 사례는 불상이 건립되기 전, 석가모니 입멸 이후 500여 년 동안은 법륜法輪, 원상圓相과 함께 보리수가 부처를 상징하는 조형으로 사용되었기 때문이다.

석가모니의 생애 속에 이처럼 나무가 빈번하게 등장하는 이유는 석가모니의 탄생지인 네팔의 룸비니Lumbini와 성도한 인도의 비하르Bihar 지역이 아열대지방이라는 사실을 생각해볼 수 있다. 나무와 숲이 수도생활을 하는 수행자에게 폭염과 비바람을 피할 수 있는 안식처를 제공했을 것이다. 《고려대장경高麗大藏經》에도 사라수娑羅樹, 다라수多羅樹, 제라가수提羅迦樹, 다마라수多摩羅樹, 파구라수婆求羅樹, 담포수湛葡樹, 아수가수阿輸迦樹, 파아가라수婆阿迦羅樹, 부나마수分那摩樹, 나마수那摩樹, 나가수那迦樹, 시리사수尸利沙樹, 열구타수涅劬陀樹, 아설타수阿說迦樹, 파특차수波勒叉樹, 우담바라수優曇婆羅樹 등 16종의 수목이 언급된 사실을 볼 때 쉽게 이러한 추정을 할 수 있다.[10]

부처가 태어났다는 룸비니 동산, 《금강경金剛經》의 무대인 기원정사(祇園精舍, 제타와나Jetavana), 최초의 정사인 죽림정사(竹林精舍, 에누와나Venuvana), 최초로 설법한 녹야원鹿野園. 이들의 공통점은 무엇일까? 불자들이야 망설임 없이 불교의 성지라고 답하겠지만, 공통점은 바로 숲이다. 우리에게 익숙한 이들 성지의 지명을 동산(園), 임林, 원園이 들어가게끔 의역한 이유는 이들 성지가 숲이었기 때문이다. 이런 연유로 흔히 '불교는 숲의 종교'라고 말하는 것이다. 《대장경大藏經》과 《본생경本生經》을 비롯한 여러 경전에는 석가모니의 생애와 함께한 60여 개소의 숲을 언급하고 있다.[11] 숲이 바로 수행 장소였기 때문이다.

경전에 나타난 숲

《아함경阿含經》이나 《언행록言行錄》에는 석가모니가 제타와나 숲, 즉 기원정사에서만 스물세 번이나 하안거를 지냈으며, 마하와나Mahavana(대원림), 베사깔라와나Bhesakalavana, 빠릴레이야까Parileyyaka에서는 각각 다섯 번째, 여덟 번째, 열 번째 하안거를 보냈다고 기록하고 있다. 까빌라왓투의 니아그로드와나Nyagrodhvana 숲은 열다섯 번째 하안거를 보낸 곳이자 득도후 부친을 처음 만난 곳이었으며, 암바파리와나Ambapalivana 숲은 생애 마지막 나날을 보낸 장소였다.

부처의 탄생, 수도, 정각, 설법, 입적은 모두 숲에서 이루어졌다. 탄생의 순간을 함께한 아쇼카나무(ashoka tree: *Saraca asoca* (Roxb.) de Wilde)는 부처님의 어머니인 마야부인이 이 나무의 가지를 붙잡고 석가모니를 출산했기에 부처님의 탄생수(일명 사라수)란 별칭을 얻었으며, 흔히 무우수無憂樹라고도 불린다. 고행과 수행생활 후 득도를 함께한 나무는 핏팔라나무(pipal: *Ficus religiosa* L.)로 후에 보디bodhi라는 이름을 얻었다. 후에 보리수나 각수覺樹로 의역되었다. 노년의 부처가 고향을 향하던 중 입적했는데, 열반의 순간을 지켜본 나무는 두 그

석가모니가 성도했던 보드가야의 마하보디 대탑 앞의 보리수. (출처: 미국 필라델피아 Ken Wieland)

두 그루의 살나무 아래에서 열반에 든 부처의 모습을 담은 '쌍림열반도' 부분도. (출처: 동국사)

루의 살나무(sal: *Shorea robusta* Gaertn.f.)였다.

숲은 집을 떠난 수도자들이 수행하기에 이상적인 장소였다. 사람들이 사는 민가와 그리 멀리 떨어지지 않았으면서도 조용히 방해받지 않고 자신을 돌아볼 수 있었다. 또한 숲에서는 머리를 태울 듯이 내리쬐는 햇빛과 비바람에서 자신을 보호할 수 있었다. 초기경전에서 수행자들을 '숲 거주자'로 불렀던 까닭이 여기에 있다. 숲은 최선의 수도처였다.[12]

부처의 제자들 역시 스승처럼 수행의 전 과정을 숲에서 보냈다. 숲 속의 수도생활로 득도하면 자연스럽게 수행자들의 처소인 나무와 주변 숲은 성소聖所나 성지聖地가 되었다. 수도자들이 머물던 숲은 보호받았고 오랫동안 숭배의 대상이었다. 사찰의 초기 유형은 원림園林이었던 셈이다.

불교의 수행이 사색과 명상을 통해서 깨달음을 얻는 과정이라고 거칠게 정의할 때, 적멸처寂滅處에 안정하여 산란치 않고 마음을 통일하여 진리를 정관투득靜觀透得 할 수 있는 장소로 숲만큼 적당한 공간은 없다. 《밀린다왕문경彌蘭陀王問經》에서는 숲이 완전하고 고요하고 안락한 마음 통일을 이루어주는 수행 공간이라고 했다.[13] 이 경전에 등장하는 '비유 이야기에 관한 질문'에서는 수행자가 두타행頭陀行[14]으로 번뇌를 떨치고자 원하면, "숲에 살고, 나무 아래에 앉는다"고 한다.

《법화경法華經》에서는 지상에 재현시킨 극락(사찰)의 입지 조건을 수풀이 우거진 동산으로 기술한다. 《화엄경華嚴經》에는 사찰을 두고 시냇물이 흐르는 울창한 숲이 있는 곳이라고 묘사했다. 불경의 영향 때문인지, 무연無然 스님은 우리 사찰의 입지 환경도 불경에 기술된 내용과 크게 다르지 않다고 했다.[15] 스님의 박사학위 논문 〈사찰풍수를 통해 본 한국 전통 사찰의 가람 위치 연구〉에 따르면 삼국시대와 통일신라시대, 고려시대, 조선시대에 창건된 사찰 600여 개소의 해발고도를 분석해본 결과, 전통사찰의 75%가 해발 100~350미터에 세워졌다. 주변 환경에는 산허리 하부(2부 능선)의 넓은 평지 사이로 하천이 흐른다고 보고했다. 높지 않은 고도에 수분 공급이 원활한 개울이 있는, 토심이 깊은 평지에 창건한 사찰은 나무들이 자라는 데 최적의 생육 환경이었던 셈이다. 옛 고승들은 사찰을 창건할 당시부터 가람뿐만 아니라 숲도 염두에 두었다고 주장하면 지나친 견강부회일까.

한국성의 상징, 사찰숲

인간은 태어날 때부터 주변 자연경관에서 정서적, 심리적 영향을 받으며 산다.[16] 병원에서 태어나고 아파트에서 자란 젊은 세대들이야 어쩔 수 없을지 몰라도, 도시에서 살아가는 중장년층들은 고향의 옛 풍경을 기억하며 그리워한다. 사찰의 숲은 지난 1천 수백 년 동안 가람을 들락거린 선조들에 의해 정서적 기억(mindscape)으로 체화되었다. 이것은 고스란

《조계산송광사사고》 산림부. 1920년대에 금명보정, 용은완섭, 기산석진 스님이 송광사의 사료를 수집 정리하여 1931년 묶은 책.

히 한국인의 삶에도 영향을 미쳤다. 사찰의 숲을 전통문화 경관의 보고라고 일컫는 이유도 체화된 정서적 기억이 한국성韓國性을 상징하는 한 요소가 되었기 때문이다.

한국인의 정서에 이처럼 굳게 각인된 사찰숲을 옛 스님들은 과연 어떻게 생각했을까? 스님들의 생각을 엿볼 수 있는 기록은 《조계산송광사사고》[17]에서 찾을 수 있다. 1930년대 편찬된 이 사고의 산림부에는 다음과 같은 내용을 볼 수 있다.

"불사佛社를 세우는 곳에는 반드시 나무를 심어 그 아름다운 경치를 보존하는 것이 불교에서 권하는 가르침이다. 그러므로 어떤 나라나 어떤 곳에도 절의 임야에는 나무가 울창한 모습이 있고, 그중에서도 송광사의 임야는 우리 절에서 730

여 년의 역사를 가지고 뼈를 깎는 노력으로 계속해서 수호해온 곳이다."

《조계산송광사사고》 산림부와 유사한 내용은 "무성한 숲은 위엄을 더해주는 것이며, 나무를 빽빽이 심는 일은 덕을 더해주는 일(增威以茂林 加德以密樹)"이라는 고승의 발원에서도 찾을 수 있다.[18] 숲을 가꾸고 지키고자 각고의 노력을 쏟았던 옛 스님들의 염원 덕분에 사찰숲은 한국성韓國性의 상징이 되었다.

사찰림이라는 이름

사찰림寺刹林, 즉 사찰숲은 사찰이 소유하고 있는 산림을 의미한다. 《조선왕조실록》이나 《승정원일기》 등 조선시대의 공식기록에는 사찰림이란 용어를 발견할 수 없다. 대신에 몇몇 사찰에 시지(柴地, 柴場)를 사패지賜牌地로 하사한 기록을 찾을 수 있다. 시지란 땔나무를 공급하기 위해 지급했던 토지를 말한다. 《승정원일기》에는 특정 사찰이 관리하던 율목봉산栗木封山이나 향탄봉산香炭封山이 눈에 띈다.

조선시대의 기록을 보면 산림을 금산禁山이나 봉산封山, 또는 산지나 임야로 표기했다. 금산은 조선 전기에 나라에서 필요한 소나무 재(궁궐재, 조선재, 관곽재)를 원활하게 조달하고자 주로 바닷가 주변을 지정 관리한 산림이다. 봉산은 조선 후기에 이르러 왕족과 권세가들이 산림을 사점하게 되어 유명무실해진 금산제도를 대신해 숙종 대에 새롭게 시행된 산림제도이다. 봉산의 종류는 국가에 필요한 특수용도의 목재(조선재, 관곽재, 신주용 목재)에 따라 달랐다. 선재봉산船材封山이나 진목봉산眞木封山은 전선과 조운선 건조에 사용할 소나무와 참나무를 생산하고자 지정한 산림이다. 황장봉산黃腸封山은 관을 짜는 데 필요한 관곽용이나 궁실 건축용 소나무재 생산용 산림으로 조선 전기에는 황장금산의 형태로 존재했다. 율목봉산은 신주神主용 위패를 만드는 데 필요한 밤나무를 생산하고자 지정한 산림이다. 향탄봉산은 능원의 운영에 필요한 경비를 조달하기 위해 숯을 생산하던 산림으로 주로 사찰의 산림에 획정된 봉산이다. 사찰 산림을 봉산으로 획정한 사례는 송홧가루를 생산하고자 지정한 송화봉산松花封山도 있다. 따라서 산림과 관련된 다른 전문 용어처럼, 사찰림이란 용어도 일제강점기에 도입된 말이라고 추정할 수 있다.

사찰림이라는 용어의 유래는 1910년 통감부統監府에 의해 실시된 임적조사사업林籍調査事業의 결과로도 확인할 수 있다. 통감부는 1906년부터 1910년까지 일제가 한국을 병탄할 목적으로 설치한 감독기관이다. 임적조사사업 결과 얻어진 소유관계별 임상구분표林相區分表에는, 소유 구분을 '관리기관이 있는 국유임야', '관리기관이 없는 국유임야', '사원寺院이 관리하는 임야', '사유임야'로 구분하고 있다. 여기서 '사원이 관리하는 임야'는 바로 사찰림을 의미한다.

'사원이 관리하는 임야'라는 구분은 여러 가지 의미를 시사한다. 첫째, 사찰림이 국유림이 아니고 사적 소유를 인정하는 사유림私有林의 또 다른 유형임을 나타낸다. 둘째, 개별 사찰들은 오래전부터 산림을 관리해왔다는 사실이다. 사찰의 산림 관리에 대해서는 뒤에 보다 자세히 논의하겠다.

일제강점기에 '사원이 관리하는 임야'라는 용어 대신 '사찰림'이라는 전문 용어를 본격적으로 사용하기 시작한 시기는 명확하지 않다. 임적조사사업(1910)에 이어, 조선총독부가 시행한 임야조사사업(1917~1924), 조선특별연고삼림양여사업(1926~1934) 등에는 '사찰유림寺刹有林'이란 용어를 사용했다. 또 조선총독부 관보의 사찰림 벌채 관련 허가서류(1915~1943)는 '사유림寺有林 벌채 허가원'으로 기재되어 있어, 강점기 동안 공식적으로는 사유림寺有林이 계속 사용되었을 것으로 추정할 수 있다. 행정적 용어로 사유림寺有林이 사용된 반면, 동아일보 1924년 2월 2일자 기사에는 '사찰림'이란 용어가 등장한다. 이런 기록을 참고할 때, 행정문서에는 사유림寺有林이, 시

중에서는 사유림私有林과 구분하기 위해서 사찰림이란 용어를 1920년대부터 사용했을 것으로 추정할 수 있다.

사찰림에 대한 사전적 정의는 '가람의 경내 풍치를 보존할 목적이나 또는 사찰운영상 필요한 운영비 및 자재의 조달을 목적으로 사찰이 소유하고 있는 숲'이다.[19] 산림청은 사찰림을 '사유림의 일종으로 절에서 소유하는 산림'으로 정의하며, 별칭으로 종교림이라고 부른다.

산림법에서 말하는 사찰림

사찰림은 산지관리법 제4조 '산지의 구분'에서 확인할 수 있는데, 그 내용은 다음과 같다.

제4조 (산지의 구분) 1항 산지를 합리적으로 보전하고 이용하기 위하여 전국의 산지를 다음의 각 호와 같이 구분한다.

　1. 보전산지

　　가. 임업용산지

　　　1) 채종림 및 시험림의 산지

　　　2) 요존국유림의 산지

3) 임업진흥권역의 산지

4) 그밖에 대통령령이 정하는 산지

나. 공익용 산지

1) 자연휴양림의 산지

2) 사찰림

3)-15) 여타 여러 법률에 따른 산지

2. 준보전산지: 보전산지외 산지

가. 임업용산지

사찰림은 보전산지 중, 15종류의 공익용 산지(임업생산과 함께 재해 방지, 수원 보호, 자연생태계 보전, 자연경관 보전, 국민보건휴양 증진 등의 공익 기능을 위하여 필요한 산지)의 한 부분에 포함되어 있음을 알 수 있다.

02

사찰숲의
유래

수행자들이
머무는 곳

이 땅에 사찰숲은 언제 어떻게 시작되었을까? 사찰숲의 기원에 얽힌 해답의 실마리는 《삼국유사》에 등장하는 천경림天鏡林과 신유림神遊林으로 풀 수 있다. 《삼국유사》 권3 흥법興法 제3 아도기라阿道基羅에는 천경림과 신유림을 경주에 있던 전불시대前佛時代 칠처가람七處伽藍 중 첫 번째와 여섯 번째 절터로 언급한다. 바로 '숲이 사찰'이었음을 나타내는 대목이다.

'숲이 사찰'이었음을 나타내는 말은 아란야阿蘭若다. 이 단어는 산스크리트어인 araṇya나 팔리어 arañña를 음역한 말로 '한적한 삼림'이나 '마을에서 떨어져 수행자들이 머물기에 적합한 곳'이란 뜻이다. 《불교사전》은 아란야를 공한처空閑處나 원리처遠離處라고도 정의한다.[20] 더 나아가 사찰을 달리 이르는 말이라고 《국어사전》은 밝힌다.[21] 마을에서 떨어진 숲이 바로 사찰이라는 사실을 아란야는 가리키는 셈이다.

아란야란 용어는 옛 기록에도 등장한다. 《삼국유사》 권 제5 감통感通 제7 지론知論에서 "삼장법사가 아란야법을 행하여 일왕사에 이르자 절에서는 큰 모임이 열리고 있었다"라고 언급한다. 《월인석보月印釋譜》 권 제7에는 "아란야는 한가롭고 적정한(조용한) 곳이라는 뜻이다. 또 말다툼이 없다는 뜻이니,

마을에서 5리나 떨어진 곳이라서 세간과는 힐난하지 아니하는 것이다"라고 기록되어 있다. 이런 옛 기록을 참고하면 아란야는 불교의 전래와 함께 이 땅에 도입된 용어라는 사실을 알 수 있다.

전불시대 칠처가람은 무엇을 의미할까? 학계에서는 삼국 중 가장 늦게 불교를 받아들인 신라의 불교 수용과정에 발생했던 재래 신앙과 외래 종교 간의 갈등 해소에 초점을 맞춘다.[22] 석가모니의 탄생 이전부터 '해동 신라 땅은 부처와 인연이 깊은 불국토(전불시대)였으며, 석가모니 이전에 존재했던 일곱 부처의 절터(칠처가람)도 이미 있었다'는 논리를 전개하며 종교 간의 충돌을 줄일 목적이라는 설명이다.

신화 속의 숲

그래도 의문은 남는다. 왜 하필이면 숲이었을까? 그 답은 신라시대부터 전해 내려오는 경주의 계림과 나정 숲을 통해서 유추할 수 있다. 계림은 경주 김씨 시조 김알지의 탄강설화가 전해지는 숲이고, 나정 숲은 신라 시조 박혁거세의 탄강전설이 녹아 있는 숲이다. 한 씨족이나 한 부족의 근원으로 이들 숲을 언급한 이유는 그 당시 사람들이 성지聖地나 성소聖所로 여겼던 신성한 숲(神林)을 언급함으로써 신성도 함께 부여받을 수 있다는 믿음 때문이다.[23] 동서양의 다양한 문화권에서 고대 인류는 나무와 숲을 천지창조의 근원(우주수), 하늘과 땅을 이어주는 연결고리나 신이 지상으로 내려오는 통로(세계수)로서 숭배했다. 우리 역시 오늘날까지 서낭나무, 당산나무, 솟대와 같은 신수 숭배의 문화를 간직하고 있다.

우주수 또는 세계수의 대표적 사례는 단군신화에서 찾을 수 있다. 《삼국유사》권 제1 기이편紀異篇 고조선조에 "환웅은 무리 삼천 명을 거느리고 태백산 꼭대기 신단수 아래로 내려와 이곳을 신시神市라고 불렀는데 이 분이 환웅천황이다"라고 했다. 신성한 박달나무(神壇樹)가 하늘과 땅의 연결 통로로 인식된 사례처럼, 나무와 숲은 그 당시 사람들에게 신성한 존재였고, 자연히 숭배의 대상이었다.

신라 경주에는 계림과 나정 숲 이외에도 오리수, 한지수, 왕가수, 입도림, 남정수, 어대수, 고양수, 율림 등의 옛 숲이 천경림과 신유림과 함께 전해진다. 이들 숲 중에 왜 하필 천경림과 신유림이 과거칠불의 절터로 지목되었을까? 아쉽게도 그 이유에 대해서는 밝혀진 바가 없다. 그러나 '하늘을 비추는 숲(天鏡林)'과 '신들이 노니는 숲(神遊林)'이란 이름을 통해서 그 이유를 상상할 수 있다. 이들 숲은 그 이름처럼, 천신天神

춤추는 소나무들로 이루어진 신유림. 이 숲의 위쪽은 선덕여왕릉, 아래쪽은 사천왕사의 가람터가 있다.

과 지신地神을 상징하는 고대신앙의 성지 또는 토착신앙의 성소였을 것이다. 천신이 내려와 지신과 결합한 장소로서 신성하게 여기던 숲을 전불시대의 가람 터라고 직시한 이유는 외래 종교인 불교의 원활한 정착을 도모하기 위한 종교적 목적이라고밖에 달리 해석할 수 없다. 그리고 비록 중국을 거쳐 신라에 전파되었을망정, 불교의 뿌리는 숲이라는 사실을 상기시키고 있는 것인지도 모를 일이다.

천경림과 신유림은 어떤 숲이었을까? 천경림은 경주 남천南川의 북쪽 언덕에 동서방향으로 약 500m의 길이로 형성된 숲이다. 이 숲의 북쪽에서 발견된 흥륜사지 초석과 "신라 법흥왕 때 천경림을 크게 벌채가공하여 동량재로 생산하였다"라는 《삼국유사》의 기록에 비추어 볼 때, 꽤 굵은 나무들이 자라는 무성한 숲을 그려볼 수 있다.

신유림은 경주시 배반동 낭산狼山 남쪽 신문왕릉 근처에 있던 숲이다. 신유림의 구체적 위상은 《삼국사기》로 확인된다. 《삼국사기》 권 제3 신라본기新羅本記 실성이사금조實聖尼師今條에는 다음과 같이 기록되어 있다. "낭산에서 구름이 떠올라 바라보매 마치 누각과 같고, 향기가 짙게 퍼지며 오랫동안 없어지지 아니하였다. 왕이 말하되, 이는 반드시 선령仙靈이 하늘에서 내려와 놂이니, 아마 이 땅이 복지福地일 것이라 하여, 이로부터 나무를 베지 못하게 하였다."

《삼국유사》에는 세월이 흐른 뒤, 천경림에는 아도화상阿道和
尙의 건의에 따라 544년 진흥왕 때 신라 최초의 가람인 흥륜
사가 세워졌고, 신유림에는 679년 문무왕 때 명랑법사明朗法師
에 의해 사천왕사가 건립되었다고 기록한다. 이러한 기록에
비추어 볼 때, 이들 숲은 전불시대 이후에도 변함없이 신라
인들에게 신성한 장소였을 것이다.

홍미로운 점은 신성한 숲의 위치다. 계림이 첨성대와 월
성 가운데 위치하고, 나정 숲은 첨성대에서 남남서쪽으로 약
2km 지점에 있음에 비해 천경림은 첨성대에서 정서향으로
약 1.5km 지점에 자리 잡고 있다. 첨성대에서 정서향에 자리
잡은 천경림과 달리 신유림은 첨성대 남동쪽 1.5km 지점인
낭산狼山 남쪽에 있다. 천경림과 신유림은 물론이고 신성한
숲인 계림과 나정 숲이 첨성대를 기준으로 2km 내외의 거리
에 서향이나 남향(또는 남동향)에만 자리 잡고 있을 뿐, 경주의
북부지역에서 나타나지 않는 이유는 알 수 없다.

신유림에 건립된 사천왕사는 숲과 사찰의 관계뿐만 아니라
사찰숲의 형성 과정을 엿볼 수 있는 실마리를 제공한다. 신
유림은 선덕여왕의 미리 알아낸 세 가지 이야기(知機三事)와 관
련이 있다.[24] 선덕여왕의 지기삼사란 향기 없는 모란꽃 이야
기, 왕이 생전에 자신이 죽을 날을 예언하며 도리천忉利天에
장사 지내달라고 한 이야기와 함께 여근곡에 적군이 몰래 침

천경림과 신유림 위치. 경주 중앙(O)의 첨성대 아래쪽에 계림, 남남서쪽에 나정숲, 서쪽에 천경림, 남동쪽에 신유림이 자리 잡고 있다.

입한 사실을 미리 알아내 섬멸한 이야기다. 이 세 가지 이야기 중에 사찰숲의 기원과 관련 있는 이야기는 두 번째의 도리천 이야기다. 그 내용은 다음과 같다.

선덕여왕이 어느 날 신하들을 모아 놓고 자신이 죽거든 부처님의 나라인 도리천에 장사 지내달라고 당부했다. 그 뜻을 이해하지 못한 신하들이 어디가 도리천이냐고 물었더니 선덕여왕은 낭산狼山 남쪽이라고 답했다고 한다. 신라가 삼국통일을 이룬 뒤 문무왕이 선덕여왕릉 아래쪽에 있는 신유림에 사천왕사를 건립하고 호국신인 사천왕을 모셨을 때에야 후손들은 여왕의 유언을 이해할 수 있었다. 사천왕이 거처하는 곳 위쪽이 부처님의 나라인 도리천이므로 사천왕사 위쪽에 있는 낭산이 바로 부처님의 나라라는 이치였다.

도리천과 사천왕의 관계는 불교의 우주관을 통해서 이해할 수 있다. 불교에서는 우주가 욕계欲界, 색계色界, 무색계無色界의 삼계三界로 이루어져 있다고 인식한다. 욕계 한가운데에는 수미산須彌山이 있다. 수미산 아래쪽에는 사람들이 축생(짐승)과 함께 사는 염부제閻浮提가 있다. 염부제 아래 가장 밑바닥에 지옥, 그 위가 아귀餓鬼의 세계이다. 수미산 중턱에는 인간세계보다 훨씬 살기 좋은 사왕천이 있고, 그 꼭대기에 하늘나라인 도리천이 있다. 사왕천에는 오백 살 먹은 천인天人과 천사들이 살고 있으며, 도리천에는 제석천帝釋天이라는 천 살

이상 된 천주天主가 살고 있다고 한다.

불교적 우주관에 따르면 사천왕이나 도리천은 신들이 사는 신성한 곳이다. 결국 낭산은 불교적 우주관의 축소판이다. 신들이 노닐던 숲(신유림)에 호국신인 사천왕의 거처(가람)로 터 잡은 이야기는 사찰숲이 단순한 숲이 아니고, 불교적 우주관이 응축된 현장임을 증언한다.

평지에서
산 속으로

건봉사 재금강산남在金剛山南, 해인사 재가야산在伽倻山, 전등사 재길상산在吉祥山. 15세기 후반인 조선 초에 간행된 《동국여지승람》의 지역별 불우(佛宇, 사찰) 항목을 보면 사찰의 소재지가 하나같이 '在○○山'으로 되어 있다. 산이 중심이라는 것이다.[25] 신라 최초의 가람 흥륜사는 도읍의 숲(천경림)에서 시작되었는데, 어떻게 가람이 산중으로 갔을까?

학계에서는 시대에 따라 사찰의 창건 장소가 도읍(삼국시대)에서 구릉(통일신라신대)으로, 다시 산지(나말여초)로 변천했다고 설명한다.[26] 불교 전래 초기의 삼국시대 사찰은 호국 불교 또는 왕족 중심의 불교적 특성 때문에 왕실과 가까운 평지平地

전등사는 15세기 후반에 간행된 《동국여지승람》 강화도호부 '불우' 항에 정족산(220m)보다 더 높은 남쪽의 '길상산'(336m)에 있다고 기술되어 있다.

정족산성과 숲으로 둘러싸인 전등사.

에 자리 잡았다. 신라의 경우, 경주에 자리 잡은 황룡사, 분황사, 황복사 등이 평지사찰이다. 도심 또는 왕궁과 가까운 곳에 설립된 평지가람의 사찰숲은 아쉽게도 그 크기가 공간적 제약으로 협소할 수밖에 없다. 경주의 영묘사나 황룡사, 부여의 정림사가 습지나 못을 메워 지은 사찰임을 상기할때, 몇 백ha나 몇 천ha의 넓은 사찰숲을 상상하기란 쉽지 않다.

따라서 사찰숲의 기원이나 형태는 평지가람보다 오히려 산지가람이 본격적으로 자리 잡은 통일신라 후기부터 살펴보는 것이 더 타당하다.[27] 가람은 통일신라 말기에 도입된 선종禪宗이나 고려시대 도선道詵의 풍수지리설에 영향을 받아 경치가 아름다운 산중에 자리를 잡았다. 그 흔적은 고려 태조의 '훈요십조訓要十條'에도 남아 있다.[28] '훈요십조'의 두 번째 조항은 "사찰은 도선 국사가 산수의 순역을 보아 추점해서 정한 것이니 함부로 다른 곳에 창건치 마라"이다.

오늘날 명산대찰의 전통사찰들이 빼어나게 경치가 아름다운 산중(勝地)에 앉은 배경에는 이처럼 풍수지리설에 따라 산수의 순역에 자리 잡게 한 도선의 영향을 무시할 수 없다. 그러나 수행자는 아름다운 경치만으로는 수도생활을 꾸려갈 수 없다. 수행자도 사람인 이상 먹어야 하고 또 추위를 이겨내야 했기에 승지勝地의 조건에 숲의 존재는 필수였다. 숲은 땔감의 조달처였고, 숲이 울창한 계곡이나 개울은 아무리 가물어도 물이 마르지 않는 샘이었다. 가람의 이런 장소를 고려의 문신 이규보나 이인로는 '계산유승溪山幽勝', '산수청유지지山水淸幽之地', '산기수이山奇水異', '기산침수倚山枕水'로 서술했다.[29] 결국 수도자의 거주지는 청정무진淸淨無塵한 산과 계곡의 울창한 숲이었고, 그래서 경치가 아름다운 곳일 수밖에 없었던 셈이다.

　우리가 오늘날 즐겨 찾는 아름다운 산중의 사찰숲은 이처럼 선종과 풍수지리설의 영향 덕분에 형성되었다. 현재 한국 산림의 약 1%에 달하는 6만 3천ha(1억 9천57만 5천 평)의 사찰숲 형성 과정을 파악하기 위해서는 그래서 숲과 산의 관계를 먼저 살펴볼 필요가 있다.

숲·산·산림

숲은 순수한 우리말로, 그 원형 '수ㅎ'은 15세기 중반인 조선 초기에 간행된 《월인석보》나 《석보상절釋譜詳節》에 나타난다. 그 후 숩ㅎ, 수플, 숩플로 쓰이다가 오늘날의 숲이 되었다. 숲을 나타내는 한자어로는 수풀 임林, 숲 수藪가 있다. '임'은 임지林地, 임야林野와 함께 사용되었고, '수'는 지역에 따라 '쑤' 또는 '쏘'라고도 불렸다. 호안을 보호하는 숲(방호림), 바람막이

숲(방풍림), 바닷가나 강가에 수해를 막고자 만든 숲(방수림) 등 사람들의 생활환경을 보호하던 숲을 일컫는 데 주로 사용되었다. 이 말은 수풀 '임'과 더불어 신라시대의 기록에도 나타난다.

숲과 산의 관계를 나타내는 용어는 '산림'이다. 흥미로운 부분은 오늘날 우리는 숲을 산림山林으로 대치하여 사용하지만, 중국이나 일본은 삼림森林이라 한다는 점이다. 왜 우리는 산림이라고 할까? 우리 조상들은 숲이 산에 있다고 인식했기 때문일 것이다. 그런 인식 덕분에 숲을 다루는 국가의 부서명이 우리는 '산림청'인데 일본은 '임야청', 중국은 '임업부'다.

비록 오늘날 '삼림'이란 용어가 학술적기술적 용어로 '산림'과 함께 혼용되고 있지만 조선시대에는 '삼림'이란 용어가 없었다. 삼림이란 용어는 일제의 영향을 받기 시작한 1908년부터 40여 년 동안 행정적 용어로 이 땅에서 사용되었다. 더 정확하게는 조선과 제정러시아 간에 1896년에 맺었던 '한·러 산림협동조약'을 1905년 러·일전쟁에서 승리한 일본이 폐기하고, '한·일압록강 두만강 삼림협동조약'을 체결했을 때부터 이 땅에 등장했다. 반면 '산림'이라는 용어는 《삼국유사》를 통해서 신라시대 이래로 사용되었다. '산림'이 숲을 나타내는 보다 주체적인 용어임을 알려주는 또 다른 사례는 《조선왕조실록》이다. 실록에는 숲을 나타내는 다양한 용례의 '산림'이

기록되어 있지만 '삼림'은 한 번도 나타나지 않는다.[30]

숲은 평지에도 있고, 강가에도 있고, 마을 주변에도 있는데, 우리 조상들은 왜 숲을 산에 있는 것으로 인식했을까? 만년설이 덮인 고산준령이나 수목한계선이 없는 우리 실정에서, 숲이 없는 산을 상상할 수 없다. 그래서 산의 숲(山林)은 지극히 당연했다. 반면 평지의 숲은 귀했다. 농경사회의 특성상 사람들이 밀집해 사는 주거지 주변의 평지는 대부분 경작지로 활용될 수밖에 없었다. 먹여야 할 입(식구)이 늘어나면 늘어날수록 경작지는 더 필요했고, 그 결과 인가 주변 평탄지의 숲은 경작지로 바뀌었다. 우리나라가 다른 나라에 비해 평지에 숲이 많지 않은 이유를 이처럼 높은 인구밀도와 한정된 경작지에서 찾기도 한다. 숲은 그래서 산에 있는 것이 당연했고, 그런 인식이 숲을 산림으로 표기하게끔 이끌었을지도 모를 일이다.

삼국유사의 기록

그럼 오늘날과 같은 사찰숲은 어떻게 형성되었을까? 현재와 같은 산중 사찰숲의 기원과 형성 과정을 확인하고자 여러 문

진여원 터(오늘날의 상원사)에서 바라본 오대산의 겨울 전나무 숲.

헌을 훑었지만, 직접적인 관련 자료를 찾지 못했다. 대신에 산중 사찰숲의 기원을 간접적으로 확인할 수 있는 기록을 《삼국유사》에서 찾을 수 있었다. 《삼국유사》권3 탑상4 대산 오만진신조臺山五萬眞身條의 기록은 이렇다.

"오대산에 수행하던 효명이 왕으로 즉위한 지 몇 해가 지난 신룡 원년(705년, 성덕왕 4년) 진여원眞如院을 개창하고, 왕이 친히 백료를 거느리고 오대산에 와서 전당을 만들어 열고 문수보살상을 흙으로 빚어 건물 안에 안치하였다. 공양할 비용은 매해 봄가을에 산에서 가까운 주, 현의 창에서 조 100석과 정유淨油 1섬씩 공급하는 것을 규칙으로 삼았다. 진여원에서 서쪽으로 6천보 떨어진 곳으로부터 모니점牟尼岵과 고이현古伊峴 바깥에 이르기까지의 시지柴地 15결結, 밤나무 숲 6결, 전답 2결에 처음으로 장사莊舍를 두었다."

사찰숲의 기원과 형성 유래를 탐구하는 데 있어 진여원(오늘날의 상원사)의 기록 중, 땔감용 산판(柴地)과 밤나무 숲에 주목할 수밖에 없다. 국왕이 진여원에서 6천보(약 10km) 떨어진 모니점과 고이현 일대에 땔나무 산판 15결31(약 23ha =69,575평)과 밤나무 숲 6결(9ha =27,225평)을 하사한 내용을 담고 있기 때문이다. 바로 산중 사찰숲의 기원과 형성 과정을 밝히는 기록이라 할 수 있다. 모니점과 고이현의 현 위치를 파악할 수 없는 점이 아쉽지만, 진여원의 기록을 통해서 1천3백여 년 전국왕(國家)은 사찰을 창건할 경우, 사찰 운영에 필요한 식량은 물론이고 땔감 조달용 임지도 함께 하사했다는 사실을 확인할 수 있다.

《삼국유사》 '진여원' 기록은 《조계산송광사사고》 산림부의 내용과 정확하게 일치한다. 산림부에는 "절을 창건할 때 땅을 나누어 받는 것은 신라 때부터 존숭되어 온 것(策剙寺封疆羅代之尊崇也)"이라고 밝히고 있다. 비록 한정된 내용이지만, 이들 기록을 통해서 사찰 땔감숲(柴地)도 사찰 전답(寺院田)과 마찬가지로 사찰의 창건과 함께 삼국시대부터 국가에서 하사받은 사패지(賜牌地)에서 유래되었다는 것을 확인할 수 있다.

상원사를 말사로 거느리고 있는 월정사는 오늘날 우리나라에서 가장 넓은 사찰숲을 보유하고 있다. 5,782ha에 이르는 이 숲을 평(坪)으로 환산하면 1,749만 평이 넘는다. 언론에서 흔히 사용하는 '여의도 면적(2.9㎢)'이나 '축구장 면적(0.75ha)'을 대입하면 '여의도의 약 20배', '축구장 7,700개'가 되는 엄청난 넓이다. 1천3백여 년 전 오대산 진여원의 땔감과 밤나무 숲 32ha(96,800평)는 오늘날 나라에서 가장 넓은 사찰숲의 모태가 되었다.

사찰과
시지

그 옛날 진여원의 땔감숲이 어떻게 오늘날의 광대한 월정사 사찰숲으로 확대되었을까? 월정사 사찰숲에 얽힌 이런 저런 이야기들이 사람들 입에 오르내리지만, 그 정확한 유래를 밝히는 기록은 없다. '자객으로부터 세조를 구한 고양이를 위해 사방 80리의 토지를 상원사에 하사했다'는 유래 또한 분명한 기록이 없기는 마찬가지다.

사찰숲과 달리 사원전에 대한 기록은 다수 존재한다. 고려나 조선시대의 사원전寺院田에 대한 사급(왕이나 국가가 하사), 시납(신도의 기증), 두탁(농민들이 가렴주구를 피하고자 전지를 사찰에 기증하고 그 땅을 소작), 매입(사찰에서 매입)의 사례를 밝힌 기록들이 그러하고, 따라서 그에 대한 연구는 상당히 축적되었다.[32~35] 하지만 사찰숲의 형성 과정을 밝힌 기록은 쉬 찾을 수 없다. 국가(국왕)가 사원에 논밭뿐만 아니라 땔감용 산지도 나누어준 진여원의 사례처럼, 불교가 융성해가면서 사찰도 늘어났을 것이며, 그에 따라 사원전이나 시지柴地의 하사 횟수도 늘어났을 것이라고 추정할 뿐이다.

《삼국유사》에 기록된 진여원의 시지는 다양한 물음을 제기한다. 국가가 사찰에 분급한 시지란 무엇일까? 사찰에 하

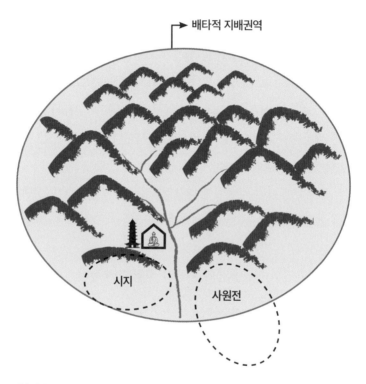

배타적 지배권역

시지

사원전

국가가 사찰에 분급한 시지와 사원전의 상대적 위치. 시지에서 형성된 배타적 지배권역은 고려시대부터 사찰 주변 산림으로 확대되었다.

사한 시지의 용도는 무엇일까? 국가는 언제부터 사찰에 시지를 분급했을까? 사찰에 대한 국가의 시지 분급 정책은 어떻게 변했을까? 등이 그러한 궁금증이다.

국가가 사찰에 분급한 시지는 땔감을 채취할 수 있는 산지로 사찰 주변에 있었다. 국가가 사찰에 분급한 사원전이 사찰과 떨어진 장소에도 존재했던 반면, 시지는 땔감 채취와 운반에 따른 불편을 최소화하기 위해 사찰 인근에 자리 잡아야 했다.

학자에 따라서는 산곡에 자리 잡은 고려시대 사찰의 지리적 입지를 고려할 때, 시지는 개간으로 농지 전용이 가능한 임지라는 주장도 있다.[36] 이러한 주장은 전시과에 분급하는 토지의 단위를 전田과 마찬가지로 시柴도 토지의 단위인 결結로 표기하는 것에 기초한다. 또한 시지가 농지로 개간할 수 있음은 이승휴가 외가의 시지를 개간하여 상속받았음을 밝히고 있는 사례나 그 밖에 고려시대의 시지 개간 사례에서 찾을 수 있다.

국가는 언제부터 사찰에 시지를 분급했을까? 앞서 살펴보았듯이 그 사례는 신라 말부터 찾을 수 있다. 신라 말의 시지 분급 사례는 대안사大安寺 143결, 진여원眞如院 15결을 찾을 수 있다. 고려 초의 장유사長遊寺 300결, 용암사龍巖寺 초소지樵蘇地, 홍왕사興王寺, 수선사修禪寺의 시지 분급은 고려 말의 백양사白羊

寺의 산지山枝 5결로 이어진다.[37]

조선 초기의 《태종실록太宗實錄》(1406)에는 "회암사, 표훈사, 유점사 이외의 사찰에도 시지 1, 2결을 주라"는 내용이 있다. 이것으로 미루어볼 때, 고려 말 전국 사찰의 총본산이었고, 조선 초기에도 전국에서 규모가 가장 컸던 양주 회암사와 금강산의 표훈사와 유점사 이외의 사찰에도 땔감숲을 왕실에서 하사했다는 점을 확인할 수 있다. 그러나 세종 9년(1427)에 각도의 사찰 시지를 군자감으로 소속[38]시킨 이후에는 시지에 대한 기록은 더 이상 나오지 않는다.

사찰에 시지를 분급한 사례가 왜 이처럼 소수의 사찰에만 한정되었을까? 소수의 사찰에만 한정되었기 때문에 오늘날 사찰이 소유하고 있는 산림의 기원이 시지에서만 유래되었다고 주장할 수 없는 셈이다. 사찰의 시지는 배타적 활용을 보장받고, 독점적 권한을 행사할 수 있도록 허용된 산지[39]였다. 그러나 예로부터 산림과 천택은 만인이 함께 활용하는 공유지(山澤之利 與民共之)였다. 고려 역시 공유지라는 산림 이념에 따라 산림을 만인에게 개방했지만, 주거지와 떨어진 사찰의 시지는 어떻게 배타적 독점적 지배 권역으로 고착화되었을까?

시지에 대한 배타적이며 독점적 권한이 형성된 사례는 사원의 지배 권역을 국가에서 설치한 운문사나 통도사의 신라시대 장생표로 확인된다. 그에 비해 고려시대에는 사원의 지배 권역을 표시하는 사례들을 쉬 찾을 수 없다. 비록 고려시대 사원의 지배 권역을 표시하는 사례가 없을지라도 사원을 둘러싸고 있는 사찰의 산림과 시지와의 관계를 고려할 때, 사찰 주변의 산림도 시지처럼 시간이 지나면서 배타적이며 독점적 권한을 행사할 수 있는 지배 권역으로 확장되었으리라 추정하는 것은 무리가 아니다.

사찰 주변의 산림이 비록 만인에게 개방되었을지라도 사찰의 영향력이 미치는 곳에 일반인이 사사로이 침탈하는 행위는 신라시대 이래 쉽지 않았다. 고려시대의 사원 역시 국가에서 받은 시지 이외에도 사원 주변의 산림을 배타적이며 독점적으로 점유할 수 있었을 것이다.[40]

고려 후기에 권세가와 사원의 산림 사점이 심화되면서 고려는 사찰에 분급한 사원전과 시지에 대한 정책 전환을 고려하기도 했다. 국가비보사원으로 개경에 소재한 5대사와 10대사에만 사원전과 시지를 지급하고, 삼국시대 사원이나 고려시대 새로 세운 사원에는 전지와 시지 지급을 하지 말자는 주장이 한때 제기되었지만 무산되었다.[41] 이러한 기록은 고려말 사원 역시 권세가들과 마찬가지로 사찰 주변의 산림을 사점했던 사례가 적지 않았음을 시사한다.[42]

조선 건국 초기 태종 대에 몇몇 사찰에 시지를 분급한 사례가 기록되어 있고, 세종 대에 오히려 사찰 시지를 군수품의 출납을 맡아 보던 군자감에 환수한 이후 시지 분급에 대한 기록이 없는 점을 어떻게 봐야 할까? 시지 이외의 산림에 대한 사찰의 독점적 배타적 이용권을 암묵적으로 인정한 것이라 보는 편이 타당하다. 조선 왕실은 사찰 시지를 환수하는 한편으로, 왕실 기도처나 태실(胎室, 왕족의 출산 후 나오는 태반을 묻는 장소)과 능침(陵寢, 임금이나 왕비의 무덤)을 수호하는 원당사찰(願堂寺刹, 죽은 왕족의 명복을 비는 법당)에 태실과 능역 주변 산림을 수호하도록 임무를 부여하면서 자연스럽게 사찰이 산림의 배타적 독점적 점유 권리를 행사할 수 있도록 했다.

산지수호의 임무

산림의 배타적 독점적 점유에 대한 사례는 사찰에서 일반인의 출입을 막고자 설치한 금표禁標로도 확인된다. 《명종실록明宗實錄》(1550)에는 "79개소에 이르는 내원당은 주변의 산에 금표를 쳐서 출입을 통제하고 있다"라는 내용이 있다. 또 《명종실록》(1559)에는 "안동 봉정사가 관내의 산림을 너무 넓게 금표로 확정지어, 그곳에 자라는 잣나무에서 일반 백성이 왕실에 공납하던 잣을 딸 수 없는 형편을 시정하라"는 지시도 확인할 수 있다.

봉은사 시지에 대한 《명종실록》(1559)의 기록은 보다 구체적이다. "경기 백성들이 땔감을 채취하던 양근楊根·월계月溪를 거쳐 오고갈 때마다 봉은사가 매번 길가에 긴 푯말을 세우고 거기에 '봉은사 시장奉恩寺柴場'이라고 써둔 것을 보아왔는데 '수사지受賜地'라 자칭하고 금표禁標를 세워 백성들이 드나들지 못하게 하고 있습니다." 이 기록은 왕실 원당인 봉은사의 땔감숲과 배타적 독점적 이용권을 확보한 산림이 얼마나 넓은지 간접적으로 증언한다.

《조선왕조실록》의 이런 기록을 통해 국가(왕실)가 사찰에 산림(땔감숲 포함)을 제공하는 관행은 멀리 통일신라시대의 진여원 이래 조선시대에도 지속되었음을 확인할 수 있다. 그러나 사찰이 넓은 산림이나 땔감숲을 보유한 사실은 조선시대에 강력하게 시행된 억불정책과는 어울리지 않는다. 어떻게 이런 일이 벌어진 것일까? 그 이면에는 왕실 원당이 있다.

조선 왕실은 숭유억불崇儒抑佛에 따라 사원의 숫자를 제한하고, 사원전을 환수하고, 사찰 노비도 줄였다. 하지만 선왕의 능역을 지키는 능사(능침수호사찰)와 태실을 지키는 태실사찰(태실수호사찰)과 선왕선후의 명복을 비는 원찰(왕실기원사찰)도 필요했다. 학자들은 왕실기원사, 태실사찰, 능사(임란 이후는 조포사)는 순수 종교적 목적의 불교수도사와는 달리 지배계급의 목

은해사의 들머리 솔숲. 은해사는 인종의 태실수호사찰로 1546년에 지정되었고, 이 솔숲은 종친부에서 1714년 사찰 입구의 땅을 구입하여 소나무를 심은 것에서 유래한다.

은해사 뒤편 태실봉에 자리 잡은 인종태실.

적에 따라 또는 지배계급의 각별한 보호를 받기 위한 상호보험적 성격으로 건립된 사찰(원당)이라고 해석한다.[43~45] 이러한 해석은 성리학적 명분으로 한편으론 불교를 억압하면서도 다른 한편으론 선왕 선후의 영혼천도를 위해 불교에 의지했던 왕실의 이중적 형태 때문이다.

원당은 능역과 태실[46]이란 수호 대상(산지)의 특성상 산지수호 업무를 감당할 수밖에 없었고, 그 반대급부로 광범위한 시지(또는 산지)를 확보할 수 있었다. 태종, 세종, 명종 대의 실록에 나타난 시지에 대한 기록들이 그러한 내용으로, 양주 회암사는 태조와 세종의 원찰(왕실기도처), 금강산 표훈사와 유점사는 세조의 원찰, 봉은사는 성종과 성종의 계비 정현왕후 윤씨가 묻힌 선릉宣陵의 능사였다.

능침사찰이 수행해야 할 산지수호의 임무는 무엇이었을까? 조선총독부에 의해 1930년에 발간된 《묘전궁릉원묘조포사조廟殿宮陵園墓造泡寺調》를 통해서 그 임무를 짐작할 수 있다.[47] '조포사조'에는 능역의 보호 관리를 책임진 능침사찰의 승려는 "절 인근(능역 인근)의 나무 한 그루, 풀 한 포기도 함부로 베지 못하게 엄히 감시하라"는 지침이 있다. 왕실이 능역과 태실 주변의 산림을 철저하게 보호한 이유는 풍수적 길지인 이들 장소가 훼손되면 왕조의 번영에 해롭다고 믿었기 때문이다.

유사한 사례는 직지사와 은해사에서 찾을 수 있다. 조선 2대 왕 정종은 즉위 직후, 다른 곳에 있던 자신의 태실을 직지사 대웅전 뒤편의 북봉으로 옮기고, 직지사를 태실수호사찰로 지명하여 태실 수호의 소임을 맡겼다. 직지사의 주지는 수직군의 수장으로 태실 주변 30리 내의 산림에서 벌목과 수렵과 경작행위를 감시했다. 태실 주변의 산림을 태봉산胎封山으로 수호했던 소임 덕분에 직지사는 넓은 영유지를 확보하고, 억불의 시대에도 사세寺勢를 무난히 유지할 수 있었다. 직지사는 오늘날도 약 600ha의 산림을 보유하고 있다. 은해사역시 1546년 인종의 태실수호사찰로 지정되면서 사세를 유지할 수 있었고, 종친부에서 사찰 입구의 땅까지 구입하여 대대적으로 소나무를 심었던 기록(1714)도 있다.[48]

조선 후기에 이르러 억불정책은 더욱 심화되었다. 많은 사찰들은 위기에 봉착한 사원경제의 자구책으로 왕실 원당을 자임했다. 이러한 시대상황을 반영이라도 하듯, 조선 후기의 실록에는 사찰의 시지 사급 관련 기록이 더 이상 나타나지 않는다. 오히려 조선 왕실은 시지 사급 대신에 원당 주변의 산을 봉산封山으로 지정하여 그 관리를 사찰에 맡겼다. "삼남三南의 읍邑에 율목栗木을 분정分定하던 예를 혁파하고 구례현求禮縣 연곡사燕谷寺로 주재봉산主材封山을 만들어 율목을 장양長養하도록 하소서." 《영조실록英祖實錄》(1745)의 이 기사는 사찰 산림이 봉산의 대안으로 제시된 최초의 공식기록이다. 이것은 원당과 봉산의 관계를 상징적으로 보여준다.

18세기 중반 이후 사찰과 봉산의 관계는 더욱 발전하여, "명산대찰의 산은 봉산이고, 절은 원당이므로 봉산은 곧 원당"《조계산송광사사고》 산림부)으로까지 확대된다. 이렇게 확대된 배경은 무엇일까? 조선 후기에 극심하게 황폐화된 산림이 그 이유이다. 16세기 말의 임진왜란과 17세기 중반의 병자호란을 겪으며 조선의 산하는 황폐해졌다. 여기에 양란 이후 부족한 재정을 충당하고자 왕족과 권세가들이 산림사점을 확대하면서 산림 파괴를 더욱 촉진시켰다.[49] 전쟁으로 공동체에서 이탈된 사회적 약자들이 화전과 개간으로 살길을 찾기 시작하면서 산림은 빠르게 황폐화되었다. 산림황폐가 나라 전역에 확산된 상황에서 그나마 산림이 온전하게 보전된 장소는 사찰 주변이었다. 결국 왕실은 국용國用 임산물을 확보하기 위한 자구책으로 사찰 주변의 산림을 봉산으로 지정할 수밖에 없었다.

송광사 산림부의 기록처럼 명산대찰은 대부분 원당願堂이었을까? 원당에 관한 탁효정의 최근 연구[50]에 의하면 조선시대 총 249개소의 사찰이 원당으로 지정되었다. 이는 조선 후기 전체 사찰(시대에 따라 1,363~1,684개소)의 15~18%에 달하는 수치다. 결코 적다고 할 수 없는 숫자다. 왕실의 명복과 능사와 태실 주변을 지키기 위해, 또 왕실 의례용 임산물인 숯(향탄香炭)과 위패용 밤나무 목재(율목栗木)의 원활한 조달을 위해 원당(해당 사찰)에 내려진 봉산수호의 책무는 봉산 일대에 대한 독점적이며 배타적인 이용권으로 발전하여 종국에는 사찰숲의 뿌리가 되었기 때문이다.

왕실의 명복과 태실을 지키기 위해, 또 왕실 의례용 임산물의 원활한 조달을 위해 원당에 내려진 봉산 수호의 책무는 해당 사찰에 봉산 일대의 독점적이며 배타적인 이용권을 위임한 것으로 볼 수 있다. 선희궁宣禧宮의 원당인 법주사法住寺가 태실이 있는 속리산 일대의 봉산수호사찰이었고, 어의궁於義宮의 원당인 파계사把溪寺는 팔공산 일대의 봉산수호사찰이었으며, 동화사는 익종릉翼宗陵의 향탄 공급을 위한 팔공산 일대의 봉산수호사찰이었고, 장흥의 보주사寶珠寺가 사도세자를 모신 현륭원의 향탄봉산이었음을 기록에는 밝히고 있다.[51]

이밖에도 김룡사와 용문사는 황탄봉산, 고성 안정사는 송화봉산, 구례 연곡사는 율목봉산을 각각 수호하는 사찰로 왕실로부터 인정을 받아 사찰숲에 대한 독점적이며 배타적 이용권을 일제강점기에도 행사할 수 있는 근거를 마련했다.

산림 소유의
형태

조선시대 사찰의 산림 소유는 크게 3가지 유형으로 나눌 수 있다. 국가(왕실)가 사찰에 하사한 땔감숲, 왕실의 태실과 능침 수호를 위해 사찰(원당)이 수호한 봉산, 왕실 의례용 임산물의 생산을 위해 사찰(원당)이 직접 금양한 율목봉산과 향탄봉산이 그것이다.

조선 조정(왕실)은 형성 유래가 각기 다른 이들 산림을 사찰 소유로 인정했을까? 사찰은 국가가 하사한 이들 사패지(시지와 봉산)를 사유지寺有地로 인식했을까? 만일 인식했다면, 그 소유권을 지키고자 어떤 노력을 기울였을까? 이런 의문은 사찰숲의 형성과 소유 과정에 대한 문헌으로 파악해야 할 내용이지만, 사찰숲에 대한 기록 대부분이 사라진 현 상황에서 유형별 형성 방법이나 소유 과정을 확인하기란 쉽지 않다.

조선시대 사찰숲에 대한 기록이 거의 남아 있지 않은 현실과는 별개로, 조선의 산림정책도 산림 소유의 불확실성에 한몫했다. 산림에 대한 조선(왕실)의 기본 이념은 '산림천택여민공지山林川澤與民共之'였다. '산림과 하천 바다는 온 나라 사람이 그 이익을 나누어 가진다'는 이념이다. '원칙적으로 국가가 나라 전역의 산림을 소유하지만, 역제도, 진상공물제도, 잡세

제도 등으로 백성 누구나 산림을 이용할 수 있도록 한다'는 것이다.[52]

조정(왕실)이 국가 산림의 소유권을 가졌지만, 산림 이용권은 백성에게 부여했던 이 정책에 한 가지 예외 조항이 있다. 바로 묘소 주변의 산지다. 상제례喪祭禮의 하나로 사유화를 묵인한 것이다. 성리학적 통치 이념으로 개국한 조선 왕실은 상제례를 강력히 시행하면서 매장을 권장했다. 그에 따라 산지의 분묘 면적까지 규정한다. "종친宗親인 경우, 1품은 4방方 각 100보, 2품은 90보, 3품은 80보, 4품은 70보, 5품은 60보, 6품은 50보를 한계로 한다. 문무관인 경우에는 10보씩 감하되 7품 이하나 생원, 진사, 유음자제는 6품과 같이 하고, 여자는 남자의 관직에 따른다."《경국대전》예전 상장조) 이러한 규정은 산지를 사유화 하도록 길을 터주었다.

조선 초기부터 국가 주도의 분묘 제도가 시행되었고, 그에 필요한 산림 면적이 법전에 수록되면서 산림의 사적 소유는 암묵적으로 인정되었다. 그러나 국가의 분묘 제도로 인해 산지 사유화는 실질적으로 진행되었지만, 소유권에 대한 법적 제도적 장치는 미처 준비되지 못했다. 국가는 개인이나 문중에서 쓴 분묘 주변의 산지를 '보호된 산지(분산수호墳山守護)'라는 개념으로 그 이용권을 인정했지만, 법적 소유권을 온전히 인정하는 것은 아니었다. 이런 어정쩡한 산지 소유의 불인정 정

부석사 전경. 무량수전 서편 능선 아래가 산송의 대상지였다.

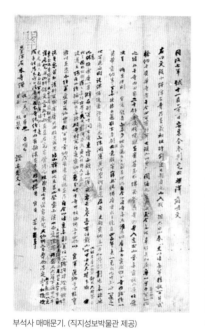

부석사 매매문기. (직지성보박물관 제공)

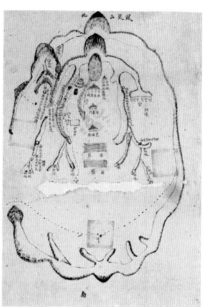

부석사 매매문기의 지도. (직지성보박물관 제공)

책은 구한말까지 지속되었다. 따라서 산림 사유화에 대한 국가와 개인의 인식 차이는 다양한 소유권 문제를 파생시켰다. 그 대표적인 문제가 조선 후기에 개인 간에 벌어진 무수한 산림 소송(山訟)이었다.[53]

산지 사유화의 불확실성이 상존했던 조선 후기의 상황을 고려할 때, 사찰이 어떤 과정을 거쳐서 왕실 사패지(땔감숲, 봉산 등)를 사유화했는지 밝히는 기록은 없다. 사찰은 국가(왕실)에서 하사한 사패지의 소유권을 자동으로 부여받았는지 또는 일정한 기간 산지 금양의 실적을 쌓은 이후에 소유권을 확보하게 되었는지조차 알 수 없다.

사찰의 산지 소유권 형성에 대한 구체적 기록을 비록 쉬 찾을 수 없을지라도, 산지 매매문서나 산송과 관련된 기록을 통해서 조선시대 사찰이 실질적으로 산림을 소유했음을 간접적으로 확인할 수 있다. 1817년 능주목(오늘날 전남 화순군)의 개천사開天寺 승려 태화太和 등이 토지세(結稅) 납부와 극심한 흉년 극복을 위해 사찰이 관리해오던 산지를 전라도 남평현에 사는 정 생원 댁에 팔았다는 기록은 사찰이 실질적으로 산림을 소유했을 뿐 아니라 매매도 했다는 정황을 나타내는 증거라 할 수 있다.[54]

이와 유사한 사례는 직지사 직지성보박물관에 소장된 부석사의 '토지매매문기土地賣買文記'에서도 찾을 수 있다.[55] 직지성보박물관이 밝히는 '토지매매문기'의 내용은 다음과 같다.

"소지를 올리는 자신들은 지난 무진년(1868)에 부석사 극락암 뒤편 산자락에 조부모의 묘를 쓴 사람들이다. 당시에 부석사의 사세가 기울어 자신들이 250금金으로 7두락斗落의 논을 사서 절에 들여놓고 그 대가로 산지를 소유하게 되었다. 그런데 뜻하지 않게 계운啓雲이라는 이름의 떠돌이 승려가 사실도 모른 채 당시 이루어진 산지 매매를 탈취라고 주장하며 해당 산지를 사찰에 되돌려 줄 것을 요구하고 있다. 하지만 안장安葬하던 날 관가에서도 장례 행렬을 호송하였고 승려들조차 상례를 도왔던 일은 주민들이 모두 알고 있는 바이며, 당시 절에 사들인 토지가 절의 소유지에 명백히 포함되어 있고 매매문서 또한 남아 있어 문제의 산지는 자신들의 소유임이 분명하다."

이 '토지매매문기'는 1868년에 부석사에서 안동의 김 참판 댁에 산지를 방매한 토지매매문서이다. 이 매매문기에는 논란의 대상인 산지의 상황을 그림으로 도해한 지도와 함께 "사찰 소유의 극락암 화전火田 몇 두락을 비롯하여 뒷산 소나무가 서 있는 곳에서 산제당山祭堂의 작은 시내 서쪽까지를 경계로 한 땅, 그리고 절의 큰 석축 아래 삼밭 2두락을 모두 합하여 250냥으로 계산하고, 역시 같은 값으로 환산한 김 참판 댁 소유의 봉양면 임야 7두락을 상호교환하는 조건으로 매매한다"라는 사실이 기재되어 있다. 바로 사찰이 산지를 소유하고 직접 매매까지 했던 증거라고 할 수 있다.

사찰이 소유하던 산림을 매매한 기록은 선운사의 산지 매매 사례에서도 찾을 수 있다. 전라도 무장의 함양 오씨의 문서집[56]에는 박경채란 사람이 선운사가 금양하던 고암굴高巖窟 근처의 산지를 250냥을 주고 구매한 내용의 문서가 수록되어 있다.

조선시대 사찰의 산지 소유권 형성 과정에 대한 의문을 풀수 있는 또 다른 실마리는《조계산송광사사고》산림부에서 찾을 수 있다. "오랜 세월 동안 봉산이던 곳이 하루아침에 근거도 없는 승려에게 빼앗길 참이니 참으로 억울한 일입니다." "막중한 봉산을 빼앗기지 않도록 군수님께서 처분해주시기를 천 번 만 번 손 모아 간절히 바랍니다." 이 내용은 송광사 승려 각인愨仁 등이 고종 32년(1895)에 순천군수에게 올린 장막동帳幕洞 산에 대한 송사 이유서의 한 부분이다.

송광사 산림부는 송광사와 선암사 사이에 있었던 장막동 산림에 대한 분쟁 내용을 자세히 기록하고 있다. 1895년 10월부터 1901년 2월에 이르기까지 모두 10차에 걸쳐 벌어진 장막동 산림에 대한 두 사찰 간의 송사는 송광사 소유의 장막동 산에서 벌채한 소나무와 가래나무를 선암사에서 탈취하면서 시작됐다. 산림부에는 1909년 산림에 대한 소유권 증

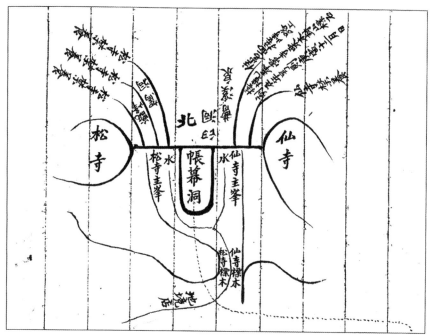

조선시대(1895) 장막동 경계 표시 지도.

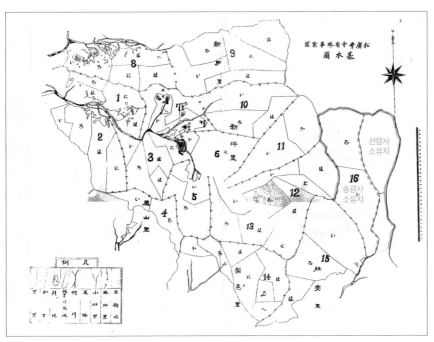

일제강점기(1927) 송광사 시업안 기본 지도에 나타난 장막동 산림 경계.

송광사 호령봉에서 바라본 장막동(현 지명, 장박골). 가운데 능선의 우측 계곡이 장막동이다. 송광사의 호령봉(송광산)과 선암사의 장군봉(조계산) 사이에 있는 장막동의 소유권은 1909년 계곡을 중심으로 나누어졌다.

선암사와 경계가 되던 지경터(굴목재 보리밥집).

명원을 정부에 제출할 때, 장막동의 경계를 반으로 나누면서 소송이 마무리 되었다고 적고 있다.

산림부의 장막동 산림에 대한 분쟁 기록이 중요한 이유는 10차에 걸쳐 송광사와 선암사가 각각 봉산의 소유권을 주장했을 뿐만 아니라, 다툼의 기간도 14년이나 지속되었기 때문이다. 이 산송에 주목해야 할 또 다른 이유는 구한말에 개개 사찰이 소유한 산림의 소유권을 얼마나 중요하게 인식했는지를 엿볼 수 있는 중요한 자료이기 때문이다.

송광사 산림부의 장막동 산림 분쟁 기록에는 봉산의 소유권과 관련된 다양한 내용이 있다. 그 내용을 조금 더 자세히 살펴보면, 1차 소송에는 순천군수가 사찰의 봉산 경계를 해당 사찰 소유권의 담당 영역으로 인정하고 있다. 2차 분쟁에 대한 판결로 봉상시奉常寺(국가의 제사 등을 관장하던 관서)는 분쟁 대상지가 송광사 봉산에 속하는 것이라고 표명한다. 3차 분쟁에 대한 판결로 전라도 관찰사 역시 송광사 봉산의 경계를 인정한다. 4차 분쟁에 대한 암행어사의 회신도 이들 분쟁에 대한 내용을 상세히 조사할 것이라고 했다.

봉산의 소유권을 각각 주장하는 두 사찰의 송사에 대하여 국가(조정)를 대신하여 봉상시(중앙정부), 해당 도의 책임자(전라도 관찰사)와 지방의 책임자(순천군수)가 사찰의 봉산 소유 자체를 부정하거나 배척하지 않는 산림부의 기록에 비추어 볼 때,

사패지(땔감숲, 수호봉산, 관리봉산)는 국가(왕실)에서 하사받는 순간 부터 사찰이 실질적 소유권을 획득한 것이라고 추정할 수 있다.

두 사찰 간의 5년 4개월 동안 진행된 산림 소유권 분쟁 기록은 결국 조선 후기에 사찰이 관리했던 봉산의 실질적 소유권은 해당 사찰에 있었다는 사실을 증언하는 귀중한 문서인 셈이다. 그래도 의문은 여전히 남는다. 사찰은 오늘날 국유림과 같은 조선시대의 봉산을 어떻게 소유하게 되었을까?

한국 사찰숲의
소유권 형성

조선임야
분포도

조선시대 말기의 사찰숲은 어떤 상황이었을까? 아쉽게도 각 지방의 사찰들이 어떤 숲을 얼마나 소유하고 있었는지 알 수 없다.《조계산송광사사고》산림부와 같은 기록들이 여타 사찰에서도 전해졌으면 그 당시의 상황을 조금이라도 유추할 수 있겠지만, 현재까지 그와 유사한 자료는 발견되지 않고 있다. 따라서 조선 말기 1,300여 개소의 사찰이 관리 또는 소유했던 숲의 상황을 확인할 방법은 없다.

조선 전역에서 18세기부터 심화된 산림 황폐는 인구 밀집 지역인 남부지방에서 더욱 심했다.[57] 그래서 남부지방의 몇몇 사찰들은 권세가와 백성들의 탐욕에서 사찰숲을 지키고자 자구책으로 나무를 베는 것이 금지되었던 봉산封山을 자임했다. 19세기 말에서 20세기 초의 정확한 상태를 확인할 수 있는 기록은 비록 없지만, 향탄봉산으로 지정된 동화사, 송광사, 해인사, 김용사, 용문사(예천), 통도사, 안정사 등의 산림은 비교적 양호했을 것으로 예상해봐도 무리가 아니다.

그러나 조선 말, 남부지방을 제외한 다른 지방의 사찰숲 상황을 구체적으로 가늠하기란 쉽지 않았다. 적어도 1910년에 통감부에서 시행한 임적林籍조사 사업의 결과물인 '조선임야

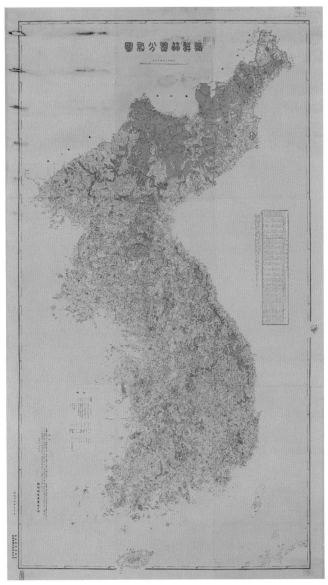

朝鮮林野分布圖

조선임야분포도. 일제 통감부의 임적조사사업(1910)에 의해 제작된 지도. (사진출처: 일본 국립공문서 기록관)

분포도朝鮮林野分布圖'를 직접 확인하기 전까지는 그랬다.

조선임야분포도는 2009년 연합뉴스 기사로 소개되었다.[58] 비록 인터넷 기사로 소개되었지만 임야분포도의 가장 인상적인 부분은 조선 전역의 산림 상황을 한눈에 확인할 수 있는 색채 표시였다. 백두산을 중심으로 압록강과 두만강 유역은 울창한 산림 상태를 나타내는 녹색인 데 비해 백두대간을 제외한 대부분의 남부지방은 어린나무와 민둥산을 뜻하는 누런색으로 표시되어 있었기 때문이다.

아쉽게도 기사로 소개된 작은 크기의 임야분포도로는 조선 말 1910년의 임야 상황을 구체적으로 파악할 수 없었다. 근래 일본어 검색 사이트를 이용해 '조선임야분포도'를 다시 검색하니 일본 국립공문서기록관에는 20만분의 1지도로 1912년에 제작된 '조선임야분포도'가 디지털 문서로 공개되어 있었다.[59]

조선임야분포도의 왼편 공간에는 범례가 표기되어 있었다. 범례의 첫 예시는 숲의 종류를 성림지(녹색), 치수발생지(황색), 무입목지(노란색)로 나누어 색깔별로 표시했다. 성림지成林地는 숲이 있는 임지, 치수稚樹발생지는 어린 나무들이 자라고 있는 임지, 무입목지無立木地는 나무들이 없는 임지를 말한다. 범례의 두 번째 예시는 숲의 소유별 영역을 적색선(관리기관이 있는 국유임야 구역), 갈색선(관리기관이 없는 국유임야 구역), 청색선(사원이 관리

금강산 만물상 일대의 신록.(2007년 5월)

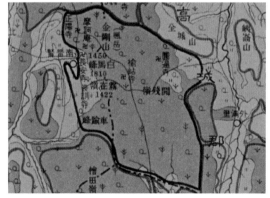

표훈사, 유점사 등이 1910년 금강산 일대의 임야를 관리하였음을 증명하는 '조선임
야분포도'의 금강산 부분. 청색선 영역이 사찰림 구역을 나타낸다.

하는 임야 구역)으로 역시 색깔별로 표시했다.

청색선이 뚜렷한 '사원이 관리하는 임야 구역'이 바로 그토록 찾고자 원했던 '사찰숲'에 대한 정보였다. 국내 언론에 소개된 축소지도로는 도저히 확인할 수 없었던 1910년 당시 개개 사찰의 사찰숲을 마침내 두 눈으로 확인할 수 있는 순간이었다. 디지털 지도상에서 먼저 삼보三寶사찰인 해인사, 통도사, 송광사의 사찰숲 경계부터 확인했다. 또 방문한 적이 있던 김용사, 법주사, 보경사, 부석사, 청량사, 불영사, 동학사, 석남사, 쌍계사, 화엄사, 선암사의 위치를 차례로 짚어보았다. 지도상의 북녘 사찰을 다음 순서로 확인하니 그 당시 남부지방의 어느 사찰보다도 더 넓은 임야를 관리하고 있는 모습이 청색선을 통해 단번에 확인되었다. 표훈사와 유점사 등은 금강산 전역, 보현사는 묘향산 전역, 개심사 역시 칠보산 전역을 관리하는 것으로 표시되어 있었다.

안타깝게도 우리는 1910년 이전까지만 해도 나라 전역의 산림에 대한 기초 정보조차 없었다. 그래서 나라 전체의 산림 면적이 얼마나 되는지, 누가 그 산림을 소유하고 있는지는 물론이고, 어떤 수종들이 얼마나 많이 자라는지도 알 수 없었다. 국가가 소유한 산림 면적조차 알 수 없었으니 사찰이 소유한 산림에 대한 정보가 없는 것은 오히려 당연했다.

한반도 전역의 산림 기초 정보를 담고 있는 조선임야분포

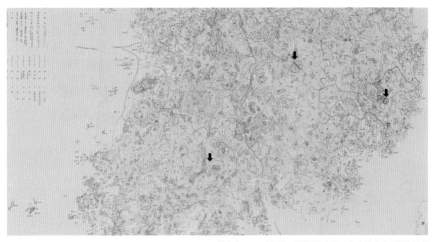

청색선으로 표시된 삼보사찰(해인사, 통도사, 송광사)의 사찰림 경계.

청색선으로 구획된 묘향산 보현사의 사찰림 경계.

도는 1910년 실시한 임적조사사업林籍調査事業의 결과물이다. 일제는 식민지 경영에 필요한 산림 수탈을 목적으로, 가장 먼저 산림 소유 구분에 대한 정보를 구축하길 원했다.[60] 소유 구분이 불분명한 산림, 특히 압록강과 두만강 유역의 산림을 가능한 한 많이 국유화해서 국유림의 벌채 수익을 확보하고자 했기 때문이다. 그래서 조선 전체의 임야를 소유별로 파악하고자 통감부 시절부터 계획하고 1910년 3월부터 시행한 사업이 바로 임적조사사업이다.

임적조사 사업

임적조사사업은 일본인 14명, 지리에 밝은 조선인 14명이 조사원이 되어 경비 2만 원을 들여 불과 5개월 만에 수행되었다. 소수의 인원이 단기간에 최소 경비를 들여 한 사업이었다. 2인 1조의 조사원들이 하루에 적게는 1만 6,000정보, 많게는 2만 2,400정보의 임야를 조사했기에 정밀성을 요구하는 것은 애초부터 무리였다. 이런 약점에도 불구하고 이전까진 누구도 시도해보지 못한 조선 임야의 소유 현황을 파악한 사업이었기에 일본에게는 식민지 경영상 의미가 지대했다. 조

선 역시 산림 현황을 최초로 파악할 수 있었기 때문에 결과
적으로 중요한 사업이었다.

임적조사는 종전에 관유림官有林이었던 임야(봉산·목장), 공산公
山과 함께 사찰유림寺刹有林의 구역을 조사하여 20만분의 1 지
도에 표시하는 한편 하천, 도로, 도시, 마을, 사찰(명칭도 기입),
단묘·능·원묘(명칭도 기입), 주요한 산악, 도경계, 농경지 구역 등
도 함께 표시했다. 또한 수종조사는 침엽수(소나무, 기타 침엽수)와
활엽수의 3종류로만 구분표기했다.

1910년의 임적조사사업 결과, 일제는 조선 전체의 산림 면
적(15,849,619정보)뿐만 아니라 국유임야(8,303,374정보), 사원이 관
리하는 임야(165,402정보), 사유임야(7,380,843정보)의 소유 구분
별 임야 면적도 개략적으로 파악하게 되었다. 사원이 관리하
는 산림 면적이 전체 산림 면적의 1%로 파악된 이 조사는 국
유임야와 사유임야도 마찬가지겠지만, 조선시대 사찰의 산림
면적을 파악한 최초의 자료였다.

임적조사사업은 사찰숲과 관련된 중요한 사실을 증언하고
있다. 임조조사사업에 '사찰'과 '사찰유림'이 조사 항목에 포
함된 사실이나, 또는 '사원이 관리하는 임야' 면적을 별도 항
목으로 제시하고 있음을 상기할 때, 조선 말기(1910)까지도 국
가는 사찰숲을 사찰이 관리하는 임야(寺刹有林)로 인정하고 있
었다는 사실을 확인할 수 있다. 조선시대 '사원이 관리하는

임야'와 '사찰이 소유하는 임야' 사이에는 실질적인 차이가 없음은 송광사와 선암사 간의 장막동 산의 분쟁 사례로 이미 확인된 바 있다.

임적조사 결과, 사원이 관리하는 임야 165,402정보 중, 성림지는 96,721정보, 치수발생지는 34,411정보, 무입목지는 34,270정보였다. 사원이 관리하는 임야 중 나무가 없는 무입목지 34,270정보는 전체 사찰숲의 20.7%였다. 이 비율은 국유임야의 무입목지 비율(19.7%)과 비슷하고, 사유임야의 무입목지(30.3%)보다는 10%나 더 낮은 수치다. 이러한 결과는 조선 말기에 사찰이 국가기관보다 숲을 더 잘 보전하고 관리하고 있었다는 정황을 나타내는 증거라 할 수 있다. 조선 조정이나 양반 권세가들이, 또는 백성들이 조선 후기부터 사찰숲을 탐냈던 이유도 이 조사로 더욱 분명해졌다.

산림법으로 보는 소유권 이동

사찰은 '사원이 관리하는 임야'를 조선 말까지도 소유하고 있었다. 주권을 잃은 병탄 이후에 사원이 관리하는 임야의 운명은 어떻게 되었을까? 그 답은 일제강점기에 진행된 산림

소유권의 형성 과정에서 찾을 수 있다.

산림 소유권의 형성 과정을 살펴보는 일은 우리나라 최초로 제정된 '삼림법'(1908)[61]에서 시작하는 것이 옳은 순서다. 통감부 통치시기에 제정된 삼림법은 산림을 제실림帝室林, 국유림, 공유림, 사유림으로 구분하는 한편, 지적신고 절차를 마친 산림만 그 소유권을 인정한다고 명시했다.[62] 그러나 복잡한 측량 절차와 과도한 소요 경비 등으로 인해 지적신고를 마친 산림은 많지 않았다. 그래서 실시한 것이 임적조사사업(1910)이었고, 조사항목에 '사원이 관리하는 임야'가 포함되어 사찰숲의 전체 규모를 최초로 파악하게 되었음은 앞서 살펴보았다. 임적조사사업으로 얻은 결과물은 그 후 제정된 '조선삼림령'(1911)[63]에 '삼림산야 및 미간지未墾地 국유 사유 구분 표준'의 근거로 활용되었다.

산림소유자에 대한 개략적인 파악에 그친 '삼림법'과 임적조사사업은 소유권을 행사할 수 있는 법적 효력이 빠져 있었다. 그 보완책으로 총독부는 산림수탈에 필요한 국유림과 사유림에 대한 법적 소유권 제도를 확립할 필요가 있었다. 그래서 '조선삼림령'으로 국유림 구분 조사를 하는 한편, 임야조사사업(1917~1924)을 시행하여 임야에 대한 권리관계를 법적으로 확정짓고자 했다. '사원이 관리하는 임야' 역시 총독부의 이런 산림정책에서 예외 대상은 아니었다.

사찰숲의 소유권 형성 과정에 간과할 수 없는 것이 임야조사사업이다. 그 이유는 사찰이 관리하는 숲들이 '삼림법'의 지적신고 절차를 이행하지 못해서, 또는 국유임야구분조사(1915)[64]에 의해 국유림으로 편입되어 소유권을 인정받지 못한 사례가 많았기 때문이다. 총독부는 그런 문제를 해결하고자 조선임야조사령(1918)[65]과 시행규칙[66]에 필요한 조항을 삽입했다. 조선임야조사령 3조에는 "국유임야에 대하여 조선 총독이 정한 연고緣故가 있는 자는 전항의 규정에 준하여 신고하여야 한다."라고 되어 있으며 그 시행규칙 제1조 1항은 "고기古記 또는 역사가 증명하는 바에 의하여 임야에 연고가 있는 사찰"로 명시되어 있다. 정리하면, 사찰이 연고의 근거를 제시하면 국유림에 포함된 산림의 소유권을 다시 인정한다는 내용을 임야조사령에 명시한 셈이다.

국유임야에 대한 연고란 무엇을 뜻하는 것일까? 연고에 대한 구체적 내용은 '삼림산야 및 미간지 국유사유 구분표준'[67](1912년 훈령 4호)의 8번째 항목 '영년永年수목을 금양禁養한 토지'에 등장한다. 총독부는 산지의 국유國有와 사유私有를 구분하는 연고의 근거로 '영년수목의 금양'을 들고 있다. 그리고 금양의 대상이 되는 영년수목의 인정 기준을 임야의 평균입목도 즉, 단위 면적당 자라는 임목이 차지는 면적은 3/10 이상, 수목의 평균수령은 10년 이상인 숲을 제시하고 있다.[68] 다시

표 1. 일제강점기 사찰 소유 산림의 시기별 소유권 형성

1908년 삼림법: 지적 신고로 소유권 인정(복잡한 절차와 경비과다로 신고 건수 적음)

1910년 임적조사사업: 사찰 관리 임야 개략적 최초 파악

1911년 조선삼림령: 국유 사유 구분 표준제시

1912년 산림산야 및 미간지 국유사유 구분표준 훈령: '연고'를 '영년 수목 금양' 조건으로 제시

1915년 국유임야 구분조사: 다수 사찰 소유 임야 국유 임야에 편입

1918년 조선임야조사령: 국유 임야에 편입된 사찰소유 임야 구제 '연고' 조항 포함

1917-1924년: 전국적으로 임야조사사업, 사찰 소유 임야도 대상에 포함

1926년 조선특별연고삼림양여령: 국유 임야에 편입된 사찰 소유임야 사찰 소유로 양여함

말해, 조선임야조사령 시행규칙으로 총독부는 사찰에서 장기간 숲을 가꾼 '영년 금양'의 실적이 있으면 연고권을 인정했고. 연고권을 부여받은 사찰은 일정한 사정査定 절차를 거쳐 소유권을 다시 획득할 수 있었다. 결국 소유권의 획득 여부는 금양 실적이라는 연고권의 존재 여부에 있었던 셈이다.

연고권의 존재를 증명하는 금양禁養은 무엇을 의미할까? 숙종 이후부터 많이 사용되기 시작한 금양의 글자 그대로의 의미는 '타인의 간섭을 금하고, 산림을 양성한다'이다. 하지만 실제는 '산림의 양성보다 타인의 간섭을 금지'하는 측면이 더 강했다.[69] 그래서 금양의 관리 주체는 금양 산림에 타인의 도

朝鮮總督府官報

第四百二十八號　明治四十五年二月 三日　朝鮮總督府印刷局

○府令

朝鮮總督府令第六號
明治四十三年十大藏省令第四十四號朝鮮總督府遞信官署現金支拂規則ニ依リ歲出金繰替拂證票等盜難亡失ノ場合ニ關スル取扱手續左ノ通定ム
明治四十五年二月三日　朝鮮總督　伯爵寺内　正毅

第一條　歲出金繰替拂證票等盜難亡失ノ場合ニ關シ本令ニ規定ナキモノハ金額、年度、仕拂命令番號、振出年月日附、繰替拂證指定通信官署名及受取人ノ住所氏名ヲ記載シタル書面ヲ以テ其ノ旨ヲ仕拂命令官ニ届出

第二條　債主ニ於テ歲出金繰替拂通知書ヲ盜取セラレ又ハ亡失シタルトキハ金額、年度、仕拂命令番號、振出日附、仕拂命令官名及受取人ノ住所氏名ヲ記載シ捺印シタル書面ヲ以テ其ノ旨ヲ指定通信官署ニ届出

前項届書ニ押捺スル印章ハ前ニ仕拂命令官ヘ差出シタル諸求書ニ押捺ノ印ト同一ナルヲ用フルヲ要ス

第三條　遞信官署ニ於テ前條ノ届書ヲ受ケタルトキ既ニ仕拂濟ナルトキハ其ノ旨ヲ届書ヲ返付シ仕拂未濟ナルトキハ歲出金繰替拂證票ノ受取ヲ爲サ仕拂故障アル旨ヲ附箋シ届出人ニ送付スヘシ

第四條　仕拂命令官ニ送付シ又ハ第三條ノ届書ヲ受ケタルトキハ之ヲ調查シ正當ナリト認メタルトキハ左ノ手續ヲ爲スヘシ

一　庫ニ交付ナルトキハ更ニ之ヲ發行シ再發行ノ文字ヲ記入シ署名捺印ノ金繰替拂證票ナルトキハ届書ニ仕拂ヘキ旨ヲ記入シ金

二　歲出金繰替拂通知書ナルトキハ届書ニ仕拂ヘキ旨ヲ記入シ之ヲ指定通信官署ニ送付スヘシ

第五條　通信官署ニ於テ前條届書ノ還付ヲ受ケタルトキハ届出人ニ通知シ

附則　本令ハ明治四十五年三月一日ヨリ之ヲ施行ス

○訓令

朝鮮總督府訓令第四號
　　　　　道
　　　　　府、郡、營林廠

森林山野及未墾地國有私有ノ區分ハ左記標準ニ依リ取扱フヘシ
明治四十五年二月三日　朝鮮總督　伯爵寺内　正毅

左記各號ノ一ニ該當スル森林山野又ハ未墾地ハ之ヲ私有トス但シ舊森林法第十九條ノ規定ニ依リ屆出ヲ爲シタル森林山野ハ此ノ限ニ在ラス

一　結數連名簿ニ登載セル土地竝之ニ登載セサルモ現ニ地稅ヲ賦課シ又ハ火田ノ類ト雖モ之ヲ私有ト認ムヘシ

二　土地臺帳ニ登錄シタル土地

三　土地家屋證明規則又ハ土地家屋所有權證明規則ノ證明ヲ為シタル土地

四　確定判決又ハ土地調查法ニ依リ私有タルコトヲ認メタル土地

五　裁判上又ハ行政上確定シタル官廳ノ處分ニ依リ私有タルコトヲ認メタル土地

六　賜牌ノ類ニシテ現ニ私有ト認ムヘキ確證アル土地

七　隆熙二年勅令第三十九號施行以前宮內府ニ於テ私人ニ還付シ、付與又ハ讓渡シタル土地

八　前各號ノ外朝鮮總督ノ特ニ私有ト認メタル土地

九　永年樹木ヲ禁養シタル土地

前項各號ニ該當スル森林山野又ハ未墾地ト雖モ舊森林法ニ依 リ公山ト稱ケタル者ハ墳墓ノ存在スル限リ其ノ墳墓區域ニ從來ノ通使用スルコトヲ得

조선총독부관보(1912년 2월 3일자)에 실린 '삼림산야 및 미간지 국유사유구분표준' 훈령 4호. '연고' 내용은 8번째 항목['영년(永年)수목을 금양(禁養)한 토지']에 등장한다.

朝鮮總督府官報　號外

大正七年五月一日　朝鮮總督　官房總務局　印刷所

朕朝鮮總督府林野調查委員會官制ヲ裁可シ玆ニ之ヲ公布セシム

○勅令

御名　御璽

大正七年四月二十九日

内閣總理大臣　伯爵　寺内正毅

勅令第百十號

朝鮮總督府林野調查委員會官制

第一條　朝鮮總督府ニ林野調查委員會ヲ置ク
林野調查委員會ハ朝鮮總督ノ監督ニ屬シ林野調查令ニ依ル査定及裁決ニ對スル不服ノ申立及裁決及裁決ニ關スル再審ヲ爲ス

第二條　林野調查委員會ハ委員長一人及委員十八人以テ之ヲ組織ス

第三條　委員長ハ朝鮮總督府政務總監ヲ以テ之ニ充ツ
委員ハ朝鮮總督府高等官ノ中ヨリ朝鮮總督ノ奏請ニ依リ内閣ニ於テ之ヲ命ス但シ委員タル者ハ十二人以下トスルコトヲ得

第四條　委員長ハ會務ヲ總理ス
委員長事故アルトキハ委員長ノ指定シタル委員其ノ事務ヲ代理ス

第五條　林野調查委員會ノ議事ハ出席委員ノ過半數ヲ以テ之ヲ決シ可否同數ナルトキハ委員長ノ決スル所ニ依ル

第六條　委員長ハ委員ノ中ヨリ朝鮮總督府高等官ノ中ヨリ朝鮮總督ノ指揮ヲ承ケ庶務ニ從事ス
委員長又ハ部長又ハ幹事ノ指揮ヲ承ケ庶務ニ從事ス

第七條　委員長又ハ部長ハ委員ノ中ヨリ朝鮮總督之ヲ命ス

第八條　林野調查委員會ニ幹事ヲ置ク
幹事ハ委員長一人ヲ置キ朝鮮總督府高等官ノ中ヨリ朝鮮總督之ヲ命ス

第九條　林野調查委員會ニ書記及通譯生ヲ置ク
書記又ハ通譯生ハ部長又ハ幹事ノ指揮ヲ承ケ庶務ニ從事ス

○制令

本令ハ大正七年五月一日ヨリ之ヲ施行ス

附則

制令第五號

大正七年五月一日

朝鮮總督　伯爵　長谷川好道

朝鮮林野調查令

朝鮮林野調查令明治四十四年法律第三十號第一條及第二條ニ依リ勅裁ヲ得テ玆ニ之ヲ公布ス

第一條　林野ノ所有者ハ道長官又ハ府尹又ハ面長ノ定ムル期間内ニ氏名又ハ名稱住所及林野ノ所在及地積ヲ府尹又ハ面長ニ申告スヘシ

第二條　林野ニ地役權其ノ他ノ地上ニ存スル物權ヲ有スル者ハ前項ノ申告ニ付之ヲ附記スヘシ

第三條　國有林野ニ對シ朝鮮總督ノ定ムル緣故ヲ有スル者ハ前項ノ規定ニ準シ之ヲ申告スヘシ

第四條　府尹又ハ面長ハ朝鮮總督ノ定ムル所ニ依リ林野ノ調查及測量ヲ爲シ...

조선총독부관보(1918년 5월 1일자)에 실린 '조선임야조사령'. 제3조 '국유임야에 대하여 조선 총독이 정한 연고(緣故)가 있는 자는 전항의 규정에 준하여 신고하여야 한다.'가 명기되어 있다.

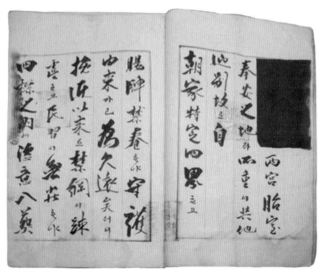

용문사 장례원 완문.

벌, 방화, 입장入葬, 개간, 토석채취 행위를 금지할 수 있는 권리를 인정받고 있었다.

금양의 대상이 된 산림은 모든 인민이 그 사용과 수익을 공유할 수 있는 것이 아니었고, 특정한 관리 주체와 용도가 정해져 있었다. 예를 들면, 개인은 분묘 주변의 산림이, 촌락은 송계림(松契林, 조선시대 마을 주변의 산림을 주민들이 공동으로 이용보호하고자 결성한 계)이 금양의 대상이었고, 국가는 직속림(한양 금산, 봉산, 능원묘 부속림, 관방림, 관용시장)이 금양 대상이었다. 사찰은 땔감숲(柴地), 수호봉산, 관리봉산이 금양의 대상이었다.

사찰은 특정 산림의 금양 실적을 어떻게 증명했을까? 금양자禁養者의 이용권이 미치는 산지 경계를 표시한 문서(立案), 사패문기, 절목 등과 같은 문서를 갖추거나, 산직을 고용하여 정례적으로 순산巡山한 실적을 제시하면 가능했다. 조선임야조사령[70] 시행규칙 제1조 1항에 "고기古記 또는 역사가 증명하는 바에 의하여 임야에 연고가 있는 사찰"이 명시되었던 까닭도 그 당시 금양을 증명할 수 있는 기록들이 다수 존재했기 때문일 것이다.

사찰이 주변 산림을 금양했던 기록은 오늘날도 전해지고 있다. 고종 27년(1880)에 명례궁에서 평안도 영변 묘향산 보현사로 내려 보낸 완문에는 각종 잡역을 혁파한다는 내용과 함께 '수목 금양'을 명하는 내용이 수록되어 있다[71]. 유사한 사례는 용문사(예천)의 장례원 완문에서도 금양 기록("사방의 경계를 정하고 사패금양하여 수호")을 찾을 수 있다.

산림부로 보는 송광사의 예

개개 사찰이 총독부의 임야조사사업에 대응한 구체적 기록은 《조계산송광사사고》의 산림부[72]로 확인할 수 있다. 산림부에 수록된 송광사의 일지에는 "1919년 3월 29일 임야조

송광사 소유의 주암면 행정리 산 162번지의 숲. 송광사가 수백 년 동안 금양한 실적을 임야조사위원회에 제시함으로써 1920년대 이 숲에 대한 행정리 주민들의 부당한 소유권 주장을 막을 수 있었다.

사사무소에 순천군 주암면 행정리 임야를 신고하고, 8월 1일 신고료 85전을 냈으며, 1920년 10월에 송광사 소유의 산 경계에 표기標旗를 세웠다"라고 밝히고 있다.

산림부에는 "송광사와 주암면민들 사이에 임야신고와 측량 과정 중에 소유권 분쟁이 발생했고, 행정리 주민 백경인이 송광사 소유의 주암면 행정리 산 162번지 임야의 소유권을 주장하므로, 그 소유권 분쟁에 대한 조사에 응해 달라는 공문이 1920년 12월 20일 접수" 되었음을 밝히고 있다. 계속하여 소유권 분쟁 조사의 목적으로 "송광사 주지 이설월은 행정리 산림에 대한 연고의 증거(입안, 금표, 700여 년 금양의 역사)를 1차 진술서와 함께 제출(1920년 12월)하고, 다시 보완된 연고의

내용

한국
사
찰
숲
의
시
작

내용〔관문기(1829), 순천부사의 결정문(1895), 궁내부 관문기(1899)〕 등을 2차 진술서와 함께 제출(1921년 5월)했다"고 밝히고 있다.

그러나 임야조사 결과는 송광사에 불리하게 나왔다. 송광사가 금양했던 신흥리 5정보, 장안리 161정보 임야에 대한 연고자는 송광사로 사정査定되었지만, 행정리 156정보 임야에 대한 연고는 행정리 외 7개리에 있다고 사정공시(1923년 9월)를 했기 때문이다. 송광사는 이에 즉시 불복신청을 했다. 이 불복신청은 임야조사 사업의 첫 절차는 산림의 경계를 확정 짓는 조사측량사무이고, 두 번째 절차는 소유권자를 파악하고 확정짓는 사정査定사무이며, 세 번째 절차는 사정결과에 불복한 신청인들의 소송을 처리하는 재결裁決사무의 규정을 따랐음을 의미한다.

송광사가 행정리 임야에 대한 다양한 연고 증거서류(봉상시, 홍릉, 궁내부, 내부, 장례원, 전라도 관찰부에서 발급한 절목 각 1통씩, 순천부사가 발급한 절목 2통)를 불복신청서와 함께 제출(1923년 11월 17일)했다. 주암면 광천리 임야조사위원출장소의 재조사(1928년 1월 13일에서 31일까지) 결과, 조선총독부 임야조사위원회는 최종적으로 순천군 주암면 행정리 산 162번지 임야를 불복신청인 송광사의 소유로 인정하는 재결서 등본을 발부(1928년 9월 5일)한 내용이 산림부에 기록되어 있다.

송광사의 행정리 산 162번지 임야는 그 이듬해 다시 한 번

더 송사에 휘말린다. 미등기를 이유로 주암면 복다리 주민 조민섭 외 81명이 임야 땔감 채취권 확인 소송을 광주지방법원 순천지청에 제기했기 때문이다. 그러나 이 소송은 송광사가 등기를 완료함(1929년 1월)에 따라 최종 소유권을 획득하는 것으로 끝난다. 또한 임야조사 결과 송광사로 사정되었던 장안리, 봉산리, 신흥리 소재 임야는 '조선특별연고삼림양여령'(1926년 4월 5일)[73]에 따라 송광사의 연고가 인정되어 양여 받았으며, 최종적으로 송광사가 그 소유권을 확보하게 되었다.

결국 우리나라의 사찰 숲은 일제강점기에 시행된 임야조사사업으로 먼저 필지마다 소유자와 경계를 구분·확정짓고, 그 후, 특별연고삼림양여사업으로 해당 필지의 소유자와 지번을 등기부에 등재함으로써 일물일권―物―權의 현대적 소유권이 최종적으로 형성되었다.

사찰숲의 규모

사찰숲은 최초로 파악된 1910년 이래 어떻게 변해왔을까? 이 물음에 답을 구하는 가장 손쉬운 방법은 사찰숲의 규모 변화 추이를 살펴보는 일이다. 사찰숲 규모의 변화 추이는 나라 전체 사찰숲과 개별 사찰의 산림 면적 변화를 따로 나누어 살펴봐야 하는데, 전체 사찰숲 규모는 북녘 사찰숲의 상태를 파악할 수 없는 분단 현실이 있고, 개별 사찰의 산림 면적은 정보 접근의 한계가 존재한다. 또 다른 접근 방법은 사찰 경제에 끼친 사찰숲의 역할 변화와 산림 구성(수종, 수령 등)의 추이를 살펴보는 일인데, 모두 간단하지 않은 작업이다. 그래서 비교적 쉬운 사찰숲 규모의 변화 추이부터 먼저 살펴보았다.

사찰숲의 경계는 수백 년 동안 지속한 금양 실적에 따라 대부분 산줄기나 계곡을 기준으로 확정되었다. 지형을 이용한 숲의 경계는 비록 분명했을지라도 개별 사찰의 산림 면적을 정확하게 산정하기란 쉽지 않았다. 개개 사찰의 산림 면적은 1920년대 시행된 근대적 임야조사 덕분에 제대로 파악되었다. 근대적 소유권이 확립되기 전에도 사찰숲에 대한 소유권의 변동 사례가 없지 않았지만, 구체적인 면적을 산정하고 소유권을 확정할 수 있었던 때는 일제강점기였다.

나라 전체의 산림규모가 최초로 밝혀진 시기는 통감부의 임적조사가 이루어진 1910년도였고, 사찰숲의 규모 역시 같은 시기에 밝혀졌다. 따라서 1910년 이전까지는 전체 사찰숲의 규모는 물론이고 개개 사찰이 소유한 산림 면적도 가늠할 수 없었다.

통감부에 의해 1910년 시행된 임적조사 결과, 사찰이 관리하는 사찰숲 면적은 한반도 총 임야 면적(1,584만 9,619정보)의 1.04%인 16만 4,502정보였다. 사찰이 관리한 이들 산림 중, 숲이 울창한 성림지盛林地 9만 6,721정보, 어린나무들이 자라고 있는 치수림지稚樹林地 3만 4,411정보, 나무가 없는 무입목지無立木地 3만 4,270정보로 조사되었다[74].

사찰의 숫자가 16세기 초엽 1,684개, 18세기 중엽 1,535개, 20세기 초엽 1,363개소인 것에 비추어볼 때, 개개 사찰이 보유한 사찰숲의 평균 면적은 약 100여 정보로 추정된다. 하지만 그 편차는 꽤 컸을 것이다. 평북 보현사의 벌채 허가원(1939)에 나타난 사찰숲 면적은 4만 8,192정보나 되었고, 반면 단 몇 정보의 사찰숲만 보유한 사찰도 있었기 때문이다. 오늘날도 2,000ha 이상의 산림을 소유한 월정사(5,782ha), 신흥사(3,813ha), 해인사(3,253ha), 표충사(2,160ha), 법주사(2,156ha)와 같은 사찰[75]도 있지만, 그렇지 못한 사찰이 더 많은 것이 현실이다.

면적의 변화 추이

사찰숲의 면적 변화는 일제강점기와 광복 이후를 나누어 살펴볼 필요가 있다. 일제강점기에 시행된 임야조사사업

(1917~1924) 결과, 전체 사찰숲 면적은 임적조사사업(1910)으로 파악된 사찰숲 면적보다 1만 5,000정보 더 늘어난 17만 4,289정보(1930)로 집계되었고, 1942년에는 18만 9,967정보까지 늘어났다. 사찰숲 면적이 증가한 근본적 이유는 임야조사사업 결과 사찰이 예로부터 실질적으로 금양했던 산림의 연고권을 인정받아 사찰숲으로 확정되었기 때문이다. 일제강점기에 사찰숲의 면적은 대체로 나라 전체 산림 면적의 1.1% 선에서 유지됐다[76].

광복 이후, 사찰숲 면적은 남북 분단으로 남한의 면적만 산정되었는데 1950년대 중반까지는 면적이 늘었다가 1960년대 이후부터는 꽤 큰 폭으로 줄어들었다. 구체적으로 1946년 8만 7,864정보, 1953년 8만 4,669정보, 1954년 11만 1,583정보, 1955년 11만 8,833정보, 1957년 9만 4,331정보, 1960년 9만 1,951정보, 1968년 7만 4,342정보, 1974년 6만 7,514정보, 2008년 약 6만 3,000정보로 집계되었다[77].

사찰숲의 면적은 1954년과 1955년에 급격하게 증가했는데, 1954년도에만 2만 6,914정보가 증가하여 전체 면적이 11만 1,583정보에 이르게 된다. 이처럼 급증한 까닭은 그 당시 일본 사원이 소유하고 있던 귀속재산을 불교계가 불하받으면서, 귀속재산에 임야도 포함되었기 때문으로 추정한다[78].

그러나 이러한 증대 추세도 잠시일 뿐, 사찰숲은 1956년부터 급격하게 감소한다. 학계에서는 이 시기에 진행된 사찰숲 감소의 원인으로 농지개혁의 영향을 가장 먼저 들고 있다. 사찰숲의 면적 감소 추세는 1960년대 중반에도 진행되었는데 특히 사찰숲의 대대적 벌채와 밀접한 관련이 있다. 일각에서는 이 시기의 사찰경제를 '산판山阪'경제[79]로 규정할 만큼 사찰숲의 벌채가 대규모로 이루어졌던 때다.

지난 백 년 간 전체 사찰숲의 면적 변화 추이에 이어, 개별 사찰들의 산림 면적 변화 추이는 어떻게 변했을까? 정보 접근의 한계로 인해, 확인할 수 있는 개별 사찰이 많지 않지만, 일제강점기와 현재의 사찰숲 면적을 비교해 보면 사찰숲을 많이 보유한 사찰의 산림 면적 변화 추이를 짐작할 수 있다.

먼저 오늘날 가장 넓은 사찰숲을 소유한 월정사의 사례를 살펴보자. 일제강점기 1941년 월정사의 벌채 허가원에 기재된 사찰숲 면적은 5,605정보였고, 2008년도는 5,782정보로 확인되었으니 산림 면적은 오히려 180여 정보 더 늘어났다. 반면 대부분 사찰들은 조금씩 더 줄어들었는데, 표충사는 2,178정보(1927)에서 2,160정보(2008)로, 해인사는 3,316정보(1937)에서 3,253정보(2008)로, 법주사는 2,185정보(1943)에서 2,156정보(2008)로 사찰숲 면적이 감소했다. 사찰숲 면적이 조금씩 줄어든 이유는 도로확장, 필요시설 증축 등은 물론이고 매도나 교환 등으로 추정할 수 있다.

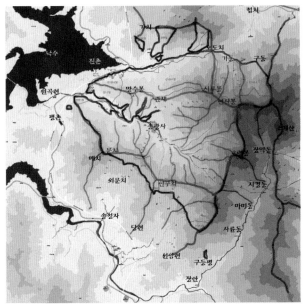

2007년 산림청 임상도에 나타난 송광사 사찰림 경계.

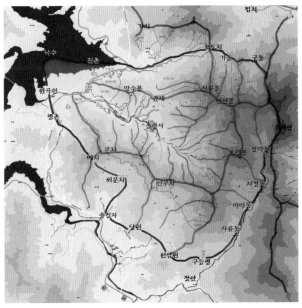

1830년 율목봉산의 봉표로 추정한 송광사 사찰림 경계.

송광사의 경우, 1,572정보(1943)에서 1,348정보(2015)로 꽤 넓은 면적이 줄어들었는데, 그 이유는 228정보(송광면 장안리 산 2)의 산림을 1964년에 학교법인 동국대학교에 무상으로 양도했기 때문이다. 동국대학교에 무상으로 양도한 장안리의 산림은 송광사의 호령봉과 선암사의 장군봉(조계산) 사이에 자리 잡은 장막골(현 지명 장박골)의 일부로, 1895년부터 1900년 사이에 10차례나 소유권 송사가 진행되었던 분쟁지다.

송광사와 유사한 사찰숲의 무상양도는 운문사, 월정사, 수종사에서도 이루어졌다. 그 사실은 다음 기사로 확인할 수 있다. "동국재단은 종단 측에 학교 발전을 위해 임야 활용 건의서를 제출, 1963년 11월 19일 열린 제5차 중앙종회에서 통과한다. 종회는 다음과 같이 결의했다. 첫째, 동국학원에 무상양도하기로 결정된 사찰숲에 대한 문교부의 승인 수속을 조속히 완료한다. 둘째, 동국학원 재단 임야의 집단화 계획을 통해 지정된 사찰숲을 승인하고 그 집단면적 확보에 대하여 적극 협조한다. 셋째, 동국학원 재단 임야의 집단화 계획에서 제외된 임야는 매각 처분하는 데 적극 협조한다."[80]

동국대학교의 《동국대학교 100년사》[81]에는 "1965년 8월 말까지 전체 임야의 23%에 해당하는 4,000여 정보의 임야가 학교법인으로 이전 등기됐다. 이후에도 이전 작업은 계속돼 강원도 명주군 오대산 일대 1,527정보를 연습림으로 부설

110

한 것"과 "운문산 운길산 오대산 조계산 등 1,500여 정보"의
개발 사업에 착수했다고 밝히고 있다. 전체 사찰숲의 면적
감소나 개개 사찰의 산림 면적 감소 원인을 헤아려 볼 수 있
는 대목이다.

표 2. 사찰숲 면적의 변화 추이 (1910~1942년도는 전국의 사찰숲 면적, 1946년
이후는 남한만의 사찰숲 면적)

연도	1910	1930	1942	1946	1954	1960	1968	1974	2008
면적 (ha)	164,502	174,289	189,967	87,864	111,583	91,951	74,342	67,514	63,000

지난 일백 년에 걸친 사찰숲의 변화 추이를 살펴보고자
시기별 전체 사찰숲의 규모를 비교분석해 보았다. 일제강점
기에 큰 변화가 없던 사찰숲의 규모는 광복 이후 지난 70년
동안 학교 운영 재원, 농지개혁, 도시개발, 산판사업 등으로
30%나 줄어들었다. 다양한 요인으로 사찰숲이 줄어들었지
만, 더 이상 사찰숲의 감소를 용인하는 것은 불교적 가치 증
진을 위해 옳지 않다. 사찰숲은 일제강점기와 6·25전쟁 이
후에, 그리고 1960년대에 이르기까지 사찰 재정의 마지막 구
원 투수였고, 비상 금고였다.

2

조선시대

01

왕실과
사찰숲

산림금양의
배경

조선시대 사찰의 산림금양 사례는 다양하다. 태실수호사찰
로서 왕족의 태를 묻은 태실胎室과 그 주변 산을 수호한 태
봉산, 원당으로서 왕실 의례용 임산물인 황장黃腸 소나무 숲
을 수호한 황장금(봉)산, 국용주재國用主材인 밤나무 숲을 관리
한 율목봉산, 왕실과 능원에 숯을 봉납한 향탄봉산, 왕실에
봉납할 송홧가루를 생산한 송화봉산[82] 등이 그러한 형태이
다.[83~84]

　조선시대 사찰이 직접 특정 산림을 금양한 구체적 기록은
송광사에서 찾을 수 있다. 송광사의 《조계산송광사사고》 산
림부에는 1830년부터 1929년까지 100년 동안 송광사에서
일어난 산림 관련의 다양한 업무 내용을 담고 있다. 산림부
에는 율목봉산과 향탄봉산의 지정 과정과 운영 방법, 밤나
무와 소나무의 벌채 및 운반 방법, 이웃 선암사와의 산림경
계의 분쟁에 대한 5년간의 송사 내용, 일제강점기에 진행된
토지조사사업에 대한 불복신청 과정, 1927년과 1929년에 작
성된 산림시업안 등이다. 이외에도 송광사에서 진행된 산림
과 관련된 내용이 상세하게 기록되어 있다.[85]

　산림과 관련된 사찰의 기록은 전란과 화재 등으로 대부분

표 3. 조선시대 능침사찰[89]

수호능묘	사찰명	위치	설치연대
신덕왕후(정릉)	흥천사	한성 서부 황화방(皇華坊)	1397년(태조 6) 1576년(선조 9)
신의왕후(제릉)	연경사	경기도 개풍군 부소산	1399년(정종 1)
태조(건원릉)	개경사	경기도 양주군 검암산	1408년(태종 8)
성영대군(소경공분암)	대자암	경기도 고양군 대자산	1418년(태종 18)
성종 정안왕후(후릉)	흥교사	경기도 풍덕군 백연산	1420년(세종 2)
태종 원경황후(헌릉)	회암사	경기도 양주군 천마산	명종조
덕종(경릉) 익종(창릉)	정인사	경기도 고양군 명릉안산	1457년(세조 3)
세조(광릉)	봉선사	경기도 양주군 주엽산	1469년(예종 1)
세종(영릉)	보은사	경기도 여주군 북내면 봉미산	1472년(성종 3)
성종(선릉) 중종(정릉)	봉은사	경기도 여주군 저도(楮島)남	1498년(연산군 4)
창빈 안씨	화장사	경기도 장단군 보봉산	1577년(선조 10)
인종 인후황후(장릉)	봉능사	경기도 김포군 장릉방	1627년(인조 5)
명혜공주 명선공주	봉국사	경기도 광주군 성유산	1674년(현종 15)
장릉(단종)	보덕사	강원도 영월군 북오리	1698년(숙종 24)
정소의묘	진관사	경기도 한성부 삼각산	1707년(숙종 33)
경종 선의왕후(의릉)	연화사	경성부 회기정 천마산하	1725년(영조 1)
소영원(숙빈 최씨)	보광사	경기도 양주군 고령산	1740년(영조 16)
순강원(인빈 김씨)	봉영사	경기도 양주군 진접면 천점산	1755년(영조 31)
현륭원(사도세자)	용주사	경기도 수원군 화산	1790년(정조 14)

망실되어 많이 남아 있지 않은 실정이다. 이런 현실에서《조계산송광사사고》의 산림부에 수록된 율목봉산과 향탄봉산에 대한 기록은 율목봉산이나 향탄봉산으로 지정된 다른 사찰들의 산림이나 또는 능침수호사찰이나 태실봉안사찰로 지정된 원당의 산림도 비록 문서로 남은 기록이 해당 사찰에 없을지라도 송광사에 하달된 산림관리 방법과 유사한 방법으로 산림을 관리했을 것으로 추정할 수 있는 근거를 제공하기에 그 중요성은 지대하다.

따라서 태봉산, 황장금산, 율목봉산, 향탄봉산, 송화봉산, 선재봉산의 관리에 관여한 사찰을 살펴보기 위해서는 조선 왕실과 사찰과의 관계를 나타내는 원당顧堂에 주목할 필요가 있다.《조계산송광사사고》의 "나라 안의 명산대찰은 거의 모두 왕의 위패를 봉안하고 만세를 축수한다"는 기록에 미루어볼 때, 조선시대 많은 사찰들이 왕실의 원당이었음을 확인할 수 있다.

조선시대 사찰의 수는 16세기 초엽의 1,684개, 18세기 중엽의 1,535개, 20세기 초엽의 1,363개로 파악된다.[86] 이들 사찰 중, 연구자에 따라 249개의 사찰[87] 또는 137개의 사찰[88]이 왕실의 원당으로 지정되었다는 결과는 숭유억불의 시대에도 불교가 명맥을 유지할 수 있었던 근거가 되었을 뿐만 아니라 사찰숲의 역사성을 파악할 수 있는 실마리를 제공한다.

이들 왕실 원당 중, 탁효정은 능침수호사찰이 19개, 태실 봉안사찰이 15개로 지정되었다고 발표했다. 이러한 연구 결과는 조선시대 사찰의 산림관리에 대한 새로운 접근뿐만 아니라 사찰숲의 역사성을 살펴볼 수 있는 근거를 제공해주고 있다.

탁효정의 연구에 의하면 강원도 영월 보덕사를 제외하고는 주로 능침을 한성부 주변에 쓴 관계로 능침수호사찰은 대부분 한성부와 경기 지역에 밀집되어 있었다. 반면 태실봉안사찰은 주로 하삼도 지역에 자리 잡아 전라북도 1개, 경북 8개, 충청북도 2개, 충청남도 2개, 강원도 2개 사찰로 나타났다.

02

산림금양의
종류

태봉산 금양

사찰의 태봉산 금양은 왕실의 태실과 직접적인 연관이 있다. 태실胎室이란 왕실에서 산모가 태아를 출산한 후, 나오는 태반을 묻는 장소로, 태봉胎封이나 태묘胎墓라고도 한다. 예로부터 우리 선조들은 다음 아기의 잉태孕胎에 태의 처리가 결정적인 영향을 준다고 믿었다. 그래서 액이 없는 방향에서 태를 태우거나 매장하는 풍습이 오래전부터 있었다. 《삼국사기》나 《고려사》에는 신라의 김유신도 태를 묻었다는 기록이 남아 있다. 이를 미루어 볼 때, 태를 묻는 풍습은 훨씬 이전부터 내려온 것이라 추정할 수 있다.

태봉에 대한 기록은 백제, 마한, 가야, 고려시대에도 나타나며, 풍수지리를 중시하던 조선시대에는 의궤까지 편찬했을 정도로 왕실의 중요한 의례였다. 《조선왕조실록》에는 태봉에 관한 논의 내용이 120여 회나 나타나며, 《조선의 태실》[90]에는 조선의 국왕과 그 자녀의 태반을 묻은 90여 곳의 구체적 위치나 지명이 수록되어 있다. 그밖에 '태봉'이라 불리던 지명까지 모두 망라하면 제주도를 제외한 전국 각지의 명당 276곳에 분포해 있는 것을 기록으로 알 수 있다. 조선 왕실이 한성부 100리 이내에 왕릉을 썼던 것과는 달리 왕실의 뿌리인 태실을 전국 각지에 골고루 두었던 이유는 왕실과 지역 주민

간에 일체감을 갖게 만들 의도였으리란 해석도 있다.

태실은 주변이 산림으로 둘러싸인 명당에 조성되었다. 따라서 조정에서는 태실을 봉안할 장소가 정해지면 태실 주변을 봉산封山으로 지정하고, 금표禁標를 세워 채석, 벌목, 개간, 방목을 일절 금하는 한편 주변에 적당한 사찰이 있으면 태실 봉안사찰로 지정하여 태주인의 축수를 기원하도록 했다. 이와 같은 내용은 《현종개수실록顯宗改修實錄》현종 11년(1670) 3월 19일에 실린 다음 기사로 확인할 수 있다.

"'두 공주의 태胎를 봉안할 때에 백성의 전답 약간이 금표禁標 안에 들어가 올해부터 농사를 짓지 못하게 되었습니다. 관둔전官屯田으로 보상해 주도록 하소서.' 하니, 상이 따랐다. 안태安胎하는 제도는 고례古禮에는 보이지 않는데, 우리나라에서는 반드시 들판 가운데의 둥근 봉우리를 선택하여 그 위에다가 태를 묻어 보관하고 태봉胎峰이라고 했다. 그리고 그곳에 표식을 하여 농사를 짓거나 나무를 하는 것을 금지하기를 원릉園陵의 제도와 같이 했다. 성상에서부터 왕자와 공주에 이르기까지 모두 태봉이 있었으니, 이러한 우리나라 풍속의 폐단에 대해서 식견 있는 자들은 병통으로 여겼다."

사찰이 왕실 의례용 황장(黃腸, 관곽재용 소나무의 속고갱이), 율목(栗木, 위패용 밤나무 목재), 향탄(香炭, 제향용 숯), 송화(松花, 송홧가루)의 생산 임무와 함께 태실이 있는 태봉산의 금양 임무를 수행하게

정희왕후의 태실이 봉안된 수타사.

된 배경에는 사찰이 왕실의 선왕선후의 명복을 비는 원당(願堂 또는 願刹)을 자임하고, 왕실은 사찰에 부과된 승역과 공납의 의무를 면제해주는 왕실과 사찰의 상호보험적 관계를 무시할 수 없다.[91] 바로 사찰의 산림 관리가 태동된 근거인 셈이다. 직지사, 은해사, 법주사 등의 산림이 오늘날도 울창하고 넓은 면적을 소유하고 있는 이유는 조선시대에 이들 사찰이 태실봉안사찰로 지정된 역사도 무시할 수 없다.

《조선왕조실록》에는 선왕의 태실에 대한 기사는 주로 지명만을 언급하고 있지만, 실질적으로 태실이 봉안된 사찰은 태조의 봉수사(鳳樓寺), 정종의 직지사, 태종의 태봉사(胎封寺), 문종의 오봉사(鳴鳳寺), 단종의 법림사(法林寺), 세조의 선석사(禪石寺), 정희

표 4. 조선시대 태실봉안사찰[92]

수호태실	사찰명	위치	설치연대
태조	봉수사	전북 진산면 만인산	1393년(태조 2)추정
정종	직지사	경북 금산군 황악산	정종대로 추정
태종	태봉사	경북 성주군 조곡산	1401년(태종 1)
문종	명봉사	경북 풍기군 은풍현 명봉산	문종대로 추정
단종	법림사	경북 성주군 법림산	1461년(문종 1) 추정
세조	선석사	경북 성주군 북오십리	세종대
정희왕후	수타사	강원 홍천군 동면 공작산	1456년(세조 2) 추정
폐비 윤씨	용문사	경북 예천군 용문산	1478년(성종 9)
인종	은해사	경북 영천군 공산	1546년(명종 1)
명종	문수사	충북 서산군 상왕사	명종대
선조	오덕사	충남 임천군 서삼십리	선조대
인조	정토사	충북 충주군 개천사	인조대
정조	정양사	강원도 영월군	영조대로 추정
문효세자	용문사	경북 예천군 용문산	1783년(정조 7)
순조	상환암	충북 보은군 속리산	1806년(순조 6)

왕후의 수타사壽陀寺, 폐비 윤씨의 용문사龍門寺, 인종의 은해사銀海寺, 명종의 문수사文殊寺, 선조의 오덕사五德寺, 인조의 정토사淨土寺, 정조의 정양사正陽寺, 문효세자의 용문사, 순조의 상환암上歡庵 등이 알려져 있다. 이들 사찰 중, 정종의 직지사와 인종의 은해사와 관련된 내용을 조금 더 자세히 살펴보자.

직지사

직지사는 경북 김천 황악산 자락에 있다. 직지사에 정종의 태실이 자리 잡게 된 배경은 대웅전 뒤 북봉이 예로부터 풍수적으로 최고의 길지로 알려졌기 때문이다. 직지사는 풍수적으로 마니산, 태백산 문수봉, 오대산 적멸보궁과 함께 "기氣를 폭포수처럼 분출하는" 생기처生氣處로 알려져 있다. 또한 정종의 태실은 풍수에서 최고의 길지로 알려진 뱀이 먹이를 찾아 내려오는 형상의 머리 부분 혈(蛇頭血)에 해당되는 곳이라고 한다.

정종은 조선의 2대 임금으로 즉위한 해에 다른 곳에 안치되어 있던 자신의 태실을 이 사두혈로 옮겼고, 직지사를 원찰로 지정하여 태실 수호의 소임을 맡겼다. 조선 왕실에 태실을 내어준 직지사는 어떤 영향을 받았을까? 정종은 직지사를 수직사찰守直寺刹로 지정하여 태실 수호의 소임을 맡겼다. 직지사의 주지는 수직군의 소임을 수행하는 승려들의 수장이기도 했다. 그 덕분에 직지사는 조선 초기부터 비교적 순탄하게 사세를 유지할 수 있었다.[93]

한편 왕실은 태실을 보호하고자 직지사 주위 30리 내에는 벌목과 수렵과 경작을 금했다. 태실 수직사찰의 사격寺格을 확보한 덕분에 직지사는 태실 주변의 산림을 태봉산으로 수호하는 한편, 넓은 영유지領有地를 확보할 수 있었다. 직지사

직지사 태실 주변의 소나무 숲.

홈페이지에는 현재 약 600ha의 산림을 보유하고 있으며, 직지사에서 12km나 떨어진 김천 시내의 법원과 구화사九華寺까지가 직지사의 영유지였다고 밝히고 있다. 왕실의 명복과 태실을 지키고자 원당에 내려진 봉산 수호의 책무는 해당 사찰에 태봉산 일대의 독점적·배타적인 이용권을 위임한 것으로 볼 수 있다.

은해사

은해사의 홈페이지[94]에는 인종의 태실을 봉한 사실과 함께 종친부에서 사찰 입구의 땅을 매입하여 소나무를 심은 기록이 다음과 같이 서술되어 있다. "1546년 명종 원년에 나라에서 하사한 보조금으로 천교화상이 지금의 장소로 법당을 옮겨 새로 절을 지었다. 이 때 법당과 비석을 건립하여 인종의 태실을 봉하고 은해사라고 이름을 짓게 되었다. 1563년 화재로 소실되고 이듬해에 묘진 스님이 중건했으며, 1589년 선조 22년에 법영대사가 법당을 현재의 자리에 크게 중창하고 사찰의 규모를 확장하는 일대 불사를 이루어 내었다. …1712년 숙종 38년에는 은해사를 종친부에 귀속시켰고, 1714년에는 사찰 입구 일대의 땅을 매입하여 소나무를 심었다. 지금의 은해사 앞 아름드리 소나무들이 그때에 심어진 것으로, 300년 가까운 세월동안 이 자리를 지키고 있는 소나무들이다."

은해사가 오늘날 수목장림으로 활용하고 있는 소나무림은 450여 년 전 태실봉안사찰이라는 사격을 획득했기 때문이고, 그 덕분에 솔숲을 지켜올 수 있었다.

법주사

법주사는 조선시대에 왕실과 다양한 인연을 맺은 사찰이다. 신미대사를 찾은 세조의 흔적이 말사인 복천암에 남아 있고, 경내에는 사도세자를 낳은 영조의 후궁 영빈 이씨(映嬪李氏)의 선희궁 원당(宣禧宮願堂)이 있으며, 또 복천암 맞은 편 봉우리에는 순조의 태실을 모신 태봉이 있다. 원당 수호사찰로서, 태실 수직사찰로서의 사격을 미루어 볼 때, 주변 산림에 대한 독점적 관리 및 그에 따른 수호권이 지속되었으리라 추측되지만, 다른 사찰과 달리 산림과 관련된 알려진 기록이 없다.

법주사의 산림이 2,156ha에 달하는 넓은 면적으로 비추어 볼 때, 또 5리 숲길이 예로부터 유명했음에 비추어볼 때, 비록 기록으로는 남아 있지 않지만 왕실에서 부여한 산림 수호권을 충실하게 지켰을 것으로 추정한다. 순조의 태실 위치와 함께 법주사와 주변 상세한 지형이 그려진 태봉산 그림이 왕실에 전해진다.

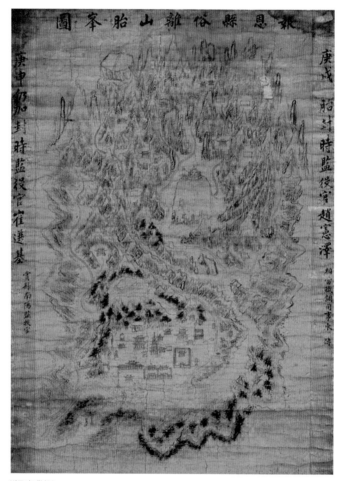

법주사 태봉도.

황장금산

구룡사

사찰이 황장금산과 봉산의 금양에 관여한 기록은 구룡사와 백련사에서 찾을 수 있다. 구룡사는 금표 표석과 읍지의 기록으로, 백련사는 다산이 남긴 저술과 그 속에 수록된 작품에 의해 간접적으로 확인할 수 있다. 한편 사찰 인근에서 발견된 금표에 의해 법흥사 역시 황장금산을 관리했을 것으로 추정하기도 한다.

구룡사는 강원도 원주시 소초면 학곡리 1029번지에 자리 잡고 있으며, 신라 문무왕 8년(668) 의상대사가 창건한 사찰로 알려져 있다. 이 절 입구에는 자연석에 '黃腸禁標(황장금표)'라는 글씨가 새겨져 있어, 이 일대가 왕실에 봉납하던 황장목 소나무 산지(황장금산)였음을 알 수 있다.

구룡사 일대의 소나무 숲은 오늘날도 우량한 형질을 보유하고 있어서 옛 소나무의 명성을 간접적으로 확인할 수 있다. 구룡사 일대는 강원감영과 가깝게 있어서 황장목을 보호하기가 쉬웠을 터이고, 또 소나무를 뗏목으로 쉬 한양까지 운반할 수 있었던 한강 상류에 위치한 지리적 이점 때문에 봉산으로 지정되었을 것으로 추정된다.

구룡사 일대가 황장금산이라는 확정적인 자료는《관동읍

구룡사의 황장금표.

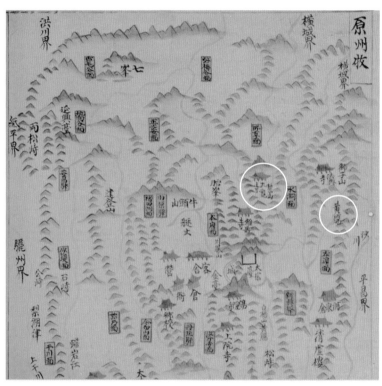

19세기 초 회화식 필사본으로 제작된 '광여도(廣輿圖)'에 표기된 구룡사와 '금산'. 법흥사 부근에 '황장'이 표기되어 있다.

지《關東邑誌》[95]의 구룡사 조에 "즉황장소봉지지卽黃腸所封之地"라는 기록이나 19세기 초 회화식의 필사본으로 만들어진 전국 군현지도집인 〈광여도廣輿圖〉에 구룡사와 함께 표기된 '禁山(금산)'을 확인할 수 있다. 그러나 이 일대 황장금산에서 황장목의 보호와 벌채와 운반에 대한 구체적인 기록을 확인할 수 없다.

구룡사와 마찬가지로 대부분의 황장목 생산지가 황장금산이나 황장봉산으로 지정되어 나라의 보호를 받았지만, 구체적으로 누가 어떻게 보호하고, 벌채와 나무를 심었는지 밝혀진 기록은 현재까지 발견되지 않고 있다.

황장(선재) 봉산

백련사

백련사는 승려 묘염이 839~856년 사이에 창건한 사찰로 전남 강진군 도암면 만덕리에 자리 잡고 있다. 백련사가 황장봉산이라는 근거는 다산 정약용이 다산 초당에서 귀양살이를 하면서 지은 '僧拔松行(승발송행)'이란 제목의 한시에서 찾을 수 있다. 이 시는 백련사가 있는 만덕산 능선에서 어린 솔을 뽑고 있는 중에게 왜 솔을 뽑는지 물었더니 바람에 쓰러진 소

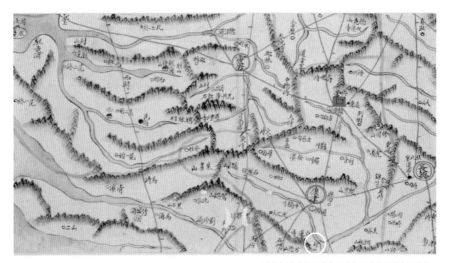

백련사, 만덕산, 봉산이 표기된 19세기 중엽의 조선전도.

나무를 절에서 도벌한 죄목을 둘러 씌워 수탈을 일삼는 수영 지방관의 탐학을 이야기하는 내용을 담고 있다.[96]

이 시는 정약용의 《목민심서》 공전工典 산림조條에 실려 있는데 강진의 만덕산 일대가 수영에서 관리하는 황장(선제)봉산이었음을 밝히고 있다. 《목민심서》에는 백련사에서 만덕산의 황장봉산을 관리한다는 내용이 언급되어 있지 않지만, '승발송행僧拔松行'의 "이 산을 오래전부터 양송하여 왔고, 도벌을 방지하고자 밤낮없이 애를 썼다"라는 내용을 참고하면 실질적으로 백련사에서 황장봉산을 관리했다는 사실이 간접적으로 밝혀진다.[97] 백련사 인근에 봉산이 존재한 사실은 19세기 중엽에 제작되었을 것으로 추정되는 '조선전도朝鮮全圖'의 기록으로도 확인된다.

사자
황장산

법흥사

법흥사는 영월군 수주면 법흥리에 소재한 사찰로 자장율사
가 신라 선덕여왕 12년(643)에 사자산 연화봉에 부처님의 진
신사리를 모시면서 창건된 고찰이다. 법흥사 경내에 형질이
우량한 소나무 숲이 생육하고 있어서 예로부터 산림학계의
주목을 받아왔다.[98] 1980년대에 법흥사 인근 새 터에서 발견
된 '원주사자황장산금표原州獅子黃腸山禁標'는 법흥사 일대의 소나
무 숲도 사찰에서 관리하던 산림일 수 있다는 주장이 제기
되고 있지만, 사찰이나 또는 유관 기관의 문헌 기록이 발견
되지는 않았다.[99] 수많은 금표가 망실되고, 또 기록이 사라진
현실을 생각하면 법흥사도 구룡사처럼 황장금산의 관리나
운영에 관여했을 수도 있을 것이란 추정도 가능하다. 그러나
이런 추정과는 달리 '광여도'에는 황장목 생산지를 나타내는
'황장黃腸' 표기와 법흥사가 거리상으로 조금 떨어져 표시되어
있어서 구룡사와 금산이 함께 표기된 사례와는 대조적이다.

법흥사 인근 새터에서 발견된 '原州獅子黃腸山禁標(원주사자황장산금표)' 표석.

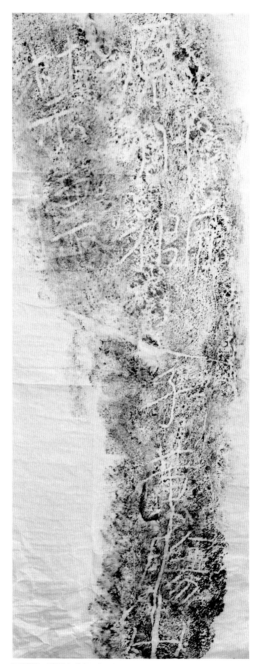

原州獅子黃腸山禁標(원주사자황장산금표) 탁본.

율목봉산
금양

조선 왕실이 율목봉산을 지정하고, 그 금양을 사찰에 맡긴 이유는 밤나무 공납의 어려움에서 찾을 수 있다. 영조 21년 (1745)의 실록에는 "삼남三南의 읍邑에 율목栗木을 분정分定하던 예를 혁파하고 구례현求禮縣 연곡사燕谷寺로 주재봉산主材封山을 만들어 율목을 장양長養하도록 하소서."라는 내용의 기사가 나온다.《조선왕조실록》의 이 기사는 충청도와 경상도와 전라도의 각 읍에서 조달했던 밤나무 목재의 확보가 더 이상 곤란하기 때문에 1745년에 연곡사 주변의 밤나무 숲을 주재 (主材, 율목)봉산으로 지정한다는 내용이다. 이 기록은 1808년에 편찬된《만기요람萬機要覽》과 1861년에 제작된 대동여지도 구례에 율목봉산이 표기된 결과와 부합되는 내용이다.

영조 21년의 실록 내용처럼《조계산송광사사고》산림부에도 율목봉산을 시행하기 이전에는 "주재主材를 삼남三南에서 벌목"하여 충당했음을 밝히면서, 기존의 생산지에서 밤나무들이 모두 사라졌기 때문에 새롭게 봉산을 지정해야 한다고 밝혔다.[100] 특히 사고에는 경상도에서 400그루, 전라도에서 300그루를 배정하여 국용주재의 수요를 충당한다고 했다.

이러한 기록을 고려할 때, 율목봉산을 지정한 이유는

피아골의 율목봉산 표석. 직전동 계곡의 자연석에 새겨진 '以下栗木界(이하율목계)'. 왼편의 각자는 '以上
眞木封界(이상진목봉계)'.

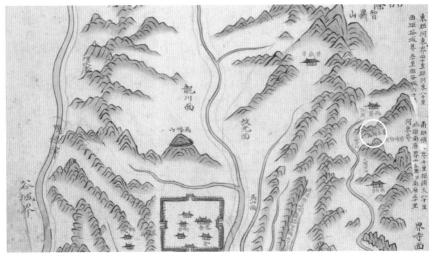

1750년대 제작된 것으로 추정되는 해동지도에 나타난 연곡사와 율목봉산 표시.

동여도(1850년대 제작 추정)에 표기된 직전동과 율목봉산.

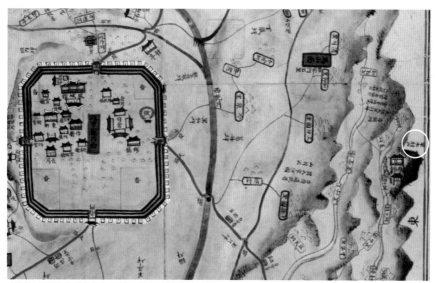

지방지도-구례현(1872년 제작)에 표기된 연곡사와 율목봉산.

세기 전반까지 삼남의 각 읍에서 조달했던 질 좋은 밤나무 목재가 고갈되었고, 그 대안으로 비교적 산간오지에 자리 잡은 사찰 부근의 밤나무 숲을 1745년부터 율목봉산으로 지정하여, 필요한 국용주재를 조달하고자 했기 때문이라 할 수 있다.

율목봉산에 대한 《조선왕조실록》이나 《승정원일기》의 14건 기록 중, 사찰이 구체적으로 언급된 기록은 5건이다. 이들 내용은 바로 율목봉산의 지정순서라 할 수 있다. 《승정원일기》 중 영조 21년(1745)에는 연곡사에 황장봉산을 지정[101]하고, 그 다음 해 1746년에는 밤나무재의 고갈을 염려하여 하동 쌍계동 일대를 율목봉산 후보지로 물색[102]한다. 결국 연곡사 주변을 율목봉산으로 지정한 3년 후, 구례 연곡사가 관리하는 율목봉산의 밤나무 목재 생산이 감소함에 따라 하동 쌍계동 일대의 쌍계사, 칠불사, 신흥사 등에 율목봉산을 새롭게 지정하도록 1748년에 교시[103]를 내린다.

다시 17년이 지난 후, 쌍계동 일대에서도 밤나무 재목의 확보가 쉽지 않아서 영조 41년(1765) 8월에는 조정에서 전라도 영광현 영취산에 율목이 무성하다는 소문을 듣고 율목봉산의 지정 여부를 논의[104]하고, 그 몇 달 뒤 12월에는 구례봉산(연곡사)의 사례에 따라 영광의 영취산을 율목봉산으로 지정하게끔 교시[105]한다.

위패제작을 위한 밤나무 목재의 확보는 영조 45년(1769) 8월의 기록에도 나타나는데, 전라도 순천 조계산과 광양 백운산에 밤나무가 무성함을 보고 받고 봉산지정이 합당한지 논의한다. 이듬해 1770년 1월에도 이들 장소를 봉산으로 지정할 것을 주문하지만, 지정 여부에 대한 명확한 기록은 없다.

이들 새롭게 율목봉산의 대상지가 된 영취산, 조계산, 백운산이 언급된 기록에는 사찰 이름을 밝히고 있지 않지만, 승려 등이 관리하도록 한다는 내용에 비추어 볼 때, 이들 봉산지역도 사찰에 율목봉산의 관리를 위임했을 것으로 상상할 수 있다. 영조 시대 이후, 율목봉산에 대한 기록은 순조 8년(1808)에 순천부 조계산(順天府 曹溪山)에 율목봉산을 지정할 것인지 논의한다.

표 5. 시기별 사찰의 율목봉산 지정 순서

사찰명 / 산	시행시기(년)	출처
연곡사	1745	승정원일기 영조 21년
쌍계사, 칠불사, 신흥사	1748	승정원일기 영조 24년
영광의 영취산	1765	승정원일기 영조 41년
송광사	1830	승정원일기 순조 30년

한편 규장각한국학연구원의 검색 사이트를 활용하여 율목봉산을 검색한 결과 5종류의 고지도古地圖에 율목봉산이

표기되어 있었다. 이들 5종류의 고지도는 1750년대 제작된 것으로 추정되는 '해동지도海東地圖'와 '비변사인방안지도備邊司印方眼地圖', 18세기 후반부에 제작되었을 것으로 추정되는 '조선팔도지도朝鮮八道地圖', 1850년대의 '동여도東輿圖', 1872년에 제작된 '지방지도地方地圖(구례현)'이다. 이 고지도 중 '조선팔도지도'를 제외한 모든 지도에는 연곡사 부근에 율목봉산이 표기되어 있었다.

5종류의 고지도에 율목봉산이 구례 부근이나 연곡사 주변에 표기된 것과 달리, 쌍계사나 송광사 부근에 율목봉산이 표기된 지도는 없었다. 고지도의 표기 내용은 영조 21년(1745)에 율목봉산의 산림관리 의무를 연곡사에 부여한 기록과 부합되는 내용이지만, 쌍계사와 관련된 표기가 19세기 중후반에 제작된 지도에 나타나지 않는 이유는 알 수 없다. 아마도 송광사의 율목봉산 절목에 언급된 내용처럼, 쌍계사의 율목봉산도 생산력이 고갈되었기 때문일 것으로 추정할 수 있다.

송광사

율목봉산栗木封山의 지정 절차와 관리 운영 방법은 《조계산송광사사고》 산림부에 기록되어 있다. 여기에 따르면 율목봉산의 지정 절차는 왕실의 절실한 필요가 있었지만, 형식상으로는 먼저 전라관찰사가 조정에 지정 요청의 품의를 구하는 형식을 따른다. 전라관찰사는 국가의 제사와 시호를 관장하던 봉상시奉常寺에 연곡사의 율목봉산만으로는 나라에서 필요한 위패제작용 밤나무를 도저히 충당을 할 수 없는 형편을 설명하고, 그 해결책으로 송광사 일대를 율목봉산으로 지정하기를 원한다는 장계를 올린다. 그러면 그 장계에 따라 봉상시는 왕세자에게 송광사의 율목봉산 지정을 요청하고, 조정에서는 왕세자의 이름으로 허가했다.

1) 율목봉산의 절목

율목봉산의 운영에 필요한 시행규칙(節目)은《조계산송광사사고》산림부에는 기록되어 있다. 율목봉산을 이미 운영하고 있는 연곡사와 쌍계사의 절목을 참고하여 시행하게 하는 한편, 그 절목 사본을 병영兵營과 수영水營과 진영鎭營 및 고을 수령에게 보내어 율목봉산의 운영에 차질이 없도록 지시한다. 산림부에 기록된 17개 항으로 구성된 절목의 간추린 내용은 다음과 같다.106

⬥ 절목사본을 병영, 수영, 진영, 본 고을의 수령들에게 보내 영구히 준행토록 한다.

⬥ 연곡사, 쌍계사, 송광사가 함께 3년 사이에 돌아가면서 벌목하

고자 하며, 봉표 안의 사찰과 민호는 봉상시에 이속시켜 밤나무의 보호와 양성에 힘쓰게 하며, 매년 500그루씩 심는다.

- 이속되었기 때문에 그 이전에 부과되던 감영, 병영, 수영, 진영, 본 고을 및 여러 상급 관청의 각 아문에서 부과하던 역이나 갖가지 청구를 면하고, 봉산 일에 전념케 한다.

- 백성이 모경(몰래 경작)한 곳은 밤나무 식재가 적당하면 밤나무를 심고 가꾼다.

- 지방 양반과 백성들이 봉산을 훼손할 때는 황장목을 벌목한 죄와 같은 수준으로 엄하게 다스린다.

- 무덤을 몰래 조성하거나 밤나무를 몰래 벌채할 경우, 율로 논죄하고, 총섭이나 도별장이 옳게 다스리지 못하거나 부정행위를 할 경우, 귀양을 보낸다.

- 총섭과 율목도별장은 봉상시에서 차출하고, 인신印信과 장패將牌를 주어 봉산의 모든 일을 함께 입회하여 수행하며, 기타 업무는 사찰의 주지와 도내 승통이 남북한南北漢 산성 총섭의 예에 따라서 한다.

- 절의 승려 중에서 도산직都山直을 정하고, 규정에 따라 단속하며, 마을 주민 중 패산직牌山直을 차출하여 함께 조사와 보호 업무에 임한다.

- 화전 경작은 때마다 조사를 실시하고, 세금을 거둔다.

- 봉산에 밤나무 식재는 승려와 백성이 맡아서 하고, 매년 차감

을 보내 관리 감독하는 한편 격려한다.

* 패산직은 총섭과 별장이 상의하여 정하고, 보고하면 본시(봉상시)에서 차출한다. 차감은 산직의 게으름, 총섭과 별장의 게으름도 본시에 보고한다.

* 봉산 일에 종사하는 이는 영문과 본관이 부여하는 군역과 사역을 면하고, 어기면 법률에 따라 엄중히 처벌한다.

* 율목경차관에 대한 밤나무의 벌채 준비 및 대접은 감영에서 나누어 거행하고, 경차관, 범철관의 가마꾼, 밤나무 벌채 운반 치목 삶는 일, 포장, 포구로 운반하는 등 사역에 동원되는 모든 일은 봉표 안의 승려와 백성들에게 책임 지울 수 없으며, 본관本官에서 다른 군과 면에 배정하여 시행한다.

* 산지기들의 근면 정도를 4등급으로 보고한다.

* 승도를 모집하고, 다른 절로 도망간 자는 찾아서 데려와 봉산 관리에 임하게 한다. 다른 도의 승려로서 봉산 안으로 들어온 자는 머물게 하며, 못 데려 가도록 하며, 신역身役이 있으면 그 역시 면해준다.

* 절목 반포 후, 봉산 안의 승려와 백성의 부역을 즉시 면제한다.

* 다른 봉산의 예에 따라 규례에 따라 종이는 제조하여 계속 바칠 것.

2) 관리 감독

《조계산송광사사고》산림부에는 조선 조정이 위패용 밤나무 목재를 원활하게 조달하고자 관리 감독에 대한 절차를 자세하게 기술한다. 조정(봉상시)에서는 해당 사찰에 차감次監을 파견하여 관리감독 업무를 수시로 확인하는 한편, 차감과는 별개로 특수임무를 수행하는 율목경차관을 3년마다 해당 사찰(연곡사, 쌍계사, 송광사)에 보내서 밤나무 식재와 위패용 재목의

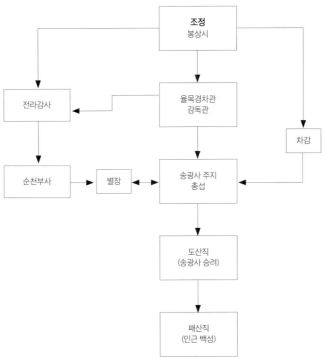

송광사 율목봉산의 관리 감독 체계.

벌채 작업을 감독했다. 그 일환으로 송광사에는 율목봉산의 업무를 총괄할 책임자인 총섭總攝과 부책임자인 율목도별장栗木都別將을 임명하고, 관인官印과 나무 패(將牌)를 하사하여 인허가 업무를 관할하게 했다. 오늘날 이 관인과 장패는 송광사 박물관에 전시 수장되어 있다.

조정의 지시에 따라 송광사는 도벌단속과 보호업무를 수행할 승려(都山直)와 봉산순찰을 담당할 마을주민(牌山直)을 지정하여 도벌과 몰래 경작冒耕하는 일이 없도록 했다. 또한 봉산 경계로 동(굴목치), 서(외문치), 남(이읍촌), 북(오도치) 4곳에 표석을 설치하는 한편, 이들 경계 사이사이에 14개의 표석을 세

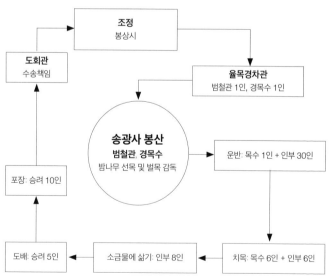

송광사 율목봉산의 벌채 작업 과정.

위 구역을 한정했다.[107] 십여 개의 표석이 1830년에 율목봉산의 경계지역에 세워졌지만 아쉽게도 오늘날 어떤 표석도 발굴된 것이 없다.

3) 밤나무 식재

봉산의 밤나무는 승려와 백성들이 심었고, 매년 조정에서 감독관(율목경차관)을 보내 식재 작업을 감독하게 했다. 밤나무 묘목의 확보, 식재 시기, 식재 방법 등에 대한 구체적인 기록은 수록되어 있지 않다.

4) 밤나무 벌채와 조제

밤나무의 벌채 과정은 조정에서는 위패에 사용할 밤나무 재목을 확보하고자 먼저 감독관인 율목경차관을 현장으로 파견하고, 경차관은 목수 1명과 범철관을 대동하여 벌채목을 선정했으며, 운반작업(목수 1인과 군인 30명), 치목작업(목수 6명과 봉표 구역 내 백성 6명이 보조일꾼), 도배작업(승려)을 실시하여 조정에 진상할 밤나무를 준비한다. 특히 벌채목의 도배작업은 밤나무를 소금물에 찌고 몇 겹의 종이를 바르는 작업으로 승려에게 부여된 임무였다.

5) 인력 동원

송광사 산림부에 따르면 조정(봉상시)이 철종 12년(1861)에 밤
나무 벌채를 훈령을 내렸을 때, 송광사는 벌채와 조제에 필
요한 인력이 부족하기 때문에 율목경차관에게 봉표 안에 거
주하는 각 마을의 백성으로 하여금 차례로 운반과 삶는 일
을 돕게 해달라고 요청한다. 율목경차관은 송광사의 요청에
따라 봉표 안에 거주하는 마을 주민들을 동원하여 벌채목의
운반과 나무를 삶는 일을 수행하게끔 관련 관서에 명령을 하

송광사의 율목봉산 업무를 총괄할
책임자를 나타내는 총섭(總攝) 장
패(將牌).

달하는 한편, 그 동원 인력의 운용은
송광사의 총섭에게 위임했다. 이런 내
용을 참고할 때, 실질적으로 주변 마을
의 인력을 동원하여 산림의 벌채와 조
성 업무를 사찰이 감당했음을 추정할
수 있다.

송광사 율목봉산의 전령에는 송광사
주변 각 마을 마다 동원해야 할 사역
인원을 배정하고 있다. 장안 70명, 이읍
30명, 고읍 35명, 산척 25명, 평지(평촌)
25명, 진촌 5명, 외송 7명, 송광사는 7
명을 각각 배정하고 있다. 사역에 동원
되는 인력은 남쪽 마을(장안, 이읍, 고

國師時特下御題之稱明矣其餘興陽之曹溪山

靈巖之曹溪山者皆從後普照國師與曹溪宗僧

剏建捿息故稱如是也歟

第二章　封山

　第一節　栗木封山

　　第一項　奉常寺下付郎目

奉常寺爲郎目成給事節達下教本寺申目粘連

達下是白置觀此狀　達則臣於今秋省部之行

到順天府曹溪山松廣寺登臨寺之後麓看察週

遭是白乎則其東南有南庵洞東庵洞毛開方洞

掘木西陽洞九洞等洞壑周回約可爲五十里也

《조계산송광사사고》산림부의 율목봉산 내용.

읍, 산척)이 사찰의 서쪽 출입 통로 지역보다 더 많다. 이들 남쪽 마을의 거주민이 북서쪽 출구지역보다 더 많아서 인지, 또는 더 많이 봉산의 산림을 이용하기 때문인지는 불분명하다.

향탄봉산
금양

사찰이 향탄봉산을 금양했던 기록은 왕실의 문서나 또는 사찰이 소유하고 있는 문서와 사찰 인근에 남아 있는 금표로 확인할 수 있다.[108] 특정 능역에 필요한 향탄香炭을 조달하기 위해 사찰의 산림이 향탄산으로 획정된 구체적 사례는 동화사, 송광사, 용문사(예천), 안정사 등에서 찾을 수 있다. 그 밖에 해인사 용문사(남해), 김용사 등이 향탄봉산을 관리했을 것으로 추정할 수 있는 유물을 보유하고 있지만, 송광사를 제외하고는 그 구체적인 경과를 나타내는 자료나 문헌이 없기 때문에 이들 사찰이 직접적으로 향탄봉산의 운영에 관여했는지의 여부는 앞으로 연구되어야 할 부분이다.

문헌상으로 사찰이 직·간접적으로 향탄산 관리에 관여한 사례는 '향탄산'과 '향탄봉산' 둘로 나누어 살펴볼 수 있다. 문헌상에 나타난 사찰의 '향탄산'은 정조 즉위년의 《승정원일

도갑사 향탄봉안소 금표.

기》로 확인된다.《승정원일기》에는 1776년에 축조된 원릉(영조와 계비 정순왕후의 능)의 향탄산으로 청도 운문사 주변의 운문산을 그 대상으로 고려하고 있음을 밝히고 있다.[109] 이 기사는 향탄 조달을 위해 사찰 주변의 산림을 획정 대상으로 고려했다는 사실을 밝히는 첫 사례이지만 원릉의 향탄산은 최종적으로 전라도 남원의 내외산內外山과 광양현光陽縣 백운산白雲山으로 선정되었다는 것이《영종대왕국휼등록英宗大王國恤謄錄》'건乾'에서 드러났다.[110]

영조의 원릉에 이어 정조의 건릉 향탄산 관리도 사찰이 담당했을 것으로 추정할 수 있다. 그 추정의 근거는 영암의 도갑사 입구에 있는 '건릉향탄봉안소 사표내금호지지健陵香炭奉安所 四標內禁護之地' 금표이다. 이 금표가 사찰 입구에 자리 잡고 있기 때문에 금표의 명문처럼 건릉에 필요한 향탄을 생산하기 위해 사표四標내의 산림을 도갑사가 금양했을 것으로 추정할 수 있다.

정조의 건릉은 1800년에 축조되었고, 1821년에는 왕비가 합장되었다. 따라서 도갑사가 향탄봉안소로 지정된 시기는 1800년이나 또는 그 이후 어느 시점이라 추정되지만 향탄봉안소가 향탄의 집하장인지 또는 생산지인지 확인되지 않고 있다.

운문사 일대의 산림이 영조의 원릉(1776년 축조) 향탄산의 대상으로 고려되었을지라도 운문사와 향탄산의 관계를 소명하는 자료가 없기 때문에, 도갑사의 건릉향탄봉안소를 사찰의 향탄산으로 추정할 수 있는 첫 사례가 될 것이다.[111]

사찰숲이 향탄산으로 획정된 또 다른 사례는 경주 함월산 기림사 부근의 '연경묘향탄산인계하불령봉표延慶墓香炭山因啓下佛嶺封標'와 용동2리 감골의 '연경묘향탄산인계하시령봉표延慶墓香炭山因啓下柿嶺封標'에서 찾을 수 있다.[112] 연경묘는 1830년에 사망한 효명세자의 무덤으로, 1835년 헌종이 즉위하자 효명세자를 익종으로 추존하고 그 묘도 수릉綏陵이라는 능호를 부여받았다. 따라서 연경묘 향탄산 봉표는 사찰숲을 향탄산으로 획정했던 시기가 1830년대였음을 추정할 수 있는 근거가 될 수 있다.(표6 참조)

표 6. 사찰별 능원(사당)의 향탄(봉)산을 나타내는 기록 및 유물

사찰명	시행시기	해당 능원·궁	기록/유물(문헌, 완문, 첩지, 금표, 금패)
도갑사	1800년 이후	건릉	'健陵香炭奉安所 四標內禁護之地' 禁標
기림사	1830년 이후	연경묘	경주 함월산 '延經墓香炭山因啓下佛嶺封標', 延經墓香炭山因啓下柿嶺封標.
동화사	1880년	수릉	예조 첩지 및 '綏陵香炭禁界, 綏陵封山界' 封標
해인사	1891년	명례궁	명례궁 완문(香炭封山)
송광사	1900년	홍릉	조계산송광사사고 산림부의 향탄봉산, '향탄봉산수호총섭' 금패
안정사	1900년	선희궁	고종의 차첩, 금송패
용문사 (예천)	1900년	홍릉	장례원(掌禮院)의 완문(香炭封山)
김용사	1902년	미상	'香炭封山賜牌禁界' 禁標
통도사	시기미상	홍릉	《朝鮮山林史料》(朝鮮山林會 1934)
용문사 (남해)	시기미상	미상	'南海龍門寺 香炭封山守護總攝' 禁標

  사찰의 산림이 능원의 향탄산(또는 향탄봉산)으로 획정된 시기는 1800년에서 1902년 사이였다. 기록으로 확인된 각 사찰별 향탄봉산 획정 시기는 동화사(1880), 해인사(1891), 송광사, 예천 용문사, 안정사(1900), 김용사(1902) 순이다.(표 6 참조)

  조선 왕실이 향탄산의 관리를 사찰에 맡긴 이유는 무엇일까? 이에 대한 답은 《한국민족문화대백과사전》의 '향탄산' 항목에서 찾을 수 있다. 향탄산의 소재지를 "사원寺院의 영

역 안과 국유산國有山"이라고 밝히는 한편, "사찰에서는 주변의 산에 주민들을 못 들어오게 하고 봉산封山으로 해줄 것을 청원하는 한편, 마을사람들로부터 세금을 받을 수 있는 방편을 강구하기도 했다. 이때에는 사찰의 승려들이 그곳 삼림을 간수했다."라고 밝히고 있다. 이런 내용은 송광사와 용문사(예천)와 해인사와 안정사의 향탄봉산과 관련된 기록과도 합치된다.

《조계산송광사사고》산림부 향탄봉산의 절목에는 "근래에 인심이 선량하지 못하더니 모든 서민이 준동하여 두려워하거나 거리낌이 없이 법을 어겨 장사 지내거나 나무를 베어내는데도 금지할 수가 없어 민둥산이 될 지경에 이르렀다. 절의 형편을 생각하니 지극히 놀랍고 한탄스러우니 지금 이후로는 본사를 홍릉에 부속시켜 향탄봉산으로 삼는다."라는 내용이 있다. 송광사가 조정에 향탄산 관리를 청원한 이유는 이처럼 사찰의 산림을 보호하기 위한 수단이었던 셈이다.

송광사와 유사한 사례는 해인사와 용문사(예천)의 완문(完文, 어떤 사실이나 권리, 특전 등을 인정한다는 의미로 해당 관아에서 발급하던 증명 또는 허가 문서)에서도 찾을 수 있다. 명례궁이 해인사에 1891년에 발급한 완문에는 해인사가 세자궁(순종)의 원찰이며 과도한 요역의 폐단을 혁파한다는 내용을 10개의 조목으로 지시하고 있다. 완문에는 "관용 남녀목藍輿木과 다라목多羅木을 자르

고 다듬는 것과 오미자·석이·산화·송화·병풍·유자 등의 제
반 책응은 일체 엄금하고, 통제사와 병사들이 각종 물종을
강제로 수탈하는 행위와 교졸의 미투리와 술·밥값의 토색의
관습은 물론이고 개간행위도 금한다."라고 기록되어 있다.[113]

장례원에서 하교한 용문사의 완문에도 '도벌과 몰래 묘를
써서 훼손되는 사찰숲을 보전하기 위해 홍릉의 향탄봉산으
로 삼는다'는 내용을 다음과 같이 담고 있다.

"용문사는 인빈궁仁嬪宮의 원당願堂이요, 소헌왕후昭憲王后와
문효세자文孝世子 두 분의 태실胎室을 봉안한 곳이어서 그 소중
함이 여타 사찰과 크게 다르므로 왕실에서 특별히 사방의 경
계를 정하고 사패금양賜牌禁養하여 수호한 유래가 오래더니, 근
자에 들어 금지하는 기강이 소홀해지고 백성들의 풍습이 무
상無常해서 사방의 경계 안에서 제멋대로 묘를 만들어 매장
하며 어려운 줄 모르고 소나무를 베어서 거주하던 승려들은
이를 빌미로 이리저리 흩어지고 절은 이미 보전키도 어렵게
되었으니 이러한 소식을 접함에 지극히 놀라울 따름이요, 공
무에 봉직하는 도리에 어찌 황송치 않겠는가! 이제 또 특별
히 홍릉洪陵의 향탄봉산香炭封山으로 삼으라는 뜻으로 분부하
신 칙교勅敎를 받들어 금호禁護할 조건을 다음과 같이 완문을
만들어 발급하니 오로지 그대들 승도僧徒들은 영원히 준수하
고 실행해야 마땅할 일이다.

광무光武 4년(1900) 5월일 장례원掌禮院114"

안정사 역시 송광사나 예천 용문사의 사례와 유사한 경우라 할 수 있다. 인근 권세가가 안정사 소유의 소나무 숲을 약탈하고자 했을 때, 8년에 걸친 송사 끝에 고종이 안정사 주지를 향탄봉산 수호총섭으로 임명하고 소나무 숲을 송화봉산으로 지정한다는 내용의 차첩과 금송패를 하사하여 안정사 소유의 100만 평 소나무 숲을 지키게 했다.115

향탄봉산이 19세기 후반부 20여 년 동안 집중적으로 시행된 이유는 무엇일까? 그 이유는 율목봉산의 시행 배경에서 엿볼 수 있다. 조정에서는 삼남지방에서 위패 생산에 필요한 주재목(밤나무)이 고갈됨에 따라 18세기 중반부터 지리산 일대의 연곡사와 쌍계사 부근의 산림을 율목봉산으로 지정했던116 이유와 마찬가지 전국 각지에 지정된 향탄산이 더 이상 향탄세를 부담할 수 없을 정도로 헐벗었기 때문으로 유추할 수 있다. 그런 상황을 타개하고자 조정은 1880년 동화사, 1891년 해인사, 1900년 송광사, 예천 용문사, 안정사, 1902년 김용사의 산림을 향탄봉산으로 지정하는 한편 사찰로 하여금 이들 향탄봉산을 관리하도록 했다.

이런 시대적 배경을 고려할 때, 조선 말에 사찰숲을 향탄봉산으로 확정한 이유는 그나마 온전하게 지켜온 사찰숲을

향탄산으로 활용하길 원했던 왕실의 실리적 이유도 무시할
수 없다. 사찰 역시 부과된 막중한 요역을 감면받고, 왕실의
권위를 빌려 주변 산촌주민들에 의한 사찰 산림의 도남벌과
산지 훼손을 막기 위한 수단의 일환으로 스스로 향탄봉산의
관리를 자임했을 수도 있다. 전자의 추정을 뒷받침할 수 있는
사례는 송광사의《조계산송광사사고》산림부에서 확인할 수
있고, 후자의 추정을 뒷받침할 수 있는 사례는 해인사나 예
천 용문사의 완문에서 확인된다.

　왕실이 사찰 산림을 향탄봉산으로 지정한 이유나 또는 사
찰이 향탄봉산의 임무를 자임한 이유는 결국 사찰숲을 보호
하고, 또 그에 따른 다양한 혜택을 왕실과 사찰 상호간에 함
께 누릴 수 있는 수단이었기 때문이라 추정할 수 있지만,[117~118]
이 역시 앞으로 추가적인 연구가 필요한 부분이다. 또한《각
릉수개등록各陵修改謄錄》에 대한 더 많은 연구가 앞으로 필요
한 이유도《묘전궁릉원묘조포사조》를 통해서 조선후기 능침
사찰의 실태를 파악할 수 있었던 사례가 보고[119]되었기 때문
이다.

동화사

동화사의 향탄봉산(1880)은 예조에서 대구 동화사의 주지에게
내린 첩지[120]를 통해서도 확인된다. 고종 17년(1880)의 예조첩

지는 "석민헌으로 하여금 수릉에 공급할 조포(두부) 제조를 대구 동화사에 맡기도록 하고, 수릉에 공급하는 향탄봉산수호 총섭과 팔도승풍규정을 위한 도승통자로 임명한다(禮曹 釋敏軒爲 綏陵造泡屬寺 慶尙道大邱桐華寺 兼 香炭封山守護總攝八道僧風糾正 都僧統者 光緖六年 十一月)"는 내용이다. 이 첩지를 뒷받침하는 '수릉향탄금계綏陵香炭禁界' 표석標石이 동화사 경내에 있다. 이 표석은 수릉(헌종의 아버지 익종의 능)에 쓸 향탄(숯)을 생산하는 봉산의 경계(금계)석이다.

익종의 능, 수릉에 쓸 향탄의 생산지를 나타내는 또 하나의 금표는 팔공산 수태골에서 바윗골로 오르는 등산로 오른쪽 빈터에 있다. 음각된 명문은 '綏陵封山界(수릉봉산계)'라는

동화사 예조첩지.

동화사 수릉향탄금계.

동화사 수릉봉산계.

다섯 글자로, 이 일대가 봉산으로 지정된 산림임을 알려준다. 이 두 표석은 서체의 크기나 규격이 비슷한 점으로 보아 학계에서는 같은 시기에 만들어진 것으로 추정한다.

예조에서 고종 17년(1880)에 동화사에 내린 이 첩지와 두 금표는 동화사가 왕실이 특정한 능원(수릉)에 향탄을 공급하기 위한 향탄봉산의 관리 소임을 책임진 사찰임을 문서로 확인할 수 있는 가장 이른 사례라 할 수 있다.

특히 흥미로운 점은 효명세자의 묘가 수릉으로 추존되기 전인 연경묘의 향탄산이 기림사의 함월산으로 획정된 사례이다. 연경묘에서 수릉으로 추존되는 과정에서 팔공산의 향탄산이 추가로 획정된 점은 향탄산의 추가적 획정이 지속되었다는 당시 상황을 나타내는 사례라 할 수 있다.

해인사

해인사의 향탄봉산(1891)은 명례궁明禮宮이 발급한 완문完文으로 확인된다. 이 완문에는 세자궁(순종)의 원찰인 해인사에 부과된 과도한 요역의 폐단을 10개의 조목으로 혁파하라고 지시하고 있다. 완문의 두 번째 조목은 다음과 같다. "본사 사처 국내局內는 축원하는 향탄봉산으로 획하니 동으로는 가질령, 서로는 마정봉, 남으로는 무릉지, 북으로는 비지령에 이르기까지 하사하여 표시하니 이 중 소나무, 개오동나무, 땔

나무, 잡목 등은 풀 한 포기, 잎사귀 하나라도 능원의 수림과
같으니 일체 엄금하며 토호·세반과 이속배·고노 등이 그 위
협을 믿고 무단으로 난입하여 베어가면 해당 소임의 승려가
본동에 직보하여 형조로 이첩해 원배를 거행한다."[121]

송광사

송광사의 향탄봉산(1900)은 향탄봉산의 관리에 필요한 여러
가지 시행 규칙이 기록된《조계산송광사사고》산림부로 확
인된다. 모두 14조로 구성된 산림부의 향탄봉산 절목 내용은
다음과 같다.

- 관청, 군기청, 포진청 등에 바치는 밀가루, 들기름, 본방전 등의
  잡역은 영원히 없앨 것.
- 지소紙所를 수리하는 본전本錢은 즉시 해당 담당자에게 내어 지
  급할 것.
- 각 청에 바치는 계방전契防錢과 전례에 따른 잡역을 영원히 없
  앨 것.
- 사주인舍主人에게 지급하던 것도 영구히 없앨 것.
- 내공방에 납부하는 화공미畵工米도 영구히 없앨 것.
- 절의 봉산구역 내에 묘를 쓰는 폐단을 관에서 금할 것.
- 봉산 내의 산림을 철저히 보호할 것.

- 향탄봉산을 수호하는 이는 팔만장경각 도총섭, 산도감인데, 지금부터는 본릉本陵에서 선택하여 정할 것.
- 향탄봉산 보호에 필요한 총섭각패總攝角牌 1개, 산도감 금패禁牌 1개, 산직山直 금패 2개를 본사에서 내려 보내니, 잘 간수하여 성실히 거행할 것.
- 미진한 조건은 추후에 마련할 것.

송광사의 향탄봉산 절목은 잡역과 사역을 줄이라는 내용이 절반이 넘고, 향탄봉산의 관리와 보호에 대한 규칙은 오히려 간략하다. 향탄봉산의 절목에 사찰의 부역과 잡역 등 다양한 종류의 승역僧役을 감면한다는 내용을 세세하게 수록한 까닭은 사찰에 봉산 보호의 책무를 부여하는 반대급부로 왕실에서 사찰에 내린 혜택이라 할 수 있다.[122]

향탄봉산 획정은 조선왕실과 사찰 간에 상호 이익을 안겨 주었다는 학계의 해석에 대한 송광사의 입장은 과연 어떠했을까? 향탄봉산 획정 당시를 경험한 송광사 금명보정(錦溟寶鼎, 1861~1930) 스님의 업적을 기리고자 현봉 스님이 펴낸 '다송자'[123]로 그 사실을 확인할 수 있다.

"40세인 경자庚子년(1900), 중략, 총섭(總攝, 주지)의

송광사 향탄봉산 금패.

송광사 산림부의 향탄봉산 목차.

165

인수印綬를 차고 소임을 맡으면서 각종 관역官役의 폐해弊害를 혁파革罷하고 향탄봉산香炭封山을 칙령勅令으로 제정制定케 하였다. 조선시대에는 성리학을 통치이념으로 삼으니 유교자류儒教者流임을 자처하는 부유배腐儒輩들의 뇌리에는 늘 척불훼석斥佛毁釋의 용렬한 정신이 들어있어 승려들의 인권을 유린하고 불교를 탄압하며 사탑寺塔이나 불상佛像을 훼파毁破할 뿐만 아니라, 절 땅에 명당明堂을 찾아 분묘墳墓를 쓰기 위해 폐사廢寺를 시키기도 하였으며, 관청官廳에서는 진상進上이나 관용官用을 칭탁하면서 주구誅求를 자행하였다. 그러다 사원의 재산이 다하거나 성력誠力이 다하게 될 때에 승도들이 사원과 불탑 등을 빈 골짜기에 남겨두고 다른 절로 가거나 환속還俗하는 그런 참상慘狀이 곳곳에 이루어졌다. 특히 숙종 이후부터 200여 년 동안에 심하다가 갑오경장甲午更張(1894)이후부터는 조금씩 덜해졌다.

그런 역사 속에 송광사에서는 관청이나 부패한 세도가들과 못된 유생들의 횡포로부터 사운寺運을 유지하기 위해 순조純祖 29년(1829)에 혜준惠俊 대사의 알선으로 본산本山을 율목봉산栗木封山으로 칙정勅定하게 되었다. 율목봉산은 종묘나 왕릉에 모시는 위패位牌를 만드는 밤나무를 보호하기 위해서 칙령으로 그 경계 안에 일반인들의 난행亂行을 금하고 출입을 통제하는 것이었다. 그리하여 관청이나 유생들의 주구나 횡

포를 조금이나마 벗어날 수 있었다.

금명 스님이 광무光武 3년(1899) 해인사에서 인출한 대장경을 본사에 봉안할 때에 별검別檢 김영택金永澤이 말하기를 '이제 율목봉산도 칙정된 지가 70년이 지나 그 위광威光이 실추되었으니, 송광사를 홍릉(洪陵: 명성황후의 능. 그때는 청량리에 있었음)에 부속시켜 거기에 쓰일 숯을 공급하는 향탄봉산香炭封山으로 주선함이 어떤가?' 하므로, 산중의 율암栗庵 취암翠巖 등 대덕들과 노력하여 송광사 일대가 향탄봉산으로 칙정勅定 되게 하였다.

이 봉산을 보호하기 위해서 이 경계 안에서 지켜야 할 금폐禁弊의 절목節目이 14조條나 제정되었다. 당시 순천 관아官衙의 통인通引들이 사원을 괴롭히는 작폐作弊가 극심하였는데, 이 금폐 절목을 적용하여 이를 중앙에 보고하여 이들을 서울로 잡아가 경무청警務廳에서 엄형으로 다스리게 하였다. 그리고 칙지勅旨를 받아 그 절목들을 간판에 적어 널리 보게 하니, 그 이후로 관청에서 부과하던 갖가지 잡역雜役을 없애고 사원의 승려들이 조금이나마 안심하게 되었다."

용문사

예천 용문사의 향탄봉산(1900)은 광무 4년(1900) 5월에 장례원掌禮院에서 발급한 완문으로 확인할 수 있다. 이 완문에는 용문사가 명성황후의 능인 홍릉洪陵의 향탄봉산香炭封山을 관리하는 사찰로 봉해진 사실과 향탄봉산에서 발생하는 문제와 그 처리에 관한 지침이 기록되어 있다.

안정사

안정사의 향탄봉산(1900)은 고종이 하사한 차첩과 금송패로 향탄봉산을 확인할 수 있다. 선희궁에서 내린 차첩의 내용은 다음과 같다. "1900년 선희궁에서 안정사 승려 원명(圓明, 속명 宋仁燁)에게 선희궁 송화봉산의 수호 및 향탄봉산의 금송도감으로 임명한다."

능원이 불확실한 봉산 사찰

동화사(수릉), 해인사, 송광사, 예천 용문사(홍릉), 안정사(선희궁)는 각각 해당 능원(또는 사당)의 향탄봉산이라는 것이 밝혀졌지만, 문경의 김용사와 남해 용문사의 경우 어느 능원 소속의 향탄봉산인지 불분명하다.

김용사는 현재까지 알려진 향탄봉산 사찰 중, 가장 나중인 1902년에 지정된 곳으로 들머리 입구의 숲 한쪽 켠에 세워진 향탄봉산 표석으로 지정 시기를 유추할 수 있다. 이 표석의 전면에는 '金龍寺所有地(김용사소유지)'가 새겨져 있어 이 일대의 산림이 김용사 소유임을 나타내고, 표석 후면에는 '香

김용사 향탄봉산 금표.

남해 용문사(龍門寺) 향탄봉산수호총섭 패.

南海郡自隆西距三百五十里

封山完文

右完文為成給事南海青雲山一縣之望龍門寺之主也寺
之夫　　三聖殿願堂及　　皇上四位伍祝在多及所膝寺
寺向異而不有之至典載各寺之冒破板務掠寺本
墤青寶舎句永為封山龍門寺心為焉刺是在果洋民四隆郡心
之為僦楚影名心之膺令標東期為實施完保完封山本志著屬
完武永久向習必見完文成給之渡心武妄掠根披筆一向監视纵
徒灘心撗滋因循掩遂運淀因新李齋愍事

光武四年陰九月　　日

金丑道肇業增官

　　　　　　　李起馥

節目

一本寺襄在毛近冒董吏香辛運藉遊覧對宋恠噂酒迮及
永契第一佛商整事

李王識

남해 용문사에 1900년 내려진 '봉산 완문'.

170

炭封山賜牌禁界(향탄봉산사패금계)'가 새겨져 있어서 나라에서 숯 생산을 위해 내린 사패지임을 전한다. 현재까지 밝혀진 사찰의 율목봉산이나 향탄봉산의 사례를 미루어볼 때, 김용사 사찰숲 역시 특정 능원의 향탄봉산으로 지정되었을 가능성이 크지만 그 유무를 확인할 수 없다. 김용사의 향탄봉산은 특정 능원에 향탄을 공급할 의무를 부여하지 않고, 다른 특별한 이유 때문에 왕실에서 김용사에 사패지를 하사한 것인지 앞으로 계속 연구해야 할 부분이다.

남해 용문사와 향탄봉산의 관계는 사찰이 소장하고 있는 '봉산수호패'에서 찾을 수 있다. 이 봉산수호패의 앞면에는 '南海龍門寺 香炭封山守護總攝(남해용문사 향탄봉산수호총섭)'이, 뒷면에는 발급자인 '禮曹(예조)'와 그 수결이 새겨져 있다. 이 봉산수호패는 남해 용문사의 승려가 향탄봉산의 보호와 관리를 위한 책임자(수호총섭)의 임무를 왕실로부터 위임받은 것으로 추정할 수 있다.

그러나 이 패의 하사 시기나 또는 남해 용문사 자체가 향탄봉산의 수호사찰이었음을 나타내는 기록은 광무 4년(1900) 남해 용문사 봉산 완문 밖에 없다. 송광사의 향탄봉산 절목(1900)에, 그리고 총섭總攝 각패角牌에 '향탄봉산수호총섭'이란 용어가 등장하거나 새겨져 있음을 고려하면, 남해 용문사의 향탄봉산은 1900년에 획정된 것으로 추정할 수 있다.

조선후기 지도상의 향탄봉산

규장각한국학연구원의 검색 사이트를 활용하여 '향탄봉산'
을 검색한 결과, 조선시대 어느 지도에도 '향탄봉산'은 검색되
지 않는다. 이러한 결과는 1850년대 제작된 동여도와 1872
년에 제작된 지방지도는 물론이고, 1750년대 또는 그 후반
에 제작된 해동지도, 비변사방인지도, 조선팔도지도에 18세
기 중반에 시행된 연곡사의 율목봉산이 표기된 것과는 상이
한 결과이다.[124]

   '향탄봉산'이 이들 지도에 표기되지 않은 이유는 향탄봉산
의 지정이 동여도의 제작시기인 1872년도보다 더 늦은 시기
에 시행되었기 때문으로 추정된다. 이러한 추정은 문헌상 1880
년 동화사의 첩지에 '황탄봉산' 용어가 최초로 등장한 시기와
부합된다. 따라서 조정에서 사찰숲을 향탄봉산으로 획정한
시기는 1880년 이후로 추정하는 것이 보다 합리적이다.

   통도사의 경우, 홍릉의 향탄산[125]으로 보고[126]하고 있지만
동화사의 첩지나 해인사의 완문처럼 공식적인 기록을 확인
할 수 없다. 1750년대 초반에 편찬된 해동지도海東地圖 '양산
군'상에 통도사 주변의 산림이 통도봉산通度封山으로 표기된
사실로 미루어 볼 때, 18세기 중엽에 이미 통도사가 봉산 관
리의 소임을 맡았을 것으로 추정할 수 있다. 따라서 명성황
후明成皇后 민씨(1851~1895)가 서거한 후, 홍릉의 향탄(봉)산으로

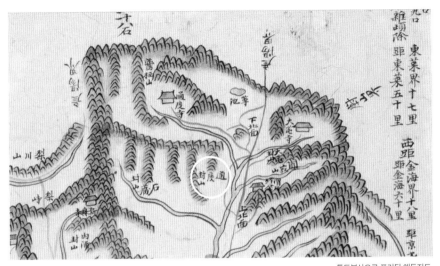

획정되었을 가능성이 높다.

1880년부터 1902년도까지 기록에 나타난 사찰의 향탄봉산은 학술적 관점에서 여러 가지 의미가 있다. 기존에 수행된 봉산의 연구[127~130]에는 향탄봉산의 존재 자체는 물론이고 기능이나 분포에 대한 논의가 없었다. 봉산은 "봉표 또는 금표의 유무가 아니라 특수한 용도의 목재를 지속적으로 공급하려는 목적의 유무"[131]라는 기준을 향탄봉산에 대입하면, 향탄봉산은 분명 새로운 형태의 봉산제도라 할 수 있다. 따라서 학계에서 제시했던 기존의 봉산 분류 체계에 향탄봉산도 새롭게 추가되어야 할 것이다.

기존의 봉산이 조선재용 소나무와 참나무, 관곽재용 황장소나무, 위패용 밤나무 등의 목재공급 중심의 시책이었음에 비해, 향탄봉산은 목재 대신 숯을 지속적으로 공급하려는 목적이었고, 사찰이 직간접적으로 관여한 형태도 다른 봉산과는 다른 점이라 할 수 있다.

19세 말에 전국의 산재해 있던 1,400여 사찰 중 남부지방의 해인사, 송광사, 용문사, 동화사를 중심으로 1880년부터 20여 년 동안 향탄봉산이 집중적으로 지정된 배경은 앞으로 밝혀야 할 부분이다.

송화봉산
금양

안정사

송화봉산의 사례는 경남 고성의 안정사에서만 나타나는 특이한 경우이다. 안정사에는 고종이 하사한 송화봉산과 관련된 차첩과 금송패가 소장되어 있다. 차첩의 내용은 "1900년 선희궁에서 안정사 승려 원명(圓明, 속명 宋仁燁)에게 선희궁 송화봉산의 수호 및 향탄봉산의 금송도감으로 임명한다(差帖 釋仁燁 任慶尙南道固城郡安靜寺宣禧宮松花封山守護僧風糾正十三道都僧統兼本寺祝聖壇崇奉院長香炭封山禁松都監者 光武四年六月日 宣禧宮)"[132]는 것이다.

송광사와 달리, 안정사에는 송화봉산에 관한 절목 문서를 찾을 수 없다. 기록이 없는 대신 왕실이 송금을 위반하는 자를 사찰에서 직접 처벌할 수 있도록 그 권한의 징표로서 금송패를 하사했다. 이 금송패로 인해 20세기 초까지 율목이나 향탄과는 별도로 송홧가루를 확보하기 위한 별도의 봉산이 시행되었음을 확인할 수 있다.

안정사 금송패.

3

일제강점기

01
조선총독부의
정책

규제 대상이 된
사찰숲

조선말까지 사찰은 왕실과 상호보험적 관계를 지혜롭게 유지하면서 억불숭유의 힘든 세월을 견뎌내었다. 조선 말기에는 봉산을 자임하면서 양반 권세가나 토호의 탐욕에서 사찰숲을 지켜냈다. 미약하게나마 긍정적으로 작용하던 조선 왕실의 보호막마저 사라진 일제강점기에 사찰숲의 운명은 어떻게 되었을까?

사찰숲의 유래와 관리에 관한 조선시대의 기록을 쉬 찾을 수 없듯이, 일제강점기의 사찰숲에 대한 기록도 많지 않다. 사단법인 조선임업협회가 1944년 12월에 펴낸《조선임업사》[133]에 수록된 사찰숲에 관한 소략한 내용을 주시할 수밖에 없는 이유다.

관변단체인 조선임업협회가 조선총독부의 산림정책을 옹호하고 업적을 선전하고자 2천여 쪽 분량으로 펴낸《조선임업사》는 제1장 총설, 제2장 임정의 연혁, 제3장 임야조사, 제4장 국유림의 관리처분, 제5장 경영, 제6장 민유림야 경영, 제7장 사방사업, 제8장 임업시험, 제9장 임업교육, 제10장 대학 연습림, 제11장 임업회단체, 제12장 조선임업개발회사, 제13장 민간조림경영으로 구성되어 있다. 비록 대부분의 내용이 식민사관에 입각하여 1940년 말까지의 통계로 기술된 한계도 있지만, 우리 임지제도상 사적 소유제도의 도입과 산림 소유권의 형성 과정을 상세하게 밝히고[134], 더불어 각 도의 사찰숲 상황을 확인할 수 있어서 《조선임업사》의 서지적書誌的 가치는 작지 않다.

《조선임업사》 중, 사찰숲에 관한 내용은 제6장 '민유림야 경영'의 제4절 '공유림'의 4항 '사찰유림寺刹有林'에 수록되어 있으며, 그 내용은 사찰림의 기원, 총독부의 사찰림 시책, 도별 사찰림의 상태 등으로 구성되어 있다[135]. 하지만 그 분량은 전체 2천여 쪽 중 3쪽으로 소략하고, 각 도별 집계 내용 역시 1939년 말의 통계만 제시하고 있다.

《조선임업사》에서는 사찰숲의 기원을 "사원의 존엄을 부르고, 아울러 일상의 용재신탄用材薪炭 자급을 위해 보존되었던 것"이라고 간략하게 정의한다. 이어지는 설명에는 "불교의 성쇠에 동반하여 사원의 유지상 혹은 주직住職의 고의에 의한 남벌濫伐, 개간 등을 감행하여 삼림의 황폐를 초래하고 사원의 존엄을 손상시킴은 사회 교화상 영향하는 바가 적지 않기 때문에 이의 경영에 대해서는 관헌의 지시감독"이 필요하다고 이유를 들면서, 사찰령을 반포할 수밖에 없는 이유를 우회적으로 제시한다.

사찰령(1911)은 국권 침탈 다음 해에 조선총독부가 사찰 및 승려의 일체 활동을 장악해서 관리하고자 반포한 전문 7조의 법령이다.[136] 사찰령 중, 사찰숲과 직접적으로 관련이 있는 내용은 "각 사찰에 소속되어 있는 토지, 산림, 건물, 불상, 석물, 고문서, 고서화 등의 귀중품은 조선총독의 허가를 받아야만 처분할 수 있다"고 규정한 제5조이다. 총독부의 동의가 없으면 사찰 재산을 함부로 매각하거나 변동할 수 없도록 규정한 이 조문에 따라 각 사찰 숲도 신라시대 이래 한 번도 경험해 보지 못한 새로운 규제의 대상이 되었다. 조선총독부가 사찰의 귀중품(불상, 석물, 고문서, 고서화 등)과 마찬가지로 사찰숲도 규제 대상에 포함시킨 점은 흥미롭다.

사찰숲에 대한 조선총독부의 규제(또는 정책)는 사찰에 하달된 '관통첩'(官通牒, 행정 지침서)으로도 확인된다. 1911년 8월의 13호 관통첩은 "사찰에서 입목立木의 벌채를 출원할 때는 도 또는 부군府郡의 관리가 직접 현장을 방문하여 벌채 사유, 풍치, 방풍, 위생 등에 관한 장애유무를 상세히 조사한 후, 벌채를 허가하며, 벌채할 때에는 남벌의 피해가 없도록 하고, 벌채한 곳에는 어린나무 가꾸기(稚樹保育)나 나무를 심어야 한다"라고 통첩한다. 곧이어 1911년 12월의 173호 관통첩은 "해당 사찰의 주지는 법령에 따라 산림 피해를 예방하고, 낙엽 채취와 같은 임상의 유지 보존에 장애가 될 만한 행위를 일절 금하여 산림을 보호하라"고 통첩한다. 사찰숲의 경영과 보호에 대한 조선통독부의 정책의지를 엿볼 수 있는 대목이다.

병탄 이후 7년이 지난 1918년 6월의 99호 관통첩은 "사찰숲의 입목벌채원에 관한 취급 방법을 제시했다"고 밝혔다. 이 내용은 1918년에 김용사, 갑사, 도갑사에 발급된 조선총독부의 '사유림寺有林벌채 허가' 통첩서류와 정확하게 일치한다.

도별
사찰숲 실태

'사찰유림'에서 가장 많이 기술된 항목은 도별 사찰숲으로, 해당 도의 사찰숲 면적, 사찰숲을 보유한 사찰 수와 보유 면적, 사찰숲 운영 실태 등을 간략하게 소개한다. 이들 내용은 간략하긴 하지만 일제강점기 30여 년(1910~1939) 동안 시행된 조선총독부의 사찰숲 정책을 엿볼 수 있기 때문에 간과할 수 없다.

도별로 기술된 내용을 살펴보면, 먼저 경기도의 경우, 87개소의 사찰이 숲을 소유하고, 가장 많이 숲을 소유한 수종사(888정보), 흥룡사(868정보), 현등사(606정보)의 산림 면적만 밝혔을 뿐 도 전체의 사찰숲 면적은 언급하지 않았다. 충청남도에는 41사찰이 4,064정보를 소유하며, 사찰 재정 문제로 지나치게

운길산 정상에서 바라본 수종사의 숲. 수종사는 일제강점기에 경기도 소재 사찰 중 가장 넓은 사찰림을 소유했다.

많이 벌채(伐伐)할 염려가 있다고 기술했다. 충청북도는 평안남도나 제주도와 마찬가지로 사찰숲에 대한 언급이 전혀 없다.

전라북도는 사찰의 개소는 밝히지 않은 채 사찰숲의 면적만 5,958정보라고 밝힌 반면, 전라남도의 경우, 70여개의 사찰이 1만 4,065정보의 사찰숲을 소유하고, 특히 송광사, 선암사, 화엄사, 백양사, 대흥사가 1천 정보 이상을 소유한다고 기록했다. 넓은 숲을 보유한 이들 사찰이 필요한 재원을 사찰숲에서 구하려는 경향이 있어, 그 대비책으로 10개년 산림사업山林施業 규칙을 수립하여 경영함으로써 매년 상당한 벌채수입을 얻는다고 했다.

경상북도는 129개소 사찰이 2만 2,073정보의 산림을 소유하며, 14사찰이 300~1,000정보, 3사찰이 1천 정보 이상을 소유하고, 운문사(3,113정보)의 임야가 가장 넓다고 했다. 역시 임상이 양호한 사찰숲의 과벌 위험을 경계하며, 1937년까지 4개 사찰의 사찰숲(7,040정보) 시업안을 편성했고, 1936년의 조림면적(392정보)도 밝혔다.

경상남도는 79개소의 사찰이 2만 713정보의 사찰숲을 소유하고, 곤란한 사찰 재정 때문에 과벌의 위험이 있어서 역시 1937년도까지 1만 7,221정보의 시업안을 편성했다고 기술한다.

황해도의 경우, 5,453정보의 사찰숲이 있지만, 남벌로 인한 사찰숲의 황폐를 막고자 1934년에 사찰유림 시업규칙을 발포하여 시업안을 편성했고, 평안북도는 4만 7,263정보의 사찰숲 중, 묘향산 보현사가 그 절반을 보유하며, 임상은 일반 사유림보다 더 좋다고 기술한다.

강원도에는 14개 사찰이 4만 2,905정보의 사찰숲을 보유하고, 월정사, 유점사, 건봉사, 장안사가 우량한 임상의 넓은 사찰숲을 보유하지만, 과벌의 염려 때문에 시업계획을 수립하여 합리적 경영을 유도했다고 밝혔다. 함경남도에는 9,903정보, 함경북도에는 25사찰이 1,072정보의 사찰숲을 소유하지만, 역시 과벌을 방지하고자 지도감독을 엄히 할 필요가 있다고 했다.

운문사의 들머리 솔숲. 운문사는 일제강점기에 경상북도에서 가장 넓은 사찰림을 소유하고 있었다.

1939년 말의 각도별 사찰숲의 상황을 정리하면, 조선의 전체 사찰숲 면적은 17만 6천여 정보 이상이었다. 충청북도와 평안남도와 제주도가 제외되고, 3사찰의 산림 면적만 산정한 경기도를 감안하면, 《조선임업사》에 언급된 사찰숲 면적은 《조선총독부연감》[137](1940)의 사찰숲 면적(18만 7천 정보)과 크게 다르지 않다.

평안북도(4만 7,263정보), 강원도(4만 2,905정보), 경상북도(2만 2,073 정보), 경상남도(2만 713정보)의 사찰숲은 넓은 반면, 충청남도, 황해도, 경기도, 함경북도의 사찰숲은 수천 정보로 좁았다. 또한 개개 사찰이 보유한 산림 면적도, 보현사처럼 수만 정보를 보유하거나 또는 다수의 사찰이 수천에서 수백 정보를 보유하고 있듯이, 그 편차가 컸다.

《조선임업사》에는 대부분의 도에서 사찰숲 경영에 필요한 시업안施業案 편성의 중요성을 강조하고 있을 뿐만 아니라 사찰의 재정문제로 인한 사찰숲의 남벌과 과벌에 대한 우려를 반복하여 기술한다. 궁핍했던 식민지 경제 여건에서 사찰숲은 어떤 역할을 감당했기에 산림경영에 필요한 시업안 편성을 애써 강조하고, 남벌과 과벌을 걱정하는 것일까? 일제강점기 사찰숲에 도대체 어떤 일이 벌어진 것일까?

02

일제강점기
벌채의 역사

사찰령으로
통제

조선총독부는 조선 병탄과 함께 사찰령(1911)을 통해서 사찰의 재산을 관청의 소유물처럼 통제했다.[138] 사찰의 산림도 예외는 아니었다. 병탄 이전까지 개개 사찰이 필요에 따라 시행해오던 임목의 벌채 행위는 금지되었고, 임야의 매매도 함부로 할 수 없었다. 임목의 벌채와 임지의 처분은 조선총독부의 허가가 있어야만 가능했다. 사찰숲에 대한 이러한 허가 절차는 광복 이후에도 지속되었다.[139]

역설적이게도, 일제강점기 사찰의 산림 운영 실태는 조선총독부 사찰령에 따라 기록으로 남게 되었다. 개개 사찰은 소유 산림을 이용하고자 조선총독부에 벌채신청서를 제출했고, 조선총독부는 '사유림寺有林 벌채(허가)원'을 발급했기 때문이다.

국가기록원은 조선총독부의 사찰숲 벌채 서류를 온라인으로 공개하고 있다. 국가기록원에서 공개하고 있는 디지털 자료에는 개개사찰이 총 21개년(1915, 1918, 1922, 1926~1943) 동안 조선총독부에 제출한 벌채 신청서와 함께 벌채 허가서가 수록되어 있다. 연도별 사찰숲 벌채 허가 건수는 1건에서 77건으로 제각각이며, 허가 서류의 분량도 수천 쪽으로 방대하다. 이들 서류는 앞으로 일제강점기의 사찰숲 연구에 귀중한 자료로 활용될 것이다.

　방대한 내용에 대한 구체적 분석은 뒤로 미루고, 먼저 국가기록원에 소장된 연도별 조선총독부의 사찰숲 벌채 허가원 건수부터 정리해보았다. 그 결과 제주도를 제외한 전국의 243개 사찰에서 21개년 동안 총 645건의 벌채(연기 또는 수정 포함)허가원이 발급되었음을 확인할 수 있었다. 일제강점기에 사찰의 숫자가 1,300여 개소 내외(조선총독부 1916년도 연감 1,412개소, 1923년도 연감 1,198개소)임을 고려하면, 전국 사찰의 약 1/5에 해당하는 사찰이 소유 산림을 벌채했던 셈이다. (부록1)

연도별 벌채 현황

연도별 벌채 허가 건수는 1915년 표충사의 1건을 필두로, 1918년 도갑사, 김용사, 갑사의 3건, 1922년 19건, 1926년 24건, 1927년 20건, 1929년 23건, 1930년 27건, 1931년 26건, 1932년 23건이다. 1933년 23건까지는 대체로 20건 내외였고, 벌채 허가가 한 건도 없는 해(1916, 1917, 1919, 1920, 1921, 1923, 1924, 1925, 1928)도 있었다. 사찰숲의 벌채 허가 건수는

1934년(39건)부터 증가하여 1935년(38건), 1936년(35건), 1937
년(49건), 1938년(28건), 1939년(42건)까지 점차 늘어났다. 특히
태평양전쟁 직전인 1940년에는 78건으로 급격하게 증가했다.
태평양전쟁 기간에는 1941년 44건, 1942년 62건, 1943년 41
건으로 집계되었다.

도별 벌채 허가원을 집계한 결과, 경남의 허가 건수(147건)
가 가장 많았다. 그다음으로 경북(104건), 전남(78건), 강원(74
건), 경기(61건) 등의 순이었다. 가장 적은 지역은 함북(1건), 평
남(4건), 황해(9건), 전북(10건)이었고, 그 밖의 도는 30~40여 건
의 허가원이 집계되었다.

경남의 사찰들에서 벌채가 가장 빈번했던 이유는 넓은 면적
의 울창한 사찰숲 주변에 벌채목을 운송할 수 있는 도로 사정
이 비교적 좋았기 때문이다. 함북이나 평남의 사찰들에서 벌
채 허가 건수가 소수였던 이유는 사찰의 숫자가 적었을 뿐더
러 도로 사정도 여의치 못했기 때문으로 추정할 수 있다.

사찰별로 벌채를 가장 많이 신청한 사찰은 통도사, 표충사,
백양사와 평북 보현사(11건)였고, 용문사(남해), 법주사는 10건
씩 신청했다. 경기의 현등사(9건), 범어사와 옥천사(8건), 월정
사, 유점사, 수종사, 영각사, 내원암, 대흥사, 화엄사, 함남의
석왕사와 개심사(7건), 동화사, 운문사, 직지사, 태인사, 용흥
사, 각연사(6건), 김용사, 무량사(5건) 등이 그 뒤를 이었다.

벌채
이유

일제강점기에 사찰은 어떤 이유(또는 목적)로 산림을 벌채했을
까? 1915년 표충사의 벌채 허가원에는 사찰에서 쓸 땔감용
소나무 250본, 잡목 340본의 벌목 허가를 구하고 있다.[140] 뒤
를 이어 1918년의 도갑사와 김용사와 갑사 허가원에도 유사
한 내용이 있다. 도갑사는 대웅전과 해탈문 수선비용을 충당
하고자 5정보의 곰솔(수령 20~30년생, 흉고직경 9~24cm) 7,500본을
벌채 매각하여 300원을 확보할 계획임을 명시한다. 김용사
는 678정보의 소유 임야 중 107정보에서 상수리 등 총 1만
3,000여 본을 벌채하여 자체 운영 중인 학교의 교육용 기구
와 문구류 구매에 충당할 계획임을 밝히고 있다. 갑사는 총
373정보의 사찰숲 중, 풍치에 장애가 되는 숲 70정보를 벌채
하여 침엽수와 활엽수 혼효림(두 종류 이상의 수종으로 구성된 산림)으
로 유도하고자 간벌(45정보)과 획벌(25정보) 작업을 시행할 계획
이라고 기술했다.
　사찰 건물의 신축과 보수와 관련된 산림 벌채 신청은 이후
에도 계속되었다. 1922년 동화사는 대구 포교당의 개축 공
사에 필요한 경비를 충당하고자 47정보의 소나무와 상수리
나무 숲에서 간벌재 7만 본을 벌채했으며, 1928년 표충사는

도갑사 해탈문(국보 제50호). 일제강점기 1918년 산림벌채 수익으로 대웅전과 함께 수리가 이루어졌다.

일제강점기에 전라남도의 사찰 중, 벌채가 가장 많이 이루어진 백양사 사찰림.

소실된 대광전, 팔상전, 의향각을 재건하고, 불상 조성에 필요한 경비를 조달하고자 소나무 숲을 벌채했다. 1937년 마곡사가 초가지붕을 기와지붕으로 교체하는 데 필요한 경비를 조달하고자 사찰숲 벌채를 신청한 것도 유사한 사례라 할 수 있다. 결국 병탄 초기에 사찰숲은 사찰 건물의 중건과 보수 경비나 사찰 운영비로 충당하고자 벌채되었던 셈이다.

사찰숲은 주지의 잘못된 사찰 운영으로 파생된 부채상환의 비상 금고 역할도 감당했다. 사찰령에 의해 조선 총독이 임명한 주지의 권력은 강력했고, 사찰 소속의 모든 재산 관리권까지 쥐고 있었기에 그에 따른 부작용도 속출했다. 월정사와 통도사와 해인사는 주지의 잘못된 사찰 운영으로 파생된 거금의 부채를 사찰숲 벌채 수익으로 해결할 수밖에 없었다.[141]

월정사는 지정입찰 방식으로 넘겨준 박달나무 벌채권의 임상이 실제 임상과 달라 일본인에게 거액의 배상금을 물어주어야만 할 형편이었다. 그 해결책으로 배상금 일부는 토지 매각 대금으로 갚고, 나머지는 1928년 100년 이상의 보존 가치가 큰 사찰 인근 산림의 벌채 수익금으로 해결했다. 통도사의 경우, 주지가 만든 삼산자동차회사의 경영 불량으로 늘어난 부채를 해결하고자 1930년 통도사와 내원암의 산림을 벌채했다. 해인사는 주지의 측근인 서울의 중앙포교소 사무원이 불법으로 빌린 금융조합의 부채를 해결하고자 1926년 산림 벌채원을 제출하기에 이른다.

설상가상으로 일제의 불교계 통제정책은 사찰의 재정불안과 부채 증가를 더욱 심화시켰다. 조선총독부는 각자 독립성을 유지하면서 운영되고 있던 조선의 사찰들을 효율적으로 통제하고자 불교계를 중앙집권화시켰고, 교무원과 종무원으로 나누어져 있던 양 기구도 통합하여 조선불교중앙교무원을 설립했다.[142] 1924년 4월에 통합된 조선불교중앙교무원의 예산은 교구본사들이 담당하는 말사와 함께 분담하는 1종 재산 충당금(기부금)과 2종 재산(1종 재산으로 발생하는 이자수익)으로 구성되어 있어서, 사찰마다 배정된 기부금을 의무적으로 내야만 했다.

매년 내는 교무원 납부용 기부금과 함께 미납금에 대한 이자도 내야만 했기에 교구본사의 부채는 점차 누적되었다. 개개 사찰들은 그 해결 방안으로 소유임야를 벌채하여 얻은 수입이나 토지를 매각하여 그 대금으로 기부금을 낼 수밖에 없었다.[143] 1927년의 파계사 벌채 허가원에는 교무원 출자금을 충당하고자 벌채를 한다고 명시되어 있다.

통도사와
백양사의 예

사찰숲 벌채가 가장 빈번했던 통도사와 백양사의 벌채 허가
원을 분석해본 결과, 1930년대 이후의 벌채 목적은 대부분
기부금 납부와 밀접한 관련이 있었다. 통도사는 10개년도의
벌채 중, 7개년도(1934, 1937, 1938, 1939, 1940, 1942, 1943)의 벌채
수익금의 전부나 일부가 교무원 출자금으로 사용되었다. 백
양사 역시 7개년도(1931, 1933, 1934, 1937, 1938, 1941, 1942)의 벌채
수익금의 일부가 교무원 출자금으로 납부되었다.

표 7. 일제강점기 사찰별 벌채 허가원 제출 건수

벌채허가 건수	사찰수	사찰명
11회	4	통도사, 표충사, 백양사, 보현사
10회	2	용문사(남해), 법주사
9회	1	현등사
8회	2	범어사, 옥천사
7회	9	월정사, 유점사, 수종사, 영각사, 내원암, 대흥사, 화엄사, 석왕사, 개심사
6회	6	동화사, 직지사, 운문사, 태인사, 용흥사, 각연사
5회	2	김용사, 무량사

표 8. 시기별 사찰숲 벌채 허가원 제출 건수 (부록 1)

일제강점기 사찰의 산림벌채는 사찰 건물의 중건과 보수 등의 자체적 운영 경비와 부채상환은 물론이고, 교무원 출자 금으로 충당되었다. 결국 사찰이 동원 가능한 확실한 환금성 재산은 조선시대부터 지켜온 사찰숲이었고, 사찰숲은 불안 정한 사찰 재정을 지켜준 비상 금고였던 셈이다. 비상 금고란 한두 번의 비상사태를 위한 금고이지, 화수분은 아니다. 자 꾸 꺼내 쓰면 결국 빌 수밖에 없다. 그런데 어떻게 사찰숲은 30여 년 동안이나 비상금고 구실을 했을까?

법주사의
예

일제강점기에 법주사는 1930년에서 1943년까지 모두 10회 에 걸쳐 총독부에서 벌채 허가원을 얻어 산림을 벌채했다. 법주사의 1933년 총독부 벌채 허가 과정은 모두 4단계를 거 치는데, 1) 법주사 주지의 조선총독에게 사찰재산처분 허가 원 제출 2) 충청북도 지사가 총독에게 산림벌채원 조서와 함 께 사찰 재산처분 허가원 공문 발송 3) 조선총독부 학무국 의 벌채 허가 결제와 통첩안 4) 관보게재의 순서로 진행되었 다. 그 절차는 다음 그림과 같다.

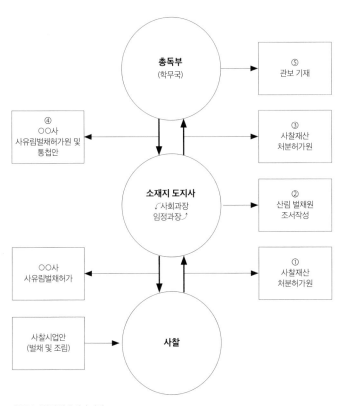

총독부 사찰림 벌채 허가 과정.

1933년에 진행된 법주사의 재산처분(산림벌채) 허가원을 얻는 전체 과정을 순서에 따라 살펴보면, 가장 먼저 법주사 주지가 조선총독에게 제출한 서류는 사찰재산처분허가원이다. 그 기재 내용은 다음과 같다.

1. 〈사찰재산처분허가원〉

   법서 제49호

   1933년 1월 29일

   충청북도 보은군 속리면 법주사 주지 장석상

   조선총독 우가키카즈시게 귀하

   우리 절에서 소유하고 있는 수림에 관하여 기재된 대로 심사하여 허가
   해 주시기 바라며, 사찰령 제5조 2항에 따라 신청합니다.

   (기재내용)

   1. 사유림 소재지: 충청북도 보은군 속리면 사내리 산 14번지 대본산
      법주사

   2. 사유림 면적: 90점 8단 8무부(약 91ha)

   3. 벌채구역 면적: 20정보(위치 별지 참조)

   4. 벌채 정보: 수종: 소나무, 수령: 25년생, 직경: 2-3촌, 수량: 2,000본,
      총금액:60엔 3전/본당

   5. 임지현황: 본 임지는 침활혼효의 원생림으로 총 입목수는 28만 5천
      본임.

   6. 벌채시기와 종료기한: 허가한 날로부터 3개월 이내

   7. 벌채방법 및 감독방법: 교목(큰키 나무) 아래의 생육 불량목에 한
      해 벌채, 사찰소속 감독 및 보은군의 삼림관계 직원의 동반 아래 벌
      채 진행

   8. 벌채부지 조치: 간벌 후 저절로 난 어린나무(天然稚樹)를 보육하고, 풍
      치에 피해가 가지 않도록 관리

   9. 벌채 사유: 대웅보전 지붕 수리에 필요한 기와 생산용 연료 충당

   10. 벌채 시업지: 지도 첨부

법주사의 재산처분허가원을 접수한 충청북도는 사찰숲벌채
원에 관한 조서의 양식에 따라, 이 신청이 적법한 것인지 조서
를 작성하여 총독부에 낼 공문에 첨부한다.

〈사찰숲벌채출원에 관한 조서〉

　　1933년 2월 3일

－임야소재지: 충청북도 보은군 속리면 사내리 산 14번지

－사찰명 및 소재지: 법주사, 충청북도 보은군 속리면 사내리

－본산명 및 소재지: 속리산 충청북도 보은군 속리면 사내리

－임야면적: 90정 8단 8무보

－지황: 급경사 지역으로 평균경사가 25도이고 곳곳에 화강암이 노출
되어 있음

－임황: 본지는 활엽혼효 원생림으로 수령 15년에서 50~60년생으로,
직경 2촌-3촌이고, 입목수는 정보당 평균 2,000여 본

－임야에 대한 권리와 제한: 임야조사결과(임야조사령 제37조)에 근거
하여 사찰소유임이 확실함

－벌채실시 개요: 보안상 심의 결과, 금벌구역으로서 보호에 노력 중이
며, 연료를 목적으로 벌채해도 문제가 없기에 기록함

－벌채각소의 지황 및 임황: 경사 25도의 경사지에 노출된 적송 및 혼
효림으로 평균 25년생의 나무 288,000본 정도임

－벌채 면적 및 수종: 출원된 벌채면적은 20정이고, 적송 25년생 2,000
본임

－풍치 보호상 장해의 유무: 문제없음

－적지조치방법: 간벌 후 천연치수를 보육하면 임상 복원 가능

－발채사유 및 당부: 대웅본전 지붕 기와 수리에 제공할 땔감 벌채로
적절함

─보호 및 기타 참고사항: 벌채 적지의 천연생 치수의 보호에 노력하고,
벌채 구역 이외에는 종전의 보호방법을 따름
─허가 여부에 대한 의견: 출원사항의 각 기재 항목을 조회, 조사한 결
과 사찰업무 보호상의 허가이기에 문제없음.

법주사의 재산처분 허가원은 충청북도 지사에게 제출(1933년
1월 29일)되었고, 충청북도에서는 법주사의 재산처분 허가원을
기초로 사찰숲벌채원에 관한 조사를 실시하여 허가해도 좋
다는 조서를 작성(2월 3일)한다. 이 조서에 기초하여 충청북도
지사는 조선총독부에 〈사찰재산처분허가원에 관한 건〉의 공
문으로 총독부의 승인을 요청(2월 9일)한다. 승인 요청에 앞서
사회과장은 주무과장인 임정과장에게 벌채 허가원의 심의를
요청(2월 13일)하여 임정과장의 승인(2월 17일)을 받는다.

2. 〈사찰재산처분허가원에 관한 건〉
　　충북학 제 　호
　　1933년 2월 9일
　　충청북도 지사

조선총독 전
본 재목의 건에 관하여 관할 법주사 주지에게서 온 별지에 대하여 위반
사항이 없으면 허가해 주시기 바라면서 이 허가원을 제출합니다.
충청북도 사회과장이 임정과정에게 (1933년 2월 13일)

본건 사유림벌채 허가원의 심사 요청

충청북도 임정과장이 사회과장에게(1933년 2월 17일)

본건 심사 결과 벌채를 승인하며, 차질 없이 진행할 것

충청북도 지사의 사찰재산처분허가원을 접수한 총독부는 벌채 허가(2월 25일)를 통첩안으로 회신하는 한편, 관보 게재 내용을 결정하여 공지(3월 2일)한다.

3. 〈법주사 사유림 벌채 허가원에 관한 건〉

　　건명: 법주사 사유림 벌채 허가원에 관한 건

　　(지령안)

　　충청북도 보은군 속리면 법주사 주지 장석상

소화 8년 1월 29일부 원(願) 사유림 벌채에 관한 좌기에 기록한대로 허가함.

　　　　　　　　　　　　　　　　　　　　　조선총독

(기재내용)

1. 벌채구역: 충청북도 보은군 속리면 사내리 산 14번지 법주사 사유림 야야 90정 8단 8무 중 20정보

2. 벌채방법: 간벌

3. 벌채 수종 및 수량: 25년생 소나무 2천본

4. 벌채 기간: 허가일로부터 3개월

5. 벌채이유: 본 건 벌채목은 가람 수선에 필요한 기와 생산연료 및 기타 용재로 사용하기 위한 것으로 신청서와 같이 허가한다.

4. 〈통첩안〉 1933년 2월 25일

　　대 소화 8년 2월 9일부 충북학제　호 무신 학무국장

충청북도지사에게

앞에서 제안한 건의 별지대로 허가한 것에 대해 벌채 시업에 관하여 충분히 감독할 것.

5. 〈관보게재안〉 1933년 3월 2일

　　사유림 벌채 허가

1. 허가년월일: 1933년

2. 벌채구역: 충청북도 보은군 속리면 사내리 산 14번지 법주사 사유림 임야 90정 8단 8무 중 20정보

3. 벌채 방법: 간벌

4. 벌채수종 및 수량: 25년생 적송 2천본

5. 벌채기간: 허가일로부터 3개월

6. 출원인: 충청북도 보은군 속리면 법주사 주지 장석상

표 9. 벌채 허가원에 나타난 연도별 법주사의 벌채 내역

연도	면적	벌채량	벌채 방법	벌채 목적
1930	270정보	20-25년생 30,000본	불에 탄 나무(燒損木) 개벌	치수 보육에 의한 임상 복구, 사찰 운영 건물 1동(여관) 건축비 충당
1931	2정보	15-20년생 밀생 참나무 및 활엽수 잡목 200본	간벌	보은군 산림보호조합 주최 제탄 개량강습회 실습용으로 기부
1933	20정보	25년생 소나무 2,000본	간벌	가람 수선 및 기와 제작용 연료 및 기타 용재
1933	72정보	15년생 잡목 15,000본	간벌	대웅보전 수리 공사비 충당
1935	500정보	30년생 소나무 20척체, 25년생 활엽수 30척체	택벌	속리산 도로, 마치령 부근 교량용 재, 제탄강습용 기부
1938	40정보	25-40년생 소나 무 400본	택벌	경찰관 주제소 관사 신축에 필요 한 목재 조달
1939	150정보	소나무 30년생 400본, 참나무 류 30년생 100 본	택벌	목공강습소 사용 농산촌산업개 발에 공헌
1940	97정보	25-40년생 소 나무 및 잡목 3,135척체	택벌	부채 상환 재원 충당
1942	129정보	30-40년생 소 나무 및 잡목 3,135척체	시업안에 의거 택벌	용재 및 신탄재 판매금으로 일시 차입금 상환 충당
1943	104정보	45년생 소나 무 435척체, 30-40년생 잡목 2,700척체, 총 3,135 척체	시업안에 의거	제탄용 소나무 및 잡목 벌채 판매 금은 상환금 충당

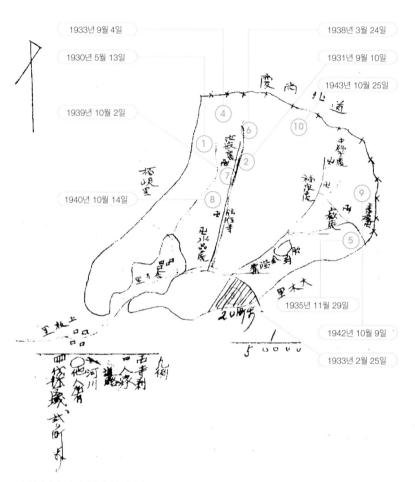

일제강점기 법주사 산림의 시기별 벌채 장소

법주사의 벌채는 1930년에서 1943년까지 14년간 진행되었다. 1930년 이전의 벌채 기록이 없다고 그 이전 시기에는 일체 벌채 행위가 없었다는 의미는 아니다. 벌채 대상 면적은 2정보에서 500정보에 걸쳐 진행되었으며, 벌채 방법은 간벌과 택벌이 주로 채택되었다. 주로 소나무와 활엽수 잡목을 대상으로 벌채가 이루어졌으며, 수령은 상대적으로 어린 15년생에서 45년생에 이르는 영급이 낮은 나무들을 대상으로 간벌이나 택벌을 시행했다.

벌채는 주로 건물 신축경비, 가람 수선용 용재 및 기와제작용 연료, 부채 상환 재원(차입금) 충당의 목적으로 이루었고, 지역의 교량용재나 경찰 주재소 관사 신축에 필요한 목재와 제탄 실습용 숯을 조달할 목적으로도 간벌이 시행되었다. 1942년과 1943년의 벌채는 시업안에 의거하여 벌채를 실시한다고 밝히고 있음에 비추어 볼 때, 1930년대에 시업안이 작성되었을 것으로 추정된다.

03

일제강점기 사찰의
산림 조성

벌채
관리

사찰숲은 일제강점기 30여 년 동안 어떻게 비상 금고 구실을 할 수 있었을까? 한두 해도 아니고 긴 시간 동안 금고가 될 수 있었던 데는 크게 두 가지 요인이 작용했다. 하나는 숲이 가진 재생 가능한 특성이고, 다른 하나는 강제로 산림 시업안을 편성토록 하여 숲을 조성하게 한 조선총독부의 산림정책이다.

먼저 숲의 특성부터 살펴보자. 산림을 흔히 재생가능한 자원이라고 일컫는 이유는 적절하게 이용하면 영원히 목재를 얻을 수 있기 때문이다. 우선 100정보의 숲을 100등분 하여, 1년생에서 100년생까지의 숲이 1정보씩 있다고 가정해보자. 100년생의 숲을 벌채한 후, 다시 나무를 심으면, 한 해가 지나면 역시 같은 조건의 숲이 되고, 따라서 전체 숲에서 자라는 임목의 총량(산림축적)은 변하지 않는다. 100년생이 자라는 1정보의 숲을 매년 베어서 쓰면 결국 매년 자라는 양만큼만 베어서 쓰는 셈이 된다. 마치 은행에 저축한 예금의 이자만 꺼내 쓰면, 원금이 축나지 않는 이치와 같다.

보다 구체적으로 전남지방에서 벌채가 가장 빈번했던 백양사 사찰숲의 벌채량과 산림축적량을 비교해 보면 더 쉽게 이해할 수 있다. 조선총독부의 벌채 허가원에 의하면, 백양 사의 산림 면적은 1,348정보(약수리 산 115-1 1,134정보, 신성리 산 1번 지 234정보)이다. 백양사에서 벌채한 목재의 양은 1929년 1,616 m³, 1931년 1,600m³, 1933년 1,439m³, 1934년 2,911m³, 1937 년 1,857m³, 1938년 3,754m³, 1940년 728m³, 1942년 642m³, 1943년 630m³로 모두 12,055m³였다. 이 수치는 15년간(1929 년에서 1943년까지) 벌채한 양이니, 1년에 평균 804m³씩 벌채한 셈이다.

조선총독부 연감에서 밝히고 있는 사찰숲의 연도별 정 보당 평균축적은 약 21.4m³이다. 여러 가지 변수(병해충, 자연재 해, 임지별 다른 축적량)를 무시하고, 이 평균축적을 백양사 산림 에 단순하게 대입하면, 총 산림축적은 1,348정보×21.4m³로 28,847m³(원금)가 된다. 매년 산림의 생장량을 4%(이자율)로 추 정할 때, 한해 백양사 산림에서 자라는 임목의 축적량(이자)은 1,153m³씩 늘어나는 셈이다. 편의상 이런저런 가감요인을 무 시하고 단순하게 계산하면, 매년 자란 양(1,153m³)이 매년 벌채 한 양(804m³)보다 더 많았다. 그래서 백양사 숲은 아홉 번이나 벌채했어도 고갈되지 않았던 셈이다.

나라 전역 사찰의 산림축적도 원금에 이자가 매년 붙듯 조 금씩 늘어났다. 산림축적 자료가 정리되기 시작한 1927년에 서 1942년까지의 조선총독부 연감[144]을 참고하면, 나라 전체의 산림축적은 약 19% 정도 줄어든 반면 사찰숲의 축적은 오히려 38%나 증가했다. 이렇게 늘어난 이유는 전체 사찰숲의 매년 자라는 임목의 양보다 벌채목의 양이 더 적었고, 꾸준히 나무를 심고 철저하게 지켰기 때문이다. 일제강점기 사찰의 조림 실적은 동아일보 1924년도 2월 22일자 기사[145]('사찰숲 조림 면적 2만 3,606정보 85만 2천 본 식재')로도 확인된다. 그래서 사찰의 비상 금고는 마르지 않았던 것이다.

표 10. 일제강점기 국공사유림 및 사찰숲 축적 추이

연도	1927	1935	1942
전체(㎥)	275,461,261	215,823,381	224,125,245
국유림	196,348,129	114,565,633	110,371,028
공유림	5,975,721	9,602,154	11,869,633
사유림	70,351,982	87,750,059	96,949,234
사찰숲	3,583,071	3,905,533	4,935,348

출처: 조선총독부 연감[146]

사찰숲이 마르지 않은 비상 금고가 될 수 있었던 또 다른 요인에는 조선총독부가 남벌과 과벌을 막기 위해 시행한 사업안 편성과 그에 따른 신규 산림조성도 무시할 수 없다. 20세기 한반도의 산림황폐는 흔히 일제강점기의 산림수탈 탓이라고 들먹이지만, 그것은 주로 장강(압록강과 두만강) 유역의 상황이었을 뿐, 장강 유역을 제외한 대부분 지방은 헐벗은 상태였다.[147] 그래서 18세기부터 이미 남부지방에는 산림 고갈에 대한 다양한 징후가 나타나기 시작했다.

산림시업안을 편성한다는 것은 오늘날의 용어로 산림경영 계획서를 작성하는 일과 다르지 않다. 일정 면적의 산림을 효과적으로 이용하고자, 어떤 수종을 언제 어떻게 얼마만큼 벌채하며, 그 벌채지에는 어떤 수종을 어떤 방법으로 언제 심을 것인지를 구체적으로 밝히는 것이 시업안 편성이다. 시업안 편성이 중요한 이유는 임목 벌채만 챙기는 것이 아니라 미래를 위해 신규 산림 조성도 함께 챙기기 때문이다.

민망하지만 우리나라 최초의 산림시업안은 조선총독부의 삼림령(1911)[148]에서 유래했다. 조선총독부는 삼림령에 따라 국유림 벌채에 앞서 먼저 산림조사와 벌목 계획을 수립도록 했다. 그 후, 시업안 편성규정(1919)이 제정됨에 따라, 사찰도 산림 벌채를 지속하기 위해서는 장기적인 산림 경영계획서(시업안)를 편성하여 총독부에 제출하고, 승인을 받아야만 했다.

산림시업안

일제강점기 초기(1915~1920년대 중반)의 사찰숲 벌채 허가원에
는 시업안에 대한 언급이 없다. 다시 말하면 베어 쓰는 것
만 급급했던 시기였고, 사찰까지 시업안 편성을 강제하지 못
했다. 사찰의 시업안 편성 시기는 사찰숲의 벌채가 빈번해진
1920년대 후반이라고 추정하는 것이 타당하다. 송광사와 선
암사(1927), 백양사(1928), 통도사(1930), 보현사(1936)의 시업안
을 참고하면, 1920년대 후반부터 시업안 편성이 사찰숲에도
적용되었음을 알 수 있다.

　일제강점기 사찰의 산림시업안은 누가 어떻게 작성했을까?
송광사나 통도사의 사례처럼, 산림에 대한 전문적 지식과 경
험을 가진 전문가가 시업안을 작성했다. 조선의 사찰은 물론
이고, 국가 이외에는 어떤 산림 소유주체도 그 당시 시업안
을 작성할 수 있는 전문성이 없었다. 그래서 사찰이 소재한
해당 도의 산업과에 소속된 일본인 산림기수山林技手가 사찰의
의뢰로 시업안을 작성하고, 사찰은 적당한 사례를 지급했다.

　송광사(1927), 통도사(1930)와 보현사(1936)가 조선총독부에
제출한 시업안은 1) 총론(해당 산림 전반에 대한 설명) 2) 지황 및 임
황(산림의 지리적 생물학적 현황 및 조사 방법) 3) 시업관계 사항(산림의 보
호 및 관리, 산림경제) 4) 삼림계획 5) 장래시업 방침(수종, 작업종, 윤벌

기, 벌채량 및 벌채 순서) 6) 조림 7) 시업상 필요한 시설 계획 8) 장래 수입과 지출 전망 9) 시업안 실행에 대한 의견 10) 시업안 편성 공정 등과 같이 통일된 형식으로 구성되었다.

시업안 편성이 벌채 허가를 받는 데 필수 불가결한 수단이 었음은 각 사찰이 1930년대 이후 총독부에 제출한 벌채 허가원으로 확인할 수 있다. 벌채 허가원에는 총독부의 인가를 받은 시업안에 따라 벌채를 신청하고 있을 뿐만 아니라 신규 산림 조성도 함께 밝혔다.

구체적으로 송광사의 1927년도 시업안은 상세한 벌채 내역(작업종, 수종, 윤벌기, 벌채 순서와 벌채량)과 신규 산림 조성 방법(총 145.87정보에 필요한 적송, 곰솔 등의 식재본수와 식재방법, 보육작업, 필요예산)을 제시하고 있다. 1930년 통도사의 경우, 35년생 적송과 25년생 잡목을 시업안에 따라 벌채하고, 산림 조성에 필요한 조림비와 임도 신설 및 수선에 필요한 예산으로 벌채 수익을 사용할 것이라고 명시했다.[149] 1931년 백양사의 벌채 허가서에는, 벌채 수입으

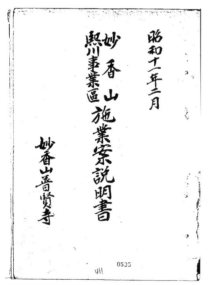

보현사의 묘향산 희천사업구 시업안(1936) 설명서.

로 조림비 및 부채상환, 기부금 납부에 충당한다고 밝혔다. 또 1933년 선암사의 벌채 허가원에는 벌목 수익금의 일부를 삼나무 3천 본(1정보)과 편백 1천5백 본(0.5정보)의 조림비로 충당할 것이라고 했다.

선암사의 예

일제강점기 사찰의 산림 관리와 관련지어 특기할 만한 사례는 선암사에서 찾을 수 있다. 선암사는 산림관리위원회를 1929년 결성 운영하는 한편, 제탄사업으로 생긴 수익금 일부를 공제계共濟稧의 운영자금으로 활용했다. 선암사 산림관리위원회의 산림계山林係 규정, 목탄 생산과 판매를 위한 제탄製炭규정(1929)[150], 제탄 수익금의 일부를 주변 주민들의 공익사업에 사용한 공제계규정(1932)[151]은 일제강점기 사찰숲 운용에 대한 중요한 기록이다.(부록2 참조)

사찰의 벌채 허가원과 시업안을 참고할 때, 일제강점기 사찰이 현금성 수익을 확보하고자 산림을 벌채했을 뿐만 아니라, 벌채지에 새롭게 숲을 조성했음을 확인할 수 있었다. 비록 모든 사찰이 시업안을 준수하여 숲을 완벽하게 조성하진

일제강점기 사찰림 벌채 후, 시업안에 따라 새롭게 조성된 선암사의 삼나무·편백숲.

선암사에서 송광사로 가는 굴목이재 초입의 편백숲.

못했을지라도, 이렇게 조성된 사찰숲은 6 ·25전쟁 이후의 복
구기에 다시 한 번 목재 비축기지 구실을 했음은 물론이다.

조선총독부의 삼림령에 따라 제정된 시업안 편성규정(1919)
은 1) 총론(해당 산림 전반에 대한 설명) 2) 지황 및 임황(산림의 지리적
생물학적 현황 및 조사방법) 3) 시업관계 사항(산림의 보호 및 관리, 산림경
제) 4) 삼림계획 5) 장래시업 방침(수종, 작업종, 윤벌기, 벌채량 및 벌채
순서) 6) 조림 7) 시업상 필요한 시설계획 8) 장래 수입과 지출
전망 9) 시업안 실행에 대한 의견 10) 시업안 편성 공정 등과
같이 통일된 형식으로 구성되었다.

송광사
시업안

송광사의 1927년도 시업안을 좀 더 자세히 살펴보면 다음과
같다.

제1장 총론
제1절 지황

1. 지세: 조계산 서쪽 해발 150m에서 810m에 형성되어 있으며,
면적은 1,404정보이다. 내산(內山)과 외산(外山)으로 나눌 수 있고,

내산은 산등성이로 둘러싸인 분지 형태로 북서쪽 모퉁이만 열려 있고, 외산은 산등성이의 바깥쪽으로 동쪽은 선암사 사유림(寺有林)과 경계, 다른 방향은 모두 민간 소유 임야와 인접하고 있다. 기반 암석은 화강편마암이다.

2. 기후: 온대 남부 기후로 온난하고, 7월과 8월의 평균온도는 섭씨 30.5도, 1월과 2월의 평균온도는 영하 3도. 6월과 7월에 강우량이 많고, 1월과 2월에 강우량이 가장 적다.

제2절 임황

1. 수종 및 숲의 성립: 대표 활엽수종은 졸참나무, 떡갈나무, 백양나무, 단풍나무, 층층나무, 참피나무 등이고, 침엽수는 주로 소나무이다. 원래는 활엽수림으로 구성되었지만, 난벌로 인해 소나무 숲이 절반 이상을 차지한다. 벌채 작업은 1923년도부터 이미 시행되었고, 특히 이읍리 구역 이외의 외산에서 산불과 난벌이 진행되어 활엽수 임지는 침엽수로 대체되었다. 장안리 구역의 피해가 특히 심하다.

2. 숲의 모습: 전체 1,404정보 중, 나무들이 없는 임지(無立木地)가 140정보(10%), 드문드문 나무들이 있는 산생지(散生地)가 61정보(4%), 나무들이 서 있는 입목지(立木地)가 1,202정보(86%)이다. 침엽수 621정보(49%), 활엽수 299정보(24%), 침활혼효림 343정보(27%)로 구성되어 있다. 평균 수령은 25년이며, 혼효림의 재적은

70척체(22.7㎥) 이상이다.

제2장 시업관계

제1절 산림관리 및 보호

보조국사가 고려 명종 27년(1197)에 창건했으며, 70여 동의 건물
이 활엽수 대경재로 축조되었음에 비추어 볼 때, 옛날 활엽수들
이 무성했을 것으로 추정한다. 조선시대 억불정책으로 주민들이
숲을 훼손하고, 사찰 소유 임야의 일부도 잃었다. 사찰에서 3명
의 산림감독으로 순산하고, 보호에 임하고 있다.

제2절 산림경제에 관한 일

1. 지역민과 산림과의 관계: 송광면에 1,641호가 거주하며, 1호
당 평균 5인 가족이고, 대부분 농업이 생업이다. 주민 대부분이
소면적의 경작지를 소유하여 생계가 곤란하며, 생활의 기반을
임야에서 주로 구한다. 애림사상 부족과 난벌로 인해, 숲이 황폐
해졌기 때문에 지역 주민들을 산림작업에 참여시켜 생계에 도움
이 되게 노력할 필요가 있다.

2. 산림노동자 임금과 기능: 송광면 총 인구 9,200명으로 90%
농업에 종사하기에 산림 작업 노동력을 구하는 데 문제가 없다.
이미 1923년부터 벌목, 목재운반, 제탄 작업에 참여해서 숙련된
사람들이 많고, 농업 품삯은 56전인데 산림노동자는 60전에서

90전이다.

3. 교통운반: 송광사에서 낙수리까지 수레와 말로 운송 가능하다. 낙수리에서 보성까지 강을 이용하여 뗏목으로 운송 가능하다. 임내 각 소반으로 이르는 운반로가 개설되어 있다.

4. 임산물 수급관계, 가격 등: 용재 수급은 거의 없고, 일반 가정용 건축용재와 관재(棺材) 수요뿐이기에 목재시장은 거의 형성되지 못한 실정이다. 목탄과 나뭇짐의 구입도 없다. 대량벌채의 경우, 목재판매처는 순천읍내나 광주 시장을 선택해야 한다. 소나무 원목 1척체의 광주의 시장가격은 10원, 각재는 14원, 활엽수는 수종에 따라 차이가 크다. 목탄(木炭) 1관의 가격은 21-22전이다. 순천의 경우, 소나무 원목 1척체 8원, 각재 12원, 목탄 1관 17-18전이다.

첫 시업기에 벌채한 소나무와 활엽수 특대재는 용재로, 그 외는 재탄 재료로 사용한다. 광주와 순천의 시장가격을 고려할 때, 산지 현장에서의 가격은 침엽수 용재 1척체 1원70전, 활엽수 제탄 자재는 1척체에 1원이 적당하다.

10년 수지 계획에 의하면 6년 동안은 산감 및 기타 급료가 땔감 채취로 얻는 수입액보다 더 많아서 적자이고, 7년째부터 10년째까지 4년 동안 소나무 용재와 잡목제탄의 매각대금으로 수익을 얻어 총 수입은 1만 5,267원에 달할 것으로 예상하고 있다.

제3장 산림 구획과 측량

제1절 사업구역

사찰소유 임야로 합리적 경영이 필요하다.

제2절 임반

소면적으로 구분하며, 산줄기나 계곡의 자연지형을 이용하여 구획한다. 인접한 각 임반의 번호를 기입한다. 임반 번호는 운반경로를 고려하여 계곡입구에서 시작하여 동남쪽으로 이어지고, 총 16개로 구성한다. 최대 임반은 9임반의 159정, 최소 임반은 4임반의 37정, 평균 면적은 87정이다.

송광사 숯 반출, 1937년. (사진 제공: 송광사 성보박물관)

편백 보식 대중운력, 1938년. (사진 제공: 송광사 성보박물관)

송광사 묘포 시업, 1942년. (사진 제공: 송광사 성보박물관)

6,000분의 1도면를 이용하여 임반 경계의 실측으로 면적을 합산
하여 산정한다.

제3절 소반
사찰존엄 풍치를 고려하여 사찰 주변은 시업제한지로 금벌림으
로 보전한다. 총 59개의 소반으로 평균면적은 23정이다.

제4장 산림조사
제1절 지황조사: 방위, 토양, 토심, 결합도, 습도, 지위 등을 조사
제2절 임황조사: 수종과 혼효비율, 소밀도, 임상, 재적 등을 조사
제3절 장래 시업 전망조사

제5장 장래 시업방침
제1절 작업종 결정
수종과 경제성만 고려하여 침활혼효림에서는 개벌작업, 활엽수
는 왜림작업을 실시한다. 사찰의 풍치존엄을 보호하기 위해 사
찰 주변의 산림은 장벌기를 채택하여 사찰의 개축에 필요한 대
경재 생산을 도모한다.

제2절 수종 결정
향토수종인 소나무, 졸참나무, 떡갈나무, 백양목, 난풍나무류, 상

수리나무, 밤나무 등을 조림 수종으로 채택하고, 소나무림은 자생 치수를 무육하거나, 소나무와 곰솔을 보완 식재하여 침엽수림으로 조성한다. 침활혼효림은 활엽수 맹아와 어린 소나무를 육성하며, 활엽수림은 맹아로 갱신한다. 사찰 입구의 1임반, 2임반의 침엽수가 드문드문 자라는 헐벗은 곳은 물오리나무, 사방오리나무를 심어 침활혼효림으로 유도한다.

제3절 윤벌기 결정

광주 및 순천의 목재시장 상황을 고려하여 소나무는 윤벌기 40년, 제탄 자재용 활엽수는 윤벌기 15년이 적당하다. 풍치 존엄상 보존해야 할 사찰 주변의 숲은 윤벌기 80년의 대경목 생산을 꾀한다.

제4절 시업기 편입

개벌작업은 11임반의 1소반, 12임반의 1소반, 14임반의 101정보 8,594척체로 한다. 왜림작업은 12임반 2소반 13임반 2, 3소반 80정보 6,616척체로 한다.

산림조성은 1임반 1, 2소반, 2임반 1, 2소반의 40정보 소나무 소생지에 정보당 800그루의 물오리나무 사방오리 나무 식재. 제1시업시기 교림의 개벌작업지에는 소나무와 곰솔 묘목을 정보당 800그루 식재, 활엽수 맹아는 최대한 보호. 왜림작업지는 천연

맹아 갱신을 유도한다.

제5절 벌채 순서 및 벌채량 확정

14임반 4소반부터 벌채하여 점차 12임반 1소반, 11임반 1소반 순으로 벌채한다. 제1시업기의 벌채량은 재적기준으로 벌채하고, 제2영급 이상의 윤벌기 40년으로 벌채한다.

1. 전벌교림작업: 침엽수는 매년 6,370척체, 활엽수는 매년 210 척체 벌채한다.
2. 왜림작업: 활엽수는 5,830척체, 침엽수는 벌채 없이 보호 한다.

제6절 산림조성

1. 조성방법: 천연갱신 가능지는 천연으로 조성하고, 그 외는 인 공조림한다. 사찰입구의 1임반 1, 2소반은 수령 20년생 소나무 가 산생하고 지표가 노출되어 있으므로 물오리나무와 사방오리 나무를 정보당 800그루 식재한다. 11임반 1소반, 12임반 1소반, 14임반 4소반의 벌채지는 벌채 이듬해에 정보당 800그루의 소 나무와 곰솔을 심는다. 나무는 3월 상순에서 중순까지 심고, 인 부는 경험 있는 지역주민을 고용하여 1평당 1그루씩 심는다. 묘 목은 순천군 산림조합에서 구입한다. 조림지 정지 작업은 조림 전년도에 실시하고, 풀베기 작업은 8월경 실시한다.

2. 조림비산정: 매년 식재할 묘목구입비, 부락민 노동임금, 운송비, 잡비, 보식에 소요되는 경비를 산정하여 해마다 나누어 일람표를 작성한다.

제7절 시업상 필요한 시설계획

임업기술자를 배치해야 하지만 경제상 곤란하다. 사찰의 산감이 임업기술을 익히게 하여 임야 보호 및 관리에 임하게 하며, 군과 도의 지도를 받는다. 운반로가 이미 설치되어 있고, 산감의 순시로도 사방으로 이미 존재한다. 송광사에서 낙수리까지 도로개설은 필요하다. 사업구의 15임반, 16임반은 사찰의 외산에 있기에 산불 피해를 해마다 입고 있다. 외산과 내산의 경계 산줄기에 방화선을 설치할 필요가 있다.

제8절 장래 수입과 지출 전망

연간 벌채량은 침엽수 543척체, 활엽수 890척체, 산지가격 침엽수 1원70전, 활엽수 1원으로 그 수입은 1,819원 10전이다. 지출은 조림비, 보호관리비(임무 1인 산감 2인, 탄감 1인 수당 518원), 산림조합비 매년 227원 10전 예상된다.

제9절 시업안 실행에 대한 의견

숲 조성시 군의 산림조합 기술원의 도움을 받는다. 묘목 식재시주의하고, 자생하는 어린나무는 적극 보호하여 인공조림 면적을 줄인다. 벌채시 매수 희망자를 널리 모집하여 최대한 수익을 얻도록 한다. 경계가 불분명한 분쟁지역은 경계를 명료하게 하기 위해 사(寺)자를 새긴 석표를 묻는다. 지역민의 땔감채취구역을 한정하고, 벌채예정지와 조림지에 지역민의 출입을 금한다. 벌채시 매수자가 난벌하는 경향이 있기 때문에 관리감독을 철저히 한다.

제10절 시업안 편성 공정

산림조사 10일 측량 10일, 내업 40일, 출장 8일, 합계 68일 소요

소화 2년(1927) 6월 조사원 산업기수 경전경덕(慶田景德).

4

광복
이후

01

6·25전후의
사찰숲

기사로 보는
벌채 실태

광복 이후의 사찰숲 상황을 일목요연하게 파악할 수 있는 공식적인 문서는 없다. 몇몇 단편적인 기록으로 광복 이후와 6·25전쟁 전후의 사정을 짐작할 수 있을 뿐이다. 사찰숲에 대한 공식자료가 일제강점기보다 광복 이후에 오히려 더 빈약한 형편이 아쉽지만 어쩔 수 없는 현실이다.

광복 이후, 그리고 6·25전쟁 전후의 시기에 사찰숲에 관한 정부의 공식 자료는 1949년의 관보, 1952년의 부산 임시수도에서의 국무회의록, 1954년도의 정부 공문이 있고, 그 이외에는 몇몇 신문기사로 당시의 상황을 짐작할 수 있다.

먼저 광복 이후의 사찰숲 상황을 신문기사로 살펴보자. 1947년 12월 10일자 동아일보는 '양주군 백석면 고령산의 보광사 사찰숲 도벌'에 관한 기사를 실었다. 경기도 농무국장이 사찰숲 벌목을 불허했는데도 수도경찰학교의 땔감용으로 보광사의 수백 년 된 사찰숲이 불법으로 벌채되어, 백석면 주민들이 이를 반대하고 나섰다는 내용이다. 해방 후 사회적 혼란기에 사찰숲을 탐내던 권력기관이 적잖았고, 오히려 면민들이 사찰숲을 지키고자 발 벗고 나섰음을 확인할 수 있는 기사이다.

보광사의 불법 벌채와 달리, 정부의 허가 아래 사찰숲 벌채가 이루어진 사례도 있다. 1949년 1월 27일자 관보 2쪽에는 '사찰숲 벌채 허가 사항'이란 제목으로 수종사 사찰숲에 대한 벌채 허가 내용이 실려 있다. "사찰령 5조에 의하여 사찰숲 벌채를 좌左와 같이 허가함. '1949년 1월 11일 수종사 소유 송촌리 산 26-1(20정보), 시우리 산38(138정보), 진중리 산 1-1(131정보)에서 적송(20년생 이상) 25만 5,000본, 잡목(15년생 이상) 17만본 등을 택벌로 벌채하는 것을 허가한다."

관보에 등재된 이 '사찰숲 벌채 허가' 양식은 일제강점기의 벌채 허가원 양식과 유사하며, 벌채 허가의 근거로 '사찰령 5조'를 들고 있다. 이 기록에 비추어 볼 때, 조선총독부의 사찰령은 광복 이후에도 여전히 적용되었다는 것을 확인할 수 있다. 벌채 목적이나 신규 산림조성 방법 등이 첨부된 일제강점기의 벌채 허가원과 달리, 이 관보에는 벌채 허가 사항만 기재되어 있어서 벌채 후의 조림 상태를 확인할 수는 없는 점이 아쉽다.

6·25전쟁 중의 사찰숲에 관한 기록은 국무회의록에서 찾을 수 있다. 1952년 4월 8일 부산 대통령 임시관저에서 개최된 27회 국무회의록에는 2건의 보고안건과 함께 대통령의 첫 유시가 실려 있다. 그 내용은 "통도사, 범어사 등 사찰숲 벌목자는 엄벌하라"이다. 통도사와 범어사에서 도대체 어떤 일

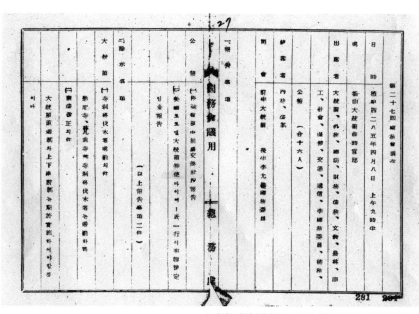

第二十七回國務會議議事

日時　檀紀四二八五年四月八日　上午九時半

處所　釜山大統領臨時官邸

出席者　大統領、外務、國防、財務、法務、文敎、農林、商工、社會、保健、遞信、交通、李國務委員、總務、

缺席者　內務、庶務

罰會　前半大統領　後半李允榮國務委員

公報　（合十六人）

一、報告事項

（一）外務省籍中抑留交換狀況報告

公報

（二）오는四月五日에大統領使마이어氏一行이來國豫定

임의報告

（以上報告事項二件）

三、指示事項

大統領

（一）寺刹林伐木에關한件

　　梵魚寺、範魚寺寺刹林伐木의件

　　懇魚寺、梵魚寺寺刹林伐木을嚴禁하라

（二）票据改正의件

　　大統領直遞部와上下兩院制를期於實施하여야할것

이다

281

부산 대통령 임시관저에서 1952년 4월 8일 개최된 27회 국무회의록.

통도사 극락암 들머리 솔숲.

이 있었기에, 전시 상황에 대통령은 하고 많은 일들 중에 사찰숲 벌목자를 '엄벌'하라고 지시한 것일까?

1952년 4월 11일자 동아일보 기사에는 대통령의 유시 내용을 구체적으로 다뤘다. '벌목으로 또 말썽, 범어, 통도 양사에 메스', '문교부 직원 등 9명을 구속'이란 제목 아래, 산불로 인해 못쓰게 된 화목의 벌채를 허가했지만, 벌목한 나무는 화목이 아니라 오히려 멀쩡한 생나무가 대부분이었고, 이에 관여한 관계자 9명(통도사 4명, 범어사 4명, 문교부 직원 1명)이 구속되었다는 내용이다.

전시의 국무회의록과 신문기사를 통해서 전쟁 중의 혼란기에 사찰숲에 대한 도벌과 남벌이 빈번했음을 확인할 수 있다. 통도사와 범어사에서 허가 외의 벌목 행위가 발생하게 된 이유는 무엇일까? 전쟁 통에 임시수도 부산으로 피난 온 난민들을 위한 판잣집용 목재 수요가 급증했고, 부산 인근에 자리 잡은 두 사찰은 판자 공급에 필요한 울창한 솔숲을 보유하고 있었던 배경을 무시할 수 없다. 불법 벌채 행위의 논죄는 당연할지라도, 모든 물자가 부족했던 전시 상황에서 목재 비축기지 구실을 담당했던 사찰숲의 존재 가치조차 부정할 필요는 없다.

전쟁기 사찰숲의 역할

전쟁이 끝난 후, 사찰숲의 상황은 어떠했을까? 그 구체적인 내용을 밝히고 있는 기록 역시 많지 않다. 문교부 장관이 서울특별시장과 각 도지사에게 보낸 1954년 8월 24일 자 '사찰숲 벌채 허가에 관한 건'의 공문을 통해서 그 당시의 사찰숲에 대한 상황을 미루어 짐작할 뿐이다. 조금 길지만, 그 내용을 한번 살펴보자.

"사찰숲 벌채 허가에 관하여는 현금現今 일반 사유림 벌채 허가와 동일히 먼저 임야 시업안을 제출한 후 시업안에 대한 농림부장관의 승인이 있는 것에 대하여 서울특별시장 및 각 도지사가 그 벌채를 허가하고 있는데 원래 사찰재산(임야 및 입목 포함)은 문교부장관의 허가 없이는 이를 처분 못하도록 되어 있은즉슨 황폐독산荒廢禿山화 한 우리나라 임야 중에서 겨우 사찰 임야만은 이제까지도 울창한 호 임상을 보유하고 있음은 오로지 사찰의 특수성과 사찰재산에 대한 행정감독청의 엄격한 감독에 유인由因한 것으로 사료하는 동시에 더욱 그 보호유지가 요청되는 것이다."

각 도에 하달한 문교부 장관의 공문을 통해서 1) 사찰숲 주관부처가 1954년도에도 일제강점기처럼 문교부였고 2) 벌채는 시업안 승인 절차가 필요하며 3) 농림부 장관의 시업안 승인만으로 벌채가 빈번했고 4) 전화戰禍로 국토가 헐벗었을 때, 사찰숲만이 잘 보전된 이유는 사찰과 행정관청의 노력 덕분이라고 밝히고 있다.

한편 이 공문을 바탕으로 강원도지사가 각 지방 교육감에 보낸 1955년 4월 10일 자의 공문, '사찰숲 벌채 처분에 관한 건'으로도 그 당시의 상황을 추정할 수 있다. "금후로는 사찰 재산의 소모방지와 임상 보호유지를 위하여 사찰숲 벌채 처분 허가는 극도로 제한하여 좌기 요건에 해당하는 것을 제외하고는 불허 방침"이며 "사찰 풍치림으로 사찰 건물 중심으로 20정보는 원칙적으로 벌채 처분함을 금할 것"이라는 내용이다.

공문에 언급한 좌기의 요건은 다음과 같다.

첫째, 전화戰火, 산화山火에 의한 고사목 및 송충의 피해를 입어 소생할 가능성 없는 임목.

둘째, 사찰 건물과 지정 국보·고적이 심히 퇴락 또는 파손되어 이의 보수에 있어 사찰숲을 벌채하는 이외에는 도저히 보수비를 염출할 방도가 없을 경우.

풍치보전을 위해 사찰 주변 20정보의 벌채 금지 원칙이 세워졌고, 전쟁이나 병충해로 인한 고사목과 사찰 건물과 국보·고적의 보수비 충낭을 위한 벌채는 예외적으로 인정한다는 내용에 비추어볼 때, 환금성 자산인 사찰숲을 활용하기 위한 다양한 수요가 전후 궁핍했던 시기에 상존했음을 확인할 수 있다.

그런 세태를 반영하듯 사찰숲 벌채에 대한 신문 기사는 계속 이어진다. 동아일보 1955년 5월 19일 기사는 청도 운문사 사찰숲을 벌채한 목재업자가 부서진 다리 수리를 위해 면민들을 강제 부역시킨 사건을 다뤘다. 같은 신문 1955년 6월 19일 자는 사찰숲 일부에 대한 위조 벌채 허가 서류에 대한 기사를 냈다. 사찰숲에 대한 도남벌이 난무했던 시대상을 반영이라도 하듯, 1956년 1월 7일 동아일보에는 "치안국에서 사찰숲에 대한 무허가 벌채를 막고자 전국 사찰의 산림조사를 실시한다"라는 내용의 기사도 실려 있다.

일제강점기에 비상금고 구실을 했던 사찰숲은 식민지 수탈과 전쟁으로 피폐해진 산하에 그나마 온전하게 보전된 목재 비축기지였다. 온갖 부정부패가 난무하던 사회적 혼란기에 사찰숲이라고 해서 그 유혹에 초연할 수 있는 대상은 아니었다. 숲을 만들고 지킨 주체도 사람이었고, 그 숲을 옳게 또는 그릇되게 이용한 주체도 사람이었지, 결코 숲의 의지가 아니었다.

사찰숲의 존재 덕분에 피난민들은 그 엄혹한 시기에 삶을 영위할 수 있는 거처를 마련할 수 있었다. 사찰 역시 퇴락한

건물이나 유서 깊은 문화재를 보수 유지할 수 있었다. 가난하
고 궁핍했던 시절, 국가가 감당해야 할 책무의 일정 부분을
사찰숲이 감당했고, 이것을 분명하게 기억할 필요가 있다고
주장하는 이유이다.

02

1960년대와 1970년대의 사찰숲

산판경제
시기

사찰숲은 1960년대와 1970년대에도 사찰 재정의 구원투수
였다. 그래서 사찰숲 벌채와 관련된 도남벌이 많았던 1960
년대와 1970년대를 사찰의 '산판山版경제' 시기라고 규정하기
도 한다.[152] 1960년대와 1970년대의 사찰 경제를 왜 산판경제
라 부를까? 근본적으로 사찰의 재정이 사찰숲에 상대적으로
크게 의존했기 때문일 것이다.

1960년대와 1970년대는 오늘날과 달리, 국가 재정도 넉넉
하지 못했고, 개인들의 소득 수준도 낮았다. 당시의 정부는
오늘날처럼 문화재 보전이나 복구를 위한 예산을 사찰에 투
입할 여력이 없었다. 1인당 국민소득이 80달러(60년), 257달러
(70년), 1,686달러(80년)였던 시기[153]였기에 신도들의 시주 역시
크게 기대할 수 없었다. 그런 상황에서 그나마 거금을 쥘 수
있는 손쉬운 방법은 사찰숲 벌채 수입이었다.

사찰이 일제강점기나 6·25전쟁 전후와 마찬가지로 1960
년대와 1970년대에도 가람의 보수나 중건에 필요한 경비를
조달할 수 있는 방법은 많지 않았다. 별다른 재정 확보책이
없는 현실에서 사찰의 주지들은 환금성 재산인 사찰숲의 벌
채를 경비 조달을 위한 좋은 대안으로 고려했다. 또 1960년

대에도 목재수요는 지속적으로 증대했고, 사찰 소나무림에 대한 수요처도 많았던 사회적 여건도 한몫을 했다.

문제는 사찰 재정을 충당하기 위한 선의의 사찰숲 벌채보다 오히려 벌채 허가를 이용한 난벌과 도벌의 성행이었다. 일제강점기에는 시업안이라도 작성하여, 형식적이나마 계획적 벌채와 그 벌채지에 대한 조림 사업이 지속되었다. 그런데 1960년대와 1970년대는 그런 흔적조차 찾을 수 없다. 오히려 일제강점기보다 사찰숲의 이용 실적에 대한 이 시기의 기록이 더 찾기 힘든 실정이다. 사찰숲 벌채에 대한 기록을 찾을 수 없는 이유는 사찰숲 벌채에 관한 부정부패를 공개하기엔 아직도 비교적 가까운 과거의 일이고, 개개 사찰의 옛 기록을 뒤지거나 또는 해당 정부 부처에서 공문을 찾아야 하는 일 역시 쉽지 않기 때문이다.

사찰숲에 대한 공식 기록에 쉬 접근할 수 없는 한계 때문에 그 당시의 실상을 파악할 수 있는 방법은 비록 차선책이지만, 사찰의 종무일기나 신문기사를 참고할 수밖에 없다.

먼저 《송광사 종무일기》[154]부터 살펴보자. 송광사의 종무일기는 인암忍庵 스님이 1962년 한 해 동안 송광사의 종무직宗務職을 수행하면서 쓴 일기로, 실제 일기를 작성하지 못한 날들이 꽤 된다. 일기를 작성하지 못한 날은 4월은 17일, 5월은 한 달 전체, 6월은 8일, 7월은 3일, 8월은 6일, 9월은 20일,

10월은 19일, 11월은 12일간이나 된다. 일기를 작성한 날은 총 259일이고, 일기를 작성하지 못한 날은 106일간이다.

송광사 종무일기에 기록된 내용은 다양하다. 그날의 날씨는 기본이고, 송광사의 종무행정에 관한 주지 스님의 일정, 송광사를 방문한 관광객의 내방과 유숙, 경찰과 공무원의 내방, 승려의 출가와 환속, 가람의 수리 및 보수, 불상의 봉안, 산림 관리 및 이용에 관한 사항 등이 실려 있다.

인암 스님이 1962년 종무일기를 작성한 259일 중, 산림과 관련된 사항을 기재한 일수는 46일이나 된다. 이 일수는 전체 일기를 기록한 일수의 약 5분의 1에 해당되는 것으로 사찰의 종무를 다룬 내용(불사, 관광객 내방, 숙식 제공 등, 출가 및 환속)과 비교할 때, 결코 무시할 수 없다.

일기에 기록된 산림과 관련된 내용은 56건으로 집계되었다. 그 내역은 도벌이 17건, 매목조사 7건, 군 및 도 산림 공무원 면담 7건, 벌채 5건, 산감 4건, 벌채허가원 3건, 목탄 3건, 산불 3건, 제탄 2건, 삼나무 1건, 입산금지 1건, 임목매매계약 1건, 무덤 투장偸葬 1건, 시신柴薪(땔나무) 1건으로 나타났다.

송광사 종무일기를 통해서 첫째, 1962년 당시에도 산림의 관리와 이용이 송광사 종무의 중요한 업무의 하나였음을 확인할 수 있다.

둘째, 산림관련 전체 56건의 기록 중, 도벌과 관련된 내용이 17건으로 임산연료에 의존했던 그 당시의 사회상을 알 수 있고, 일제강점기와 마찬가지로 1960년대까지도 송광사의 산림에 기대어 살고 있는 주민들이 많았음을 알 수 있다.

셋째, 송광사 역시 필요한 재원을 충당하기 위해 산림벌채를 지속적으로 하였다. 벌채 허가를 구하고자 주지스님의 군과 도와 서울 출장에 대한 기록이 수록되어 있으며, 벌채에 필요한 매목조사, 매매계약 등에 대한 언급이 종무일기에 다수 등장하기 때문이다.

넷째, 송광사는 1960년대에도 일제 강점기와 마찬가지로 숯을 구워서 사용하거나 판매하였음을 알 수 있다.

다섯째, 송광사 대중들이 산림보호 및 관리에 적극적이었다. 종무일기에는 경내 산림에 몰래 무덤을 쓰거나 산불 진화를 위해 스님들이 출동한 기록이 수록되어 있다. 또한 산림의 관리와 보호를 담당했던 산감에 대한 기록도 4회나 등장하고 있어서, 산림에 의존할 수밖에 없었던 1960년대의 사찰 경제에 기여하는 산림의 비중을 확인할 수 있다.

종무일기로 1962년의 사찰 산림을 살펴봤으니, 다음은 1960년대 신문기사로 살펴보자. 해인사는 사찰 일대의 소나무 풍치림을 벌채업자에게 매도하여 벌채케 했을 뿐 아니라 남은 소나무 8만 그루의 송진 채취권까지 벌목업자에게 내주어 말썽을 빚었다(동아일보 1960년 6월 4일). 내소사 주지가 전나무 70년생 20그루의 도벌을 다룬 기사(6월 20일)도 있다. 법주사 는 소나무 풍치림에서 1만 2,000본의 송진 채취권을 사내리 산림계에 권리금을 받고 허가 없이 사찰 재산을 임의로 처분 한 혐의로 검찰에 고발되었다(7월 27일). 사찰숲의 난벌과 도벌 이 횡행해서인지, 경향신문(1960년 10월 20일)은 정부가 사찰의 풍치림 벌채에 대한 일제 단속을 한다고 보도했다.

안타깝게도 사찰숲의 상황은 호전되기보다는 해가 갈수 록 오히려 더 악화되었다. 악화일로의 사정은 1964년의 신문 기사가 증명한다. 경향신문 1964년 7월 18일 기사에는 6·25전쟁 때 불태운 월정사를 재건하고자 필요한 재원을 사찰 숲의 벌채로 조달한다는 내용을 다뤘다. 하지만 이태가 지난 기사(1966년 2월 7일)에는 '마구 찍어낸 월정사림'이란 제목의 기 사에서 "지난 63년 법당재건을 위해 문교부로부터 3만입방(미 터)의 사찰재산 처분허가를 받고 64, 65 2년 동안 농림부로부 터 2,900입방(미터)의 벌채 허가를 받았는데 65년도분 900입 방(미터)의 벌채권을 산 사람들이 각각 10여만 사이를 도벌과 과벌하여 수사 중"임을 전하고 있다.

같은 해 11월 20일 경향신문에는 통도사 내원암의 아름드 리 소나무들이 벌채되었음을 전하고, 11월 23일 신문은 내 원사 생목 벌채 도벌에 대한 수사가 진행되고 있다는 사실

을 전했다. 동아일보 1964년 11월 21일 기사는 보다 구체적
으로 합법을 가장한 도벌과 과벌이 사찰숲에서 횡행하고 있
다고 하며, 그 사례로 허가량의 수십 배의 임목을 벌채하여,
위조 검인을 찍어 반출한 천은사와 함께, 솔잎혹파리 피해목
벌채를 구실로 2,600정보의 내원사 사찰숲에서 40~50년생
생목 1,000입방미터를 불법 벌채한 내용을 전했다.

경향신문(1964년 12월 9일)은 천은사의 도벌 건을 보다 구체
적으로 전했다. "문교부의 서류 검토만으로 시가보다 반이나
싼값으로 사찰숲의 벌채 매도가 승인되었으며, 솔잎혹파리
피해목뿐만 아니라 생나무까지 고사목으로 치부하여 벌채
케 한 점을 수사 중이며 1,177정보 중 남아 있는 마지막 1만
3,000입방미터를 벌채한 후에는 천은사의 사찰숲은 민둥산
이 될 것이다."

난벌과 도벌의
수난기

그 당시 사찰숲 벌채가 한두 사찰에서 제한적으로 이루어진
일이 아니라는 증거는 경향신문 1964년 11월 27일 기사로
확인된다. "1962년 5월 불교재산 관리법 제정 이래, 사찰숲

을 벌채하는 데는 우선 조계종 총무원의 허가를 받은 후 각
지구교육감을 통한 문교부장관의 허가와 농림부 당국의 허가
가 필요한데 조계종 총무원은 그 숫자를 정확하게 확인하지
못하고 있다"라고 보도하고, 이어 "1962년에 13건(6만 595입방),
1963년 37건(8만입방), 1964년 34건(8만 4,000입방)의 벌채 허가가
발급되어 합계 22만 5,100입방미터의 목재가 벌채되었다"라
고 밝혔다.

  1960년대 사찰숲의 과벌이 일상화되었음을 우려하는 동
아일보(1965년 2월 15일)의 사설은 그 당시 사찰숲의 도벌 및 과
벌의 심각성을 보여준다. 사설에는 "1964년 도벌 사례로 신
륵사, 요암사, 정암사, 대흥사, 공림사, 천은사, 화엄사, 통도
사, 내원암, 금산사 등에서 도벌 또는 과벌이 자행"되었다고
했다.

  도벌 기사는 그 후에도 계속된다. 해인사 경내 노송(70~100
년생) 수천 그루의 도벌 기사(동아일보 1966년 2월 14일), 월정사 불
당골 도벌 사건 3,000입방 벌채, 고목 벌채(동아일보 1966년 9월 26
일), 해인사 3,300입방 도벌로 설해목 5,603그루 387입방 벌
채 허가를 득한 후 합법을 가장 3,324입방 도벌해 승려 업자
구속(동아일보 1968년 2월 21일) 등이 그러한 사례다.

  1970년대 초까지 사찰숲의 벌채는 일상화되었다. 매일경
제신문(1974년 4월 17일)의 '전국 사찰숲 일제 조사 실시' 기사는

다음과 같이 보도했다. "우리나라에서 처음으로 전국의 등록 사찰 1920개의 사찰숲 6만 7,514ha를 일제 조사키로 했다. 17일 산림청에 의하면 일부 사찰이 사찰숲을 임의로 벌채, 사찰 건축 재목이나 땔감으로 쓰는가 하면 미등록 사찰은 도·남벌업자들과 결탁, 목재를 불법 반출하는 것을 막기 위해 일제 조사를 실시한다."

오늘날의 시각에선 도저히 이해할 수 없는 사찰숲의 벌채, 난벌과 도벌을 어떻게 받아들여야 할까? 그 당시의 시대 상황을 엿볼 수 있는 내용을 경향신문(1965년 9월 10일)은 다음과 같이 전했다. "농림부가 내년도 예산에 3억 2,900만 원을 국유림 관리 특별회계로 신설하여 국유림의 60%를 차지하는 활엽수를 작벌하고 경제성이 높은 침엽수를 조림할 계획이다."

이 기사에 언급된 국유림 관리 특별회계란 무엇일까? 17년이 지난 경향신문 기사(1982년 8월 7일)는 '강원 인제 평창 홍천 등 오대산 일대 무차별 벌채'라는 제목 아래 국유림 관리 특별회계를 다음과 같이 설명하고 있다.

"국유임야관리특별회계[155] 세입예산 확보는 국유림의 나무를 팔아 영림서 산하 공무원 봉급과 조림, 치수무육, 산림보호 사업 등에 사용하는 예산을 확보하기 위한 것이다. 산림청의 국유림 임야관리 특별회계예산 내용은 80년 87억,

通度寺·內院寺一帶──
寺刹林 盜伐을 확인
李慶南知事등 現地답사

五倍子蠅피해 伐採미끼로
아름드리 生木 40—50 年生
全南泉隱寺 亂刀질 도本格搜査

國有林管理 特計를 新設
農林部는 내년도 豫算에
3億2千9百萬원規模의 國

국유림 특별회계 기사. 경향신문
1965년 9월 10일.

천은사 도벌 기사. 경향신문 1964년 11월 21일.

81년 95억, 올해는 103억 원인데 이 가운데 20%는 임야 대
부료 등 기타 수입으로 충당하고 있으나 80%는 나무를 판매
한 대금으로 메우고 있는 것으로 되어 있다".

결국 나라가 고용하고 있는 공무원조차도 1965년부터
1980년대 초까지는 그 급료를 산림 벌채로 해결할 수밖에
없었던 궁핍했던 시대였다. 나라살림이 곤궁했던 그 시기에
사찰의 상황이 어떠했을지 어렵지 않게 상상할 수 있다. 사
찰숲 벌채에 의존하던 사찰의 산판경제는 경제개발과 함께
국립공원제도가 정착되면서 점차 그 의존도를 낮추게 된다.

1970년 5월부터 속리산 국립공원을 필두로 국립공원 지역
에 소재한 22개 사찰은 국립공원에서 입장료를 징수[156]하면
서 재정 상태에 여력이 생겼다. 국립공원을 찾는 입장객들에
게 국립공원 입장료와 문화재 관람료를 통합 징수하면서 사
찰의 재정 사정이 개선되었기 때문이다. 궁핍했던 1960년대
와 1970년대도 끝나고, 압축고도성장이 본격적으로 이루어
진 1980년대 후반부터는 사찰 경제는 더 이상 사찰숲의 벌
채에 의존할 필요가 없게 되었다. 숲은 더욱 울창해지기 시
작했다.

03

오늘날의
사찰숲

산림치유의
시대

산림 휴양, 숲 해설가, 산림치유, 수목장, 숲 유치원. 지난 30여 년 사이에 우리 사회에 새롭게 나타난 산림 영역이다. 1970~1980년대의 치산녹화기에 우리 귀에 익숙하던 입산 금지, 사방사업, 속성수, 산림녹화 따위의 단어는 어느 틈에 사라졌다. 그리고 이를 대신할 새로운 용어들이 우리네 일상 생활 깊숙이 들어와 있는 것이다.

가람 바깥의 숲이 지난 30년 사이에 과거에는 상상하지도 못했던 모습으로 새롭게 활용되고 있을 때, 불교계의 숲은 이런 변화에 어떻게 대응했을까? 불교계에서도 사찰숲의 활용 방안에 대해 고심했던 흔적은 없잖아 찾을 수 있다. "사찰숲을 비롯한 정신문화와 관련된 불교 자원이 국민 치유와 사회 통합에 활용될 수 있는 지원책"의 필요성을 피력하거나 "전통문화 계승 발전 정책의 하나로 사찰숲을 활용한 생태 보전, 친환경 정책 개발"을 천명[157]하기도 했다. 사찰숲에 대한 의견 피력이나 천명은 없는 것보다 낫다. 그러나 무엇을 어떻게 할 것인지에 대한 구상이나 구체적 실천이 없는 점은 아쉽다. 물론 개별 사찰은 물론이고, 종단에서조차도 사찰숲에 대한 전문성을 갖춘 조직이나 인력이 없는 형편에 지금 당장 구체적인 실천계획을 내놓기란 쉽지 않은 것도 사실이다.

사찰숲의 활용 방안에 대한 불교계의 의지 표명은 그래도 반갑다. 숲에 대한 우리 사회의 인식 변화를 읽어내고자 하는 불교계나 종단의 노력이 보이기 때문이다. 이러한 노력의 효과를 높일 방법은 무엇일까? 이 물음에 작은 실마리라도 잡으려고 각 사찰이 운영하는 숲과 관련된 프로그램을 한번 살펴보았다.[158]

사찰의 홈페이지나 관련 매체를 통해서 확인한 결과, 전국 적으로 14곳의 사찰이 사찰숲을 활용하고 있었다. 해인사나 통도사는 사찰숲에서 잣과 산나물과 같은 임산물을 생산한 다. 은해사와 기림사와 전등사는 사찰숲을 수목장으로 활용 하고 있다. 수타사의 생태 숲 공원, 법주사의 숲길 명상, 내소 사의 숲길 트레킹, 선암사의 편백 트레킹, 월정사의 천년 숲 걷기, 통도사와 봉선사의 숲길 걷기 명상, 백양사의 숲 해설 과 숲 명상 치유, 백담사의 행선과 숲 속 걷기 등 사찰숲을 활용한 프로그램을 운영하는 사찰이 10곳이나 된다.

그 외의 개별 사찰들은 다양한 교육 프로그램에 숲을 활용 하고 있다. 대표적인 사례는 해남 대흥사, 남양주 봉선사, 부산 홍법사, 공주 영평사 등에서 개최된 '여름 숲 속 학교'를 들 수 있다.[159] 그 밖에 불교환경연대가 진행하고 있는 불교 생태학 교, 숲 해설가 양성 교육, 숲길 걷기 행사[160]도 있다.

사찰림은 현대 문명병을 치유할 수 있는 '살아 있는 병원'으로 각광을 받고 있다.(백련사 동백숲을 찾은 솔바람 모임 회원들)

유아들의 교육공간으로 변한 숲 유치원 현장.

사찰숲이 주로 보건 휴양 교육 목적으로 활용되고 있는 이런 결과는 오늘날 우리 사회에 번지는 산림 휴양이나 산림치유의 바람이 사찰숲 활용에도 영향을 미친 사례라 할 수 있다. 그러나 아쉽다. '국민 통합이나 사회 치유'를 위해 독특한 사찰숲 프로그램을 운영하기보다는 일반 휴양림이나 공원에서 운영하는 숲 관련 프로그램(숲 해설, 숲 체험, 산림치유 등)과 별다른 차별성을 발견할 수 없기 때문이다.

오늘날 새삼스럽게 숲이 주목을 받는 이유는 무엇일까? 숲이 현대 문명병을 치유할 수 있는 묘약이자 살아 있는 병원으로 새롭게 인식되는 시대의 흐름이다. 산림청은 이미 오래전부터 산림치유 프로그램의 중요성을 인식해 산림치유를 전담할 산림치유지도사 양성 교육기관을 전국 각지에 지정하여 전문 인력을 양성하고 있다.

지구에서
가장 큰 병원

숲의 치유 효과란 과연 어떤 것일까? 숲의 존재가 사람들의 일상행동에 변화를 일으킨다는 사실은 최근 과학적으로 증명되고 있다.[161] 환경행동학이나 녹색심리학[162]이라 불리는 이

분야 연구의 몇몇 사례를 살펴보면 숲의 치유 효과를 좀 더 잘 이해할 수 있다. 그 첫 사례로 시카고의 공공주택에 세 들어 사는 주민들에 대한 사회성 연구를 들 수 있다. 이 연구는 주변이 숲으로 둘러싸인 곳에 사는 사람이 숲이 없는 곳에 사는 사람보다 이웃과 더 잘 어울렸고, 서로 잘 뭉쳤으며, 강한 소속감을 느끼고 있는 것으로 나타났다. 바로 불교계가 내세운 사찰숲을 통한 '국민 치유와 사회 통합'의 효과를 증명하는 한 사례이다.

이와 유사한 연구는 수술환자들에 대한 숲의 효과에서도 찾을 수 있다. 입원환자 중에서 병실 창을 통해서 숲을 볼 수 있는 환자와 그렇지 못한 환자를 구분해 수술 뒤 회복률을 조사했더니 숲을 볼 수 있는 환자가 그렇지 못한 환자보다 입원 기간이 상대적으로 짧았고 항생제에 대한 부작용도 적었으며, 의료진에 대한 불평불만도 적었다고 한다.

감방의 창밖으로 녹지를 볼 수 있는 수감자와 그렇지 못한 수감자들의 질병 빈도를 연구한 결과는 그래서 더욱 흥미롭다. 이 연구는 교도소 내부의 건물만 보이는 감방에 갇힌 죄수들보다 녹지가 보이는 감방에 수용된 죄수들이 병에 훨씬 덜 걸렸다고 밝히고 있다. 비록 육체는 감방에 갇혀 있지만 단지 녹지를 보는 것만으로도 스트레스를 줄일 수 있음을 나타내는 증거라 할 수 있다.

지극히 제한적인 공간 속에서 갇혀 지내야만 하는 사람에게도 숲을 비롯한 녹지가 놀랄 만한 긍정적 파급효과를 만들어낸다는 이런 연구 결과를 접하면, 숲의 존재 의미를 다시 한 번 생각하지 않을 수 없다. 현대문명으로 파생된 수많은 스트레스의 폐해를 치유해줄 해독제가 바로 사찰 주변의 숲이라고 주장할 수 있는 이유도 여기에 있다.

그럼 '지구상에서 가장 큰 병원', '심리적 안정과 정서적 순화를 끌어내는 공간', '현대 문명병을 치유하는 생명자원'인 숲을 장구한 세월 동안 보유하고 있는 사찰은 구체적으로 어떻게 숲을 활용해야 할까? 참선과 명상 수련을 통해 '국민치유와 사회통합'을 효과적으로 이끌어 낼 수 있는 사찰숲 활용 방법은 무엇일까?

그 하나의 대안은 템플스테이와 사찰숲 체험을 연계할 수 있는 복합 프로그램 운용에서 찾을 수 있다. 2015년 현재 122개소의 사찰에서 템플스테이 프로그램을 운영한다. 하나 아쉬운 사실은 122개소 사찰 중, 템플스테이 프로그램에 사찰숲을 활용하는 사찰은 10여 곳에 불과한 점이다.

불교사업단의 보고(2013)에 의하면, 템플스테이 프로그램은 기본형(휴식형, 불교문화체험형, 당일 라이프형), 특화형(생태체험형, 전통문화체험형, 수행형, 교육 및 연수형, 특별기획·테마형)으로 구성되어 있다. 숲을 활용하는 생태체험형은 운영 프로그램 중 가장 낮은 비

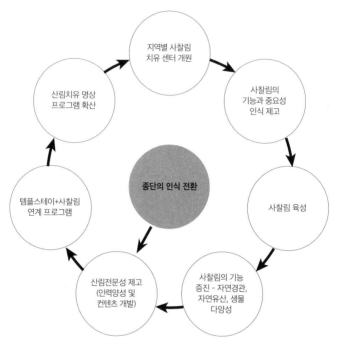

템플스테이와 사찰숲이 결합된 산림치유 프로그램에 의한 사찰숲 육성의 선순환 모식도.

율로 나타났다.[163] 오직 소수의 사찰만이 숲을 활용한 템플스
테이 프로그램을 운용하고 있는 이유는 불교사업단이 제시
한 숲 프로그램이 단순하거나 특화되지 못했기 때문은 아닐
까. 가람을 둘러싼 사찰숲의 존재가 템플스테이 참가 호응을
높이는 데 한몫을 하지만, 정작 사찰숲을 활용한 템플스테
이 프로그램이 소수인 이유는 하드웨어(사찰숲)는 있지만 휴먼
웨어(전문가와 운영자: 숲 해설가, 산림치유지도사)가 부족하고, 적합한

소프트웨어(사찰숲 체험 프로그램)가 준비되지 않았기 때문이다. 불교사업단의 보고는 불교계 이외의 단체나 기관은 숲을 활용한 산림치유 전문 영역을 개척하고 다양한 프로그램을 계발하고 있는 데 반해, 천년 이상 사찰숲을 참선과 명상과 같은 종교활동에 활용해온 불교계는 손을 놓고 있다는 현재의 상황을 시사한다.

사찰숲의 불교적 가치와 공익적 가치를 높이기 위한 활용 방안은 과연 무엇일까? 그 첫 단초는 산림에 대한 전문성을 갖추는 일이다. 전문성이란 산림 분야의 전문 인력을 보강하고, 불교적 가치에 합당한 적절한 숲 프로그램을 개발하는 것이다. 산림 전문성 제고는 잘 짜인 템플스테이와 사찰숲 연계 프로그램으로 발전한다. 이것은 불교계에서만 경험할 수 있는 산림치유 명상 프로그램으로 확산되며, 그 시너지 효과는 치유 센터 개원이나 사찰숲에 대한 인식 제고를 불러와 종국에는 사찰숲 육성에도 힘을 모을 수 있다는 선순환 구조의 출발점과 다르지 않다.

5

미래의
사찰숲

01

대안을
찾아서

과거에서
배운다

한국 산림(637만ha)의 약 1%를 보유하고 있는 사찰숲의 경영
실태는 어떤 형편일까? 오늘날 진행되고 있는 수많은 불사
에 사찰숲에서 벌채한 목재를 이용하고 있는 사찰은 있을까?
2014년 '사찰숲의 활용 방안'에 대한 현황을 조사하면서, 이
런 의문이 가장 먼저 떠올랐다.

아쉽게도 어느 사찰에서도 사찰숲 경영이나 사찰숲 벌채
에 대한 궁금증을 명쾌하게 해소해줄 사례는 쉬 찾을 수 없
었다. 사찰숲에서 임산물을 생산하는 사례는 몇몇 사찰에서
확인할 수 있다.[164] 통도사와 구인사와 봉정사는 송이와 산나
물 또는 잣을 생산하고 있다. 해인사는 국토녹화기에 조성된
잣나무 숲에서 1천 포대(60~80kg)의 잣송이를 수확하고 있다.
하지만 아쉽게도 사찰숲의 경영에 관한 최근 기록은 어떤 것
도 찾을 수 없었다.[165] 그나마 사찰숲 관리에 관한 소수의 논
문만이 있을 뿐이다.[166~167]

몇 십 년 전만 해도 사찰숲의 위상은 달랐다. 사찰이 소유
한 숲은 농경사회에서 사원경제의 한 축이자 임산물의 주요
한 생산기반이었다. 그러나 오늘날 사찰 운영은 과거와는 달
라졌다. 가람 주변의 산림에서 식자재食資材와 연료와 건축재

를 자체적으로 생산하고 소비해왔던 과거 자급자족식 사찰 운영 형태는 더는 지속하지 못하고 있다.[168] 사찰경제도 산업사회의 시장경제에 편입되어 식자재의 대부분을 인근 시장에서 조달하고 있으며, 임산연료는 석유나 가스와 같은 화석연료나 전기로 대치되었다. 가람 축조용 대경재조차 외국산 수입목재로 충당하고 있다. 그 결과 오늘날 사찰 운영에 이바지하는 사찰숲의 역할은 미미해졌고, 사찰숲 경영은 화석화化石化되었다. 따라서 사찰에서 산림을 자체적으로 운영하던 전통은 단절되었다. 그에 따라 가람에 전승된 사찰숲 운영 제도와 전통기술도 사라진 것은 당연한 귀결이다.[169]

과거의 사찰숲 운영 실태는 어땠을까? 역사가 오래된 사찰은 대부분 가람 주변의 산림에서 벌채한 목재로 축조되었다. 현대적 도로나 운송수단, 벌목 장비가 없었던 조선시대를 상상하면 쉽게 이해할 수 있다. 그래서 사찰 주변의 숲에서 가람 축조용 목재를 조달한 것은 지극히 당연한 일이었다. 그런 사례는 역사적 기록으로도 확인된다.

송광사의 경우, 헌종 8년(1842) 봄에 난 불로 2천여 칸이 넘는 건물들이 일시에 소실되었는데, 중창 공사를 하면서 필요한 공사비와 목재를 조달한 자세한 기록이 《조계산송광사사고》에 담겨 있다. 큰 화재가 있었던 그해 가을부터 조정에서는 중창에 필요한 목재를 조계산에서 수급하게 했지만, 조계산에서 구할 수 없는 대경재大徑材는 개인이 소유한 여러 곳의 사양산私養山에서 벌채하게 했다. 또 지리적으로 떨어진 벌채지의 목재를 송광사로 운송하기 위해 전라도 53개 사찰에 이들 벌채목의 운반을 책임지게 한 기록도 남아 있다.[170]

다른 사례는 제6중창을 위해서 송광사의 사찰숲 중, 인구치 40정보, 신평치 60정보, 신흥치 20정보에서 8만 2,000그루의 소나무를 벌채하여 제6중창의 중건, 중수용 건물에 필요한 목재를 충당한 기록이 산림부에는 상세히 기록되어 있다.

월정사의 경우, 6·25동란으로 전소한 칠보보전 자리에 적광전을 1968년 다시 세울 때 필요한 대경재는 대부분 인근 오대산에서 벌채하여 사용했다. 구체적으로 적광전의 외부 기둥 18개 중 16개는 오대산 자생 소나무이고, 2개는 괴목(느티나무)이며, 내부기둥 10개는 오대산에 자생하는 전나무로 축조했다.[171] 이 당시만 해도 월정사 일대의 숲은 사찰의 중건이나 보수를 위한 목재 비축기지였음을 적광전 중건에 사용된 재목으로 알 수 있다.

우리 산림 면적의 1%나 되는 사찰숲을 보유하고 있으면서도, 오늘날 사찰은 왜 사찰숲에서 가람 축조용 목재를 조달하지 못하는 것일까? 근본적인 이유의 일단은 사찰이 곤궁했던 1970년대와 1980년내에 사찰운영 재원을 조달하고자

오대산 사찰숲에서 벌채한 소나무와 전나무로 축조된 월정사 적광전.

시행한 산판 사업의 부작용으로 좋은 산림이 남아나지 못한 것에서 찾을 수 있다. 산판사업으로 헐벗은 사찰숲은 국토녹화기(1970년대에서 1980년대까지)에 다시 조성되어 울창해졌지만, 30~40년생의 비교적 어린나무들로 구성되어 있기 때문에 옳은 재목으로 사용할 임목들이 많지 않은 것도 부정할 수 없다. 또 명산대찰의 사찰숲 대부분이 공원(국립, 도립, 군립) 부지로 지정[172]되어 사유림처럼 독립적으로 경영할 수 없는 다양한 규제에 묶여 있는 현실도 무시할 수 없다.

결국 사찰숲 방치는 당장 사찰숲 경영으로 얻을 수 있는 경제적 소득이 많지 않고, 산림 이용에 대한 다양한 장애요소(공원 운용에 필요한 규제 등)가 그대로 있으며, 사찰숲 운영에 필요한 인력·제도·경험 등이 30여 년 이상 지속된 무관심으로 인해 사라져버린 것이라고 거칠게 정리할 수 있다.

그럼 사찰숲 경영을 활성화하기 위해 무엇을 어떻게 해야 할까? 안타깝게도 이러한 물음에 명료한 해결책을 제시하기란 쉽지 않다. 개개 사찰이 처한 형편이 다르고, 또 사찰숲의 면적이나 수령, 수종 구성이 제각각 다르기 때문이다. 더 안타까운 사실은 국내에 사찰숲의 운영이나 경영 사례로 참고할 만한 모델을 찾을 수 없는 현실이다. 그래서 1천 년 동안 사찰숲을 경영하고 있는 일본 곤고부지(金剛峯寺)의 사례를 참고할 필요가 있다.

일본
곤고부지의 예

곤고부지(金剛峰寺)의 사찰숲은 근대에 이르러 무수한 부침을 겪었다. 메이지시대(1869)에는 강제로 국유림에 편입(1905~1907)되기도 했고, 보관림保管林 제도(1917)에 따라 2,578정보의 산림을 사찰에서 관리했던 때도 있었다. 사찰숲의 무상양여와 분수조림分收造林 제도에 따라 그 후에도 사찰의 산림 관리 면적은 수시로 변했다. 오늘날은 총 1,642정보(경내림 94정보, 사찰숲 1,548정보)의 산림을 보유하고 있으며, 정부와 사찰 간에 수확 후 3:7 또는 2:8의 비율로 수익을 나누는 483정보의 분수림도 보유하고 있다.

특기할 만한 내용은 1951년도부터 사찰 조직의 하나로 산림부를 설치하여 산림경영계획을 수립하고, 그 계획에 따라 산림을 경영하고 있는 점이다.[173] 오늘날은 산림 경영을 위한 의사 결정 기관으로서 산림경영위원회와 그 책임자(산림부장)를 두고 있고, 사찰 산림을 경영하기 위해 사찰과 산림 당국 간에 상호 신뢰와 협업 체계를 구축하고 있다.

산림 경영에 따른 산림작업의 주된 목적은 가람의 건축 및 영선에 필요한 자재의 원활한 공급과 필요한 자금의 확보이다. 또한 경관 관리와 장엄한 종교적 분위기를 유지해야 하는

일본 고야산 곤고부지 사찰숲 43임반의 편백숲.

곤고부지 사찰림에서 생산된 대경재로 172년 만인 2015년에 재건된 중문(中門).

경내 주변지역 200정보는 금벌림禁伐林으로 지정하여 특별 관리하고 있다.

일본의 사찰숲 운영 사례는 우리에게 다양한 시사점을 제공한다. 우선 산림을 다룰 수 있는 전문인력과 전문기구가 개별 사찰에 존재하고 있는 점이다. 곤고부지의 산림부장은 야마구찌 분소(山口文章) 스님이다. 야마구찌 스님은 교토부립대학 임학과 출신으로, 오사카의 임업회사에 재직한 후, 곤고부지에 부임하여 산림부장으로 재직하고 있다.

곤고부지의 사찰숲 경영 목표는 사찰의 중건·보수·수리에 필요한 목재를 사찰이 소유한 숲에서 충당하고, 남는 목재는 목재가 필요한 다른 사찰에 제공하는 것이다. 그 대표적 사례는 1843년에 소실된 중문中門을 개창 1200주년 기념으로 172년 만에 재건할 때 사용된 대경재 대부분을 사찰숲에서 조달한 일이다.

정보를
활용하라

사찰숲 경영 모델을 선도할 사찰은 왜 우리에게 없을까? 국가(한국임업진흥원[174])는 개별 사찰의 필지별 토지정보(주소, 면적, 위

치, 토지이용), 임업환경정보(나무, 토양, 지형, 기후), 임업경영정보(적정재
배임산물, 적정조림수종, 임지생산능력) 등의 종합산림정보를 실시간으
로 제공하고 있다. 사찰 산림 경영에 필요한 정보를 얻을 수
있는 방법을 살펴보자.

한국임업진흥원

1. 한국임업진흥원 홈페이지(https://www.kofpi.or.kr/index.do)
   에 접속한다.
2. 산림정보 다드림을 클릭하여 바탕화면을 연다.(http://gis.
   kofpi.or.kr/gis/)
3. 필지별 산림정보 서비스를 클릭하여 해당 사찰숲의 지
   번을 입력한다.(http://gis.kofpi.or.kr/gis/landPage.do)
4. 주요 정보를 검색한다. (필지별 산림정보-토지정보, 임업환경정보, 임
   업경영정보)
5. 필지별 산림 정보-토지 정보, 임업 환경 정보, 임업 경
   영 정보를 확인한다.
6. 필지별 산림 정보 결과서를 출력하여 사찰숲 경영에 참
   고한다.

송광사의 사찰숲을 다드림 필지별 산림정보 서비스로 확
인해보자.

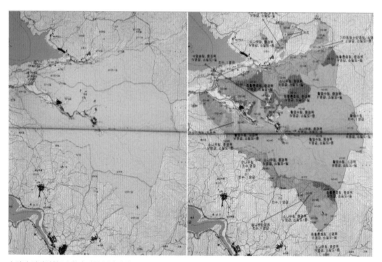

송광사 임야현황도(좌)와 사찰 임야임상도(우).

한국임업진흥원 국산림정보 다드림 홈페이지.

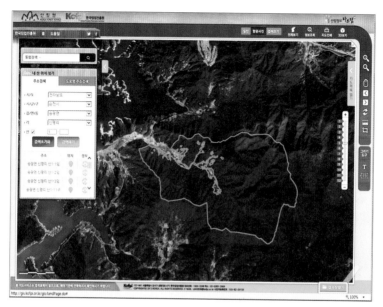

필지검색 및 임야 경계 화면.

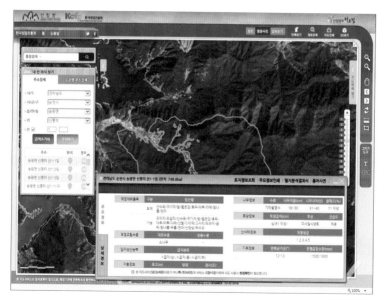

토지정보 내용.

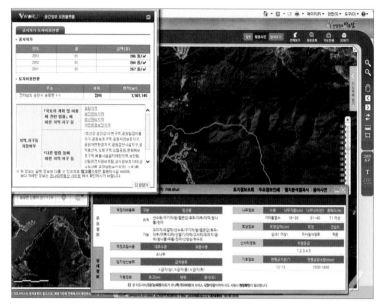

주요 정보 내용.

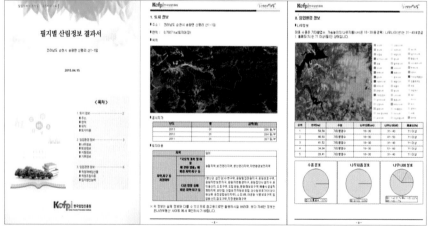

필지별 산림정보-토지정보 · 임업환경정보.

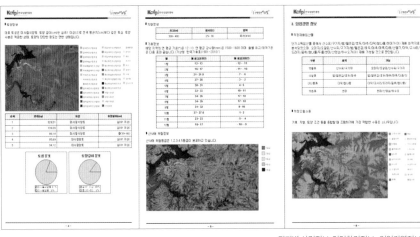

필지별 산림정보-임업환경정보 · 임업경영정보.

필지별 산림정보-임업경영정보.

한국임업진흥원 홈페이지 다드림에서 제공하는 중요한 정보는 다음과 같다.

1. 해당 필지의 경계 구역: 제공되는 항공사진 지도로 해당 필지의 구역을 파악할 수 있다. 이 구역 지도는 개략적 위치 파악에 도움이 된다.

2. 해당 필지의 임야 면적을 확인할 수 있으며, 제공되는 주요 정보는 요약된 형태의 적정재배품목, 적정조림수종, 임지생산능력, 지형 정보, 나무 정보, 토양 정보, 산사태 정보, 기후 정보, 토지이용현황(공시지가, '국토의 계획 및 이용에 관한 법률'에 따른 지역지구'나 '다른 법령에 따른 지역지구' 지정 현황을 확인할 수 있다.

3. 필지별 산림정보 결과 조사: 해당 필지에 대한 보다 자세한 정보를 담고 있다. 1) 토지정보(주소, 면적, 위치, 토지 이용) 2) 임업환경정보(나무, 토양, 지형, 기후) 3) 임업경영정보(적정재배임산물, 적정조림수종, 임지생산능력)가 상세히 수록되어 있다.

임업환경정보의 나무 정보에는 대표 수종의 종류와 흉고직경, 수령, 울폐도에 대한 정보를 기재하고 있으며, 알기 쉽게 그림으로 표시하고 있다. 토양 정보에는 대표 토성과 토심, 토양수분, 토양의 단단한 정도 등이 지도상에 표기되어 있으며, 역시 일목요연하게 도표로 제시하고 있다. 지형 정보의 경우, 표고, 경사도, 방위 등이 제공되며, 기후 정보에는 1

월에서 12월까지 월 최고기온, 월 최저기온은 물론이고 지난 30년 동안의 연 평균기온, 연평균 강수량을 확인할 수 있다. 또한 지도상에 등급(1-5등급)별 산사태 위험지역에 대한 정보도 제시한다.

임업경영정보는 적정재배 임산물의 종류를 제시하고, 또 기후, 지형, 토양 조건 등을 종합적으로 고려하여 해당 필지의 구역별 조림수종을 제시하며, 각 임지에 대한 생산능력을 급지별로 제시하고 있다.

한국임업진흥원 다드림의 필지별 산림정보 제공 서비스는 산림 이용 및 보전을 위한 가장 기본적인 정보를 제공하고 있으므로 사찰숲의 활용, 경영, 보호 작업을 전개함에 있어서 대단히 유용한 정보라 판단된다. 산림에 대한 전문 인력이 확보되지 못한 현 상황을 타개하기 위해서 이들 기초 정보를 이용할 수 있는 교육 프로그램의 개설이 필요하다.

곤고부지의 사찰숲 경영

곤고부지는 고보 대사(弘法大師, 774~835)가 816년 일본 와카야마현(和歌山県) 고야산(高野山)에 개창한 사찰이다. 사찰숲은 개창 당시 하사받은 주변 70리의 청정지역(약 3천ha로 추정) 사패지에서 유래되었다. 994년에 고야산에 난 큰 화재로 소실된 가람을 재건하기 위해 산림벌채를 하면서 사찰숲 이용 역사가 시

작되었다.[175]

　그 후 불탄 고야산을 복구하고자 1011년에서 1015년 사이에 편백을 고야산 일대에 대규모로 심었다. 그리고 사원의 복구와 수리에 필요한 목재를 조달하고자 모두베기(개벌)는 지양하고, 오래된 나무만 골라 베는(택벌) 방법을 이용했다고 한다. 특히 장래 필요한 건축용재를 육성하고자 6수종(삼나무, 편백, 금송, 소나무, 전나무, 솔송나무)의 묘목으로 주로 숲을 조성했다. 1813년부터는 사원 건축용으로 중요한 이들 6수종의 벌채를 금하고, '고야 6수종'으로 지정 관리해왔다.

　곤고부지의 사찰숲은 메이지시대(1869)에 일본 정부가 시행한 폐번치현(廢藩置県, 이전까지 지방통치를 담당했던 번을 폐지하고, 중앙정부가 통제하는 부府와 현県으로 일원화한 행정개혁) 정책으로 국유림에 편입되었다. 사찰은 사찰숲을 지키고자 정부를 상대로 소송을 벌였지만 패소했다. 국유화된 후, 영림사업이 개시되었고, 천연림에서 편백 대경목의 벌채가 이루어졌다. 국가에서 실시한 영림사업은 고야산의 경제적 기반을 박탈하고 고야산의 존엄이 상실됨을 의미한다. 고야산 측은 1884년 당시 농무상에 국유림철회와 산림반환을 요청하고 오쿠노인 주변의 산림 반환 소송을 제기했지만 패소했다.

　오사카 영림국은 고야산 사찰숲에 대해 영림사업(1905~1907)을 직영으로 운영하고, 1907년에는 고야영림서의 사업으로 이관했다. 1917년 일본정부는 보관림제도를 창설하고, 곤고부지도 보관림 허가원을 제출하여 1918년 10월에 2,578 정보의 산림을 보관림으로 운영하게 되었다. 곤고부지는 보관림을 운영하기 위해, 조직 내에 산림과를 신설했다. 보관림 제도는 영림국장의 허가를 받아 산림을 조림하고, 임목의 벌채로 수익이 생길 경우, 수익의 1/3을 국가에 지불하는 제도이다.

1946년 신헌법 발포에 의해 보관림 제도는 폐지되었다. 1948년 178정보의 산림에 대한 무상양여를 신청했고, 1951 년 579정보를 무상양여 받게 되었다. 또한 부분림, 분수조림 555정보를 설정하는 한편, 새로 산림부를 창설하여 10개년 영림계획을 수립(산림조사 및 경영회의)하여 산림경영에 임했다. 부분림, 분수조림의 경우, 국가와 조림자가 조림 전에 장래 벌채수익 분배구조를 정하는 제도이다. 그 분배 비율은 계약기간에 따라 보통 3:7 또는 2:8이다.

곤고부지의 지난 50여 년 간의 산림 변천 사항은 다음과 같다.

1971년 오쿠노인의 대경목 삼나무를 특별 모수림으로 지정. 특별 모수림은 재질이 우량한 수목을 보호하여 우량한 종자와 삽수를 확보할 목적으로 농림수산대신이 지정하는 수목으로

1971년 768본, 2015년 733본 지정.

1984년 부분림을 분수조림으로 명칭 변경.

1998년 임업경영부문 농림수산대신상 수상.

1999년 삼나무 마한테磨丸太* 부분 임야청장관상 수상.

2014년 분수조림은 80년의 벌기로 계약기간 연장, 대경목 육성 목적.

2015년 곤고부지 사유림이 문화재 복원에 필요한 재료인 편백 수피를 공급하는 문화재 숲으로 지정.

2015년 경내림 94정보, 사찰숲 1,548정보, 총 1,642정보, 분수림 483정보 경영.

산림에 대한 기본 시업

- 식재는 2년생 삼나무와 편백 모목을 정보당 4,000본씩 심고, 그 후, 5년 간 풀베기(下刈)작업을 실시, 10년 후부터 잡목 등을 제거하는 제벌除伐 작업을 실시.

- 가지치기는 식재 16~20년 후에 높이 2미터까지 가지를 쳐줌.

- 간벌작업은 식재 30~35년 후에 실시하며, 가지치기는 높이 4미터까지 실시.

- 식재 50~60년 후에 반출 간벌작업을 실시하며, 식재 80~100

---

* 표면이 울퉁불퉁하면서 흰 광택이 나는 삼나무

년 후에 실시하는 간벌은 타 사원에 제공할 목재로 사용(다른 사

찰의 필요 요청 등).

- 2014~2018년 5년간에는 총 195정보에 간벌을 실시.

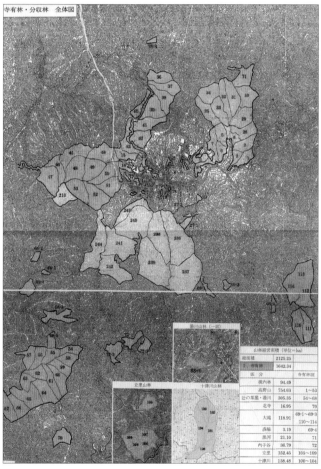

곤고부지 사찰숲 임야현황.

곤고부지 오쿠노인의 400년 편백 대경목.

곤고부지 사찰숲.

02

사찰의
자연유산 관리

소나무
숲

사찰의 옛 풍광은 어떤 모습이었을까? 해인사 홍류동의 솔
숲은 고운 최치원이 거닐던 그 당시에도 울창했을까? 통도
사의 들머리 솔숲(무풍한송)은 조선시대에도 존재했을까? 이런
궁금증에 대한 답은 조선시대 문사들의 문집이나 화원들의
그림에서 그 실마리를 찾을 수 있다.176~177

　매월당 김시습(1435~1493)의 《사유록四遊錄》〈유·호남록遊湖南錄〉
의 '송경松逕'에는 송광사를 찾아가는 내용이 담겨 있다. 바로
'임립林立한 소나무를 보며 산문에 들어서'는 내용이다. 이 기
록으로 15세기 송광사 주변은 솔숲이 무성했음을 알 수 있
다. 쌍계사의 경우, 조헌(1544~1592)의 석문운石門韻《중봉집重峰
集》에 실린 '차쌍계사次雙溪寺'에 솔숲이 등장한다. 300년의 세
월이 지난 뒤, 강위(1820~1884) 역시 '쌍계방장雙溪方丈'에 무성한
솔숲을 언급하고 있어서 쌍계사의 솔숲이 수백 년 동안 지속
되었다는 사실을 확인할 수 있다.

　해인사의 경우, 정구(1543~1620)가 남긴 《한강집寒江集》의 〈유
가야산록遊伽倻山錄〉에는 솔숲에 대한 시가 수록되어 있어서
몇 백 년 전에도 해인사 일대가 소나무로 뒤덮였음을 확인할
수 있다.178 작가 미상의 조선시대 화가의 '통도사도'를 보면

그 당시에도 통도사의 들머리 솔숲이 존재했다는 사실을 확인할 수 있다. 모든 문집을 분석한 것은 아니지만, 옛 문사들이 사찰을 방문하고 남긴 다양한 유람기에 소나무 숲을 언급하고 있는 것을 볼 때, 조선시대의 사찰 주변에는 소나무 숲이 무성했음을 추정할 수 있다.

사찰 주변의 솔숲이 조선시대에도 무성했을 것이란 추정은 1920년대에 출판된 《조선고적도보》[179]와 《조선사찰31본산》[180]에 수록된 사진으로도 확인된다. 이 두 종류의 사진집에는 사찰별 소나무 숲의 면적이나 임령林齡을 파악할 수 있는 구체적 정보가 수록되어 있지는 않다. 하지만 그 당시 소나무 숲의 존재 여부를 확인할 수 있는 사찰의 풍광이 흑백사진으로 담겨 있다.

사진집을 분석한 결과, 몇몇 사찰을 제외한 대부분 사찰 주변에 솔숲이 존재하고 있다는 것을 확인할 수 있다. 단기간에 생성되거나 소멸할 수 없는 숲의 생태적 특성을 고려할 때, 그리고 조선시대 사찰 소나무 숲에 대한 옛 기록을 참고할 때, 사찰의 소나무 숲은 어떤 특정한 시기에 단기간에 형성된 것이 아니라 장구한 세월에 걸쳐 자연스럽게 형성되었음을 확인할 수 있는 셈이다.

조선시대 사찰 주변에 왜 소나무가 무성했을까? 먼저 이 땅에서 삶을 영위한 우리 조상들의 삶에서 답을 찾을 수 있

통도사의 들머리 솔숲.

다. 지난 수천 년 동안 지속한 농경문화는 우리 국토에 소나무 숲이란 독특한 생태적 흔적을 남겼다. 생태적 흔적이란 인가 주변에 형성된 소나무 단순림은 농경사회에서 지력地力 유지에 필요한 퇴비를 생산하고자 활엽수와 임상유기물을 지속해서 채취한 인간의 간섭으로 만들어진 인위적 극상 상태의 숲이기 때문이다.[181] 인위적 극상 상태로 유지된 특성 때문에 일각에서는 소나무 단순림을 농경문화가 만들어낸 독특한 문화 경관이라고 해석하며, 더 나아가 전통문화 경관이나 자연유산이라는 의미를 부여하기도 한다.[182]

인간의 삶은 자연의 기반 위에서 영위된다. '경작하다', '재배하다'란 어원에서 유래된 '문화(culture)'란 결국 인간의 자연 개조를 뜻한다. 그래서 문화경관이란 조상들의 삶이 녹아 있는 풍광을 의미한다. 산업주의와 현대문명의 위세는 어느 나라나 유사한 대도시의 풍광을 만든다. 고층 건물과 자동차로 가득 찬 도로와 비슷비슷한 공원의 모습이 그렇다. 풍광의 전 지구적 동조화 현상이 가속될수록 특정한 나라만이 간직한 고유한 전통문화 경관에 세계는 주목한다. 민족 고유의 전통과 풍습이 자연환경과 어우러져 만든 결과물이자 삶의 흔적이기 때문이다. 소나무 단순림을 보전해야 할 소중한 전통문화 경관이라 일컫는 이유이다.

사찰 소나무 숲의 존재 의미는 선종의 관점에서도 고찰할 수 있다. 임제의현의 임제록에는 황벽 스님이 "깊은 산 속에 소나무를 많이 심어 무엇하려는가?"라고 물으니, 임제 스님은 "첫째는 선원의 주변 환경을 잘 만들고, 둘째는 후인들에게 표방되도록 하기 위한 것입니다."라는 내용이 나온다. 청허휴정은 "소나무를 심으며, 수목초화를 좋아해서가 아닌 색즉시공을 알리기 위해 심는다."라고 했다. 학계에서는 이와 같은 내용을 사찰 주변의 솔숲은 '사찰 수행 환경의 완성과 불심 전파의 매개체'로 본 증거라고 해석한다.[183]

사찰 주변에 소나무들이 무성했던 또 다른 이유는 조선왕조의 왕목으로 자리 잡은 소나무의 상징성을 무시할 수 없다.[184] 조선 왕조는 왕족의 능역을 길지로 만들고, 또 생기를 불어넣고자 능역 주변에 소나무를 심었다. 왕릉을 지키는 능사와 함께 임금의 태를 모신 태실 주변과 태실을 수호하는 원당 주변에 소나무를 심은 이유도 소나무의 상징적 기능을 활용하여 왕조의 무궁한 번영을 추구하고자 원했기 때문이다.[185] 태실과 태봉산을 수호했던 은해사(인종 태실), 법주사(순조의 태실), 직지사(정종 태실)에서 오늘날도 다양한 형태의 소나무 숲이 남아 있는 이유도 다르지 않다. 바로 왕조의 번영과 왕실의 안녕을 소나무를 이용하여 빌었기 때문이다.

소나무가 상징하는 생명과 장생의 의미를 이들 신성한 장소에 함께 부여하는 한편, 소나무에 가람 수호의 소임도 맡겼을 것으로 상상할 수 있다. 그 대표적 흔적은 가람 수호신을 모셔둔 산신각의 산신탱에서 찾을 수 있다.[186] 산신탱의 대표적 구성 요소는 산신과 호랑이와 함께 그려진 소나무이다. 이들 세 요소는 모두 가람을 수호하는 외호신으로 인식되어 이들을 모신 산신각은 예로부터 사찰의 중요한 구성 요소였다.

산업문명의 속성에 따라 국토의 모습은 하루가 다르게 변하고 있다. 오늘날 우리에겐 과연 어떤 전통문화 경관이 있을까? 한국을 대표하는 전통문화 경관은 어떤 모습일까? 세계에 내세울 수 있는 전통문화 경관이 우리에겐 과연 존재하기나 하는 것일까? 아파트가 들어선 농촌과 현대식 위락시설이 자리 잡은 산과 바닷가의 모습이 우리들의 전통문화 경관일까?

안타깝게도 지난 수백 년 동안 농경문화가 일구어낸 우리의 전통문화 경관은 지난 50여 년 사이에 농경사회에서 산업사회로 급속하게 전환되면서 점차 사라지고 있다.[187] 한국성을 상징하는 대표적 문화경관으로 인식되고 있는 소나무 단순림도 마찬가지다.[188] 그 단적인 사례는 40여 년 전 전체 산림의 60%나 되던 솔숲의 면적이 오늘날에는 24% 미만으로 줄어들었고, 소나무 단순림의 구조도 소나무-활엽수 혼효림으로 바뀐 현상에서 찾을 수 있다. 산업화와 도시화의 여파로 자연의 복원력에 따라 활엽수 혼효림으로 되돌아가기 때

활엽수에 의해 도태되고 있는 법주사의 5리 솔숲.

활엽수와 힘겹게 생육경쟁을 벌이고 있는 표충사의 솔숲.

문이다.

소나무 숲의 면적이 줄어들거나 숲의 형태가 활엽수 혼효
림으로 변해가는 것은 생태학적으로 옳은 방향의 천이라서
긍정적이다. 하지만 경관적 관점에서는 고래의 우리 전통문
화 경관이 사라진다는 것을 의미하기에 부정적이다. 이런 상
황에서 그나마 다행스러운 일은 이 땅의 몇몇 사찰들이 소나
무 단순림의 옛 모습을 지키고자 애쓰고 있다는 사실이다.
그 대표적 사례는 통도사와 운문사와 은해사의 들머리 솔숲
보전활동이다. 관심 가져 주는 이 없어도 전통문화 경관을
지켜내고자 노력하고 있는 이들 사찰에 박수를 보내야 할 이
유이다.

그러나 전통 경관을 유지하고 있는 사찰은 몇 되지 않고,
대부분 사찰은 전통문화 경관의 구성 요소로서 소나무 숲의
의미나 중요성을 인식하지 못하거나 관심조차 없다. 그래서
사찰 대부분은 솔숲이 사라지는 것을 내버려두고 있다. 옛
문헌에 기록되었던 법주사와 불영사와 표충사의 들머리 솔숲
은 근래 활엽수에 잠식되어 원래 숲의 형태를 쉬 찾을 수 없
는 지경이다. 가장 우량한 소나무로 명성이 자자하던 법흥사
의 솔숲이 활엽수에 잠식되고 있는 것이 그 대표적 사례이다.

사찰의 소나무 숲은 지난 수백 년 동안 성속의 차폐공간,
임산연료의 제공처, 전란과 화재발생 시 필요한 비상용 목재

비축기지의 기능을 담당했지만, 오늘날은 이 땅의 고유한 전통 경관을 지키고 있는 귀중한 자연유산으로 대두하고 있다.[189]

경제력만 충족되면, 단기간에 도로를 내고, 불전을 세우기란 결코 어려운 일이 아니다. 하지만 숲은 결코 하루아침에 만들어 낼 수 없다. 장구한 삶의 흔적이 녹아 있는 숲은 더더욱 그렇다. 눈앞에 보이는 거창하고 현란한 불사 못지않게 사찰 풍광을 구성하는 숲을 지키고 가꾸어야 하는 이유는 그것이 조상들의 삶이 응축된 귀중한 자연유산이기 때문이다.

천연기념물

사찰은 국보와 보물을 비롯하여 다양한 문화재들을 보유하고 있다. 우리나라 전통문화유산의 70% 이상, 그리고 국보와 보물의 절반 이상이 불교문화유산임을 감안하면 우리 문화에 자리 잡은 불교문화유산의 위상을 알 수 있다. 그 위상에 걸맞게 불교문화유산은 끊임없이 관심과 주목을 받고 있음에 비해, 같은 문화재임에도 자연유산인 천연기념물의 유래나 가치를 옳게 인식하고 있는 이는 많지 않다. 그래서 일반 시민은 물론이고 불자들조차 불상, 탑, 건축물, 불화, 조각 등의 문화유산만을 문화재로 인식할 뿐, 천연기념물로 지정된 나무와 숲과 같은 자연유산을 문화재로 인식하는 이는 많지 않다.

불교문화유산에 대한 정확한 이해는 우리 역사와 정신문화의 맥을 바르게 짚는 지름길이듯이, 자연유산인 사찰의 천연기념물에 대한 정확한 이해는 조상들의 수목관과 자연관을 엿볼 수 있는 통로이기 때문에 아무리 강조해도 지나침이 없다.

천연기념물은 '학술적으로나 관상적으로 그 가치가 높아 그 보호와 보존을 법률로 지정한 동물(그 서식지), 식물(그 자생지) 및 지질, 광물들'을 일컫는 국가지정문화재이다.[190] 오늘날 지정 보호되고 있는 455건의 천연기념물 중, 식물은 총 263건이다. 이들 식물 중 사찰이 보유하고 있는 천연기념물은 28건으로 전체의 10.6%에 이른다. 국토 면적의 0.7% 미만인 사찰 소유 토지(약 6만 3천ha)에서 천연기념물(식물)의 10.6%를 보유하고 있는 이러한 결과는 토지 면적에 비해 15.3배나 더 많은 자연유산을 사찰이 보유하고 있음을 의미하며, 한국의 자연유산 보전에 사찰의 기여가 지대하다는 사실을 뜻한다.[191] 그 단적인 사례는 천연기념물로 지정된 매화 4건 중 3건(화엄사 매화, 백양사 고불매, 선암사 선암매)을 사찰이 보유하고 있는 사실로도 확인된다.

표 11. 천연기념물(식물)을 보유한 사찰과 천연기념물 종류

사찰명	창건자 창건시기	수종 천연기념물 지정번호	비고
양평 용문사	대경대사 913년	은행나무 30호	의상의 지팡이, 마의태자의 기념식수 설화, 수령 1100년
영동 영국사	원각국사 668년	은행나무 233호	수령 1000년, 2010년부터 당산제 거행
금산 보석사	조구대사 885년	은행나무 365호	신라의 조구대사, 창건기념식수, 수령 1000년생 이상
청도 적천사	원효대사 664년	은행나무 482호	보조국사 지눌의 지팡이 설화, 수령 800년생
보은 법주사	의신스님 553년	정이품송 103호	세조 임금의 정이품 하사
서울 조계사	1395년	백송 9호	중국 왕래 사신이 심은 나무
청도 운문사	신승대사 560년	처진 소나무 180호	지팡이 설화, 수령 400년생
승주 천자암	보조국사 12세기 후반	향나무 88호	지팡이 설화, 수령 800년생
구례 길상암	연기조사 544년	매화 485호	화엄사 길상암 앞 대나무 숲 속에 자라는 나무로, 원래 4그루가 있었으나 3그루는 죽고 남은 한 그루다.
장성 백양사	여환선사 632년	고불매 486호	수령 300년생 이상
승주 선암사	아도화상 527년	선암매 488호	수령 600년 이상
진안 은수사	조선시대	청실배나무 386호	마이산, 조선 태조 이성계의 식수. 수령 640년생
구례 화엄사	연기조사 544년	올벚나무 38호	수령 300년생, 피안앵, 활 재료와 인조
천안 광덕사	지장율사가 643	호두나무 398호	고려 충렬왕 1290년 류청신이 식재, 수령 700년생
진안 천황사 남암	무염스님 875년	전나무 495호	남암의 주지가 기념식수, 가장 큰 전나무, 수령 400년생
고창 선운사 도솔암	고려시대	장사송 354호	수령 600년생
진도 쌍계사	도선 857년	상록수림 107호	동백나무, 후박나무, 참가시나무, 감탕나무, 졸참나무, 느릅나무, 말오줌때, 쥐똥나무 등의 식물들이 자라고 있다.
강진 백련사	무염국사 9세기 후반	동백나무숲 151호	차나무와 함께 조성
부산 범어사	의상대사 678년	등나무군락 176호	범어사 앞 계곡의 큰 바위 틈에서 약 500여 그루의 등나무가 소나무, 팽나무 등의 큰 나무를 감고 올라가면서 자라고 있다.
고창 선운사	검단선사 577년	동백나무숲 184호	선운사 창건 후에 조성된 숲
고흥 금탑사	원효대사 7세기 말	비자나무숲 239호	선덕여왕(637) 이후에 조성된 숲
고창 문수사	자장율사 644년	단풍나무숲 463호	100-400년생 단풍나무 숲
화순 개천사	도의 828년	비자나무숲 483호	신라시대 도의스님, 사찰 주변의 비자나무 인공림
광양 옥룡사	도선 854년	동백나무숲 489호	도선이 땅의 약한 기운을 보완하고자 식재, 100여 년생
남해 화방사	원효대사 7세기 말	산닥나무 자생지 152호	조선왕조실록 1447년 왜저의 종자를 수입하여 심도록 한 기록. 사찰의 종이 생산 원료 확보용을 식재
영광 불갑사	마라난타 384년	참식나무 자생북한지 112호	신라의 경운스님이 인도에서 가져온 나무
장성 백양사	여환선사 632년	비자나무숲 153호	각진국사가 구충제용 비자 생산을 위해 인공식재

송광사 천자암 쌍향수(천연기념물 88호).

백양사 고불매(천연기념물 486호).

선운사 장사송(천연기념물 354호).

운문사 처진 소나무(천연기념물 180호).

　전국의 사찰에서 보유하고 있는 천연기념물(식물)은 모두 28
건으로, 전라남도의 사찰(12건)이 가장 많이 보유하고 있고,
그 다음으로 전라북도의 사찰(5건)이다. 충남·북 및 경남·북의
사찰이 각각 2건씩, 서울, 부산, 경기도의 사찰은 각각 1건씩
의 천연기념물(식물)을 보유하고 있다.

　전남 지방의 사찰들이 다른 지방의 사찰에 비해 특히 많
은 건수의 천연기념물(식물)을 보유하고 있는 이유는 첫째, 남
해안의 온난한 기후조건에서 생육하고 있는 학술가치가 높
은 동백나무, 비자나무, 산닥나무, 참식나무 등이 예로부터
사찰에 자라고 있었으며, 둘째, 사찰이 독립적으로 또는 왕

실에 바칠 조공특산품의 일환으로 비자나무, 산닥나무, 올벗나무를 오래전부터 보전하거나 재배해왔기 때문이다. 이들 식물의 생육특성은 학술적 측면에서 천연기념물의 선정 기준인 한정된 분포성과 역사성에 잘 부합된다고 할 수 있다.

사찰이 보유하고 있는 28건의 천연기념물(식물) 중, 은행나무(용문사, 영국사, 보석사, 적천사), 소나무(법주사, 운문사, 선운사), 백송(조계사), 향나무(천자암), 전나무(천황사, 해인사), 매화나무(백양사, 화엄사, 선암사), 청실배나무(은수사), 올벗나무(화엄사), 호두나무(광덕사) 등 9수종은 개별수종으로 지정 보호되고 있다. 숲이나 군락의 형태로 지정된 사찰의 천연기념물은 동백나무숲(백련사, 선운사, 옥룡사), 비자나무숲(금탑사, 개천사, 백양사), 상록수림(진도 쌍계사), 등나무 군락(범어사), 단풍나무숲(문수사), 산닥나무 자생지(화방사), 참식나무 자생지(불갑사) 등 7건이다.

사찰의 천연기념물(식물) 중, 지정건수가 가장 많은 수종은 은행나무(4건)이다. 그 다음으로 매화(3건), 소나무(3건), 전나무(2건) 순이며, 숲으로는 동백나무숲(3건)과 비자나무숲(3건)이다. 나무 중에 은행나무가 가장 많이 지정되었고, 숲의 형태는 동백나무와 비자나무숲이 특히 많이 지정된 이유는 농경사회에서 이들 수종이 사원 경제에 차지하던 역할도 무시할 수 없을 것이다. 은행은 기호식품으로, 동백은 머릿기름으로, 비자는 구충제로 널리 사용된 사례를 참고하면 더욱 그렇다.

지팡이
명목

사찰의 지팡이 설화는 이 땅에 불교의 정착 과정을 헤아려 볼 수 있는 귀중한 통로이다. 우리 민족은 다른 문화권에서와 마찬가지로 다양한 자연물을 숭배하는 토속신앙을 재래로부터 전승해왔다. 선조들은 천지天地, 일월日月, 성신星辰, 산천山川을 숭배했고, 이와 같은 숭배의 대상들은 이 땅에 불교가 전래됨에 따라 일부는 불교에 융화되었고, 일부는 민속으로 전승되거나 무교에 수용되어 오늘날에 이르렀다.

불교가 토착신앙의 대상을 수용한 흔적은 신중탱화神衆幀畵를 통해서도 확인된다.[192] 신중탱화는 불교의 호법신을 상·중·하의 3단으로 나누어 그린 탱화이다. 일반적으로 신중탱화의 상단에는 대예적 금강 및 8대 금강, 4대 보살, 10대 광명의 신중이 묘사되어 있다. 중단에는 대법, 제석천왕 및 사대천왕, 대승제천, 공덕천, 이태선신 및 용왕, 모신, 수신 등과 칠월 성군 및 삼태육성, 아수라 등 팔부신중이 자리 잡고 있다. 하단 신중에는 호계신, 복덕신, 토지신, 도량신, 가람신, 산신, 강신, 풍신, 목신, 축신, 방위신 등이 그려져 있다. 신중탱화에는 옛 조상들이 숭배했던 산, 물, 바람, 나무, 땅과 같은 천지의 다양한 자연물들이 호법신의 지위를 부여받아 불교에 수용되었음을 보여준다.

나무와 관련하여 불교가 수목 숭배신앙을 적극적으로 수용한 사례는 내소사의 느티나무 당산제나 영국사 은행나무 당산제로도 확인된다.[193] 수목 숭배신앙의 또 다른 사례는 고승대덕의 지팡이 설화를 간직한 사찰의 명목이다. 지팡이 설화의 명목을 보유하고 있는 사찰을 조사하니 경기도의 용문사, 강원도의 상원사 사자암, 정암사, 수타사, 경북의 운문사, 적천사, 부석사, 경남의 해인사, 쌍계사 국사암, 전남의 송광사와 천자암, 백양사 등 12사찰에서 확인되었다.

지팡이 설화의 대상 수종은 은행나무(용문사, 적천사), 향나무(송광사, 천자암), 단풍나무(상원사 사자암), 전나무(해인사), 주목(수타사, 정암사), 느릅나무(쌍계사 국사암), 이팝나무(백양사), 골담초(부석사), 소나무(운문사) 등으로 활엽수가 4수종이었고, 침엽수가 은행나무를 포함하여 5수종이었다. 관목인 부석사의 골담초를 제외하고는 지팡이 설화를 간직한 사찰의 명목들은 모두 키큰 나무(교목)였다. 사찰의 지팡이 설화의 대상 수종이 여러 종류로 이루어진 조사 결과는 조상들이 한정된 소수의 특정 수목만을 숭배하기보다는 다양한 종류의 나무를 숭배했다고 믿을 수 있는 근거를 제공한다.

지팡이에서 유래된 명목의 수령은 쌍계사 국사암의 1,200년생 느릅나무부터 수타사의 400년생 수목까지 대부분 수백 년 이상의 명목 설화를 간직하고 있었다. 하지만 예외적으로 상원사 사자암의 단풍나무는 설화의 유래 시기가 일제강점기라는 시대적 특성 때문에 80여 년 생으로 나타났다. 각 나무의 설화 상의 수령은 설화 주인공의 활동시기에 맞춘 것으로, 과학적 방법으로 각 명목의 수령을 직접 검증한 것은 아니다.

지팡이 설화를 간직한 12곳의 명목 중, 고사목인 상태로 수백 년째 보전되고 있는 나무는 송광사의 고향수였다. 수타사 주목의 경우, 몇 년 전에 고사한 그루터기가 여전히 보전되어 있으며, 오늘날 원통보전 앞에는 원 주목 가지의 꺾꽂이로 키워낸 나무를 심어 개체를 보전했다. 한편 상원사 사자암의 단풍나무는 몇 년 전에 3층 전각의 증축 공사를 위해 암자 옆에 이식했지만, 고사했다.

설화에 등장하는 향나무, 매화나무, 주목, 은행나무, 골담초, 느릅나무 등은 지팡이를 꽂아도 뿌리를 내릴 수 있을 만큼 삽목이 쉬운 수종이지만, 일반적으로 삽목으로 번식이 곤란한 수종으로 알려진 단풍나무, 전나무, 이팝나무 등도 지팡이 설화의 대상이다. 지팡이 설화가 수목의 발근력에 근거를 둔 과학적 접근이라기보다 신통력과 기이성에 근거를 둔 종교적 콘텐츠라는 것을 시사하는 사례라 할 수 있다.

한편 사찰이 아닌 다른 곳에서도 지팡이 설화의 명목이

나타나는데, 서울 신림동의 천연기념물 271호로 지정된 갈참나무가 그러한 사례이다. 신림동의 갈참나무는 고려시대 강감찬 장군의 지팡이에서 유래된 나무로 알려졌다.

지팡이 설화의 주인공이 활동했던 시기는 신라시대 5그루, 고려시대 4그루, 조선시대 2그루, 일제강점기 1그루로 신라시대와 고려시대가 절대 다수를 차지한다. 신라시대의 경우, 의상대사의 설화를 간직한 명목이 은행나무(용문사)와 골담초(부석사)로 2그루, 자장율사의 주목(정암사)과 진감국사의 느릅나무(쌍계사 국사암)가 각각 1그루씩, 승려가 아닌 고운 최치운의 전나무(해인사)가 1그루로 나타났다.

고려시대의 경우, 보조국사의 설화를 간직한 향나무(송광사와 천자암), 은행나무(적천사)로 3그루의 명목, 각진국사의 느릅나무(백양사) 명목으로 조사되었다. 조선시대의 경우, 법장 스님의 설화를 간직한 주목(수타사)이 있고, 일제강점기에는 한암 스님의 단풍나무(상원사 사자암)가 명목으로 조사되었다. 운문사 처진소나무의 경우, 지팡이 설화의 주인공에 대한 구체적 기록은 없지만, 임진왜란 당시에 절집을 구했다는 설화가 전해지고 있으므로 조선시대에 유래된 것으로 추정할 수 있다.

지팡이 설화를 간직한 명목의 출현 시기가 신라와 고려시대 중심으로 나타나는 이유는 불교의 수용 과정에 수목을 숭배하던 토속신앙을 불교가 지팡이 설화를 활용하여 자연

표 12. 지팡이 설화에 얽힌 명목을 보유한 사찰과 대상 명목의 수종 및 식재시기

사찰명	창건자 및 창건시기	지팡이 설화의 주인공과 시기	지팡이 설화의 수종/추정수령	비고
정암사	자장율사 636년	자장율사 신라시대 590-658년	주목 1,400년	원 줄기의 곁뿌리에서 재생되었다고 함
용문사	대경대사 913년	의상대사 신라시대 625-702	은행나무 1,100년	천연기념물 30호, 마의태자의 식재, 세종 때 당상 직첩을 하사 받음
부석사	의상대사 676년	의상대사 신라시대 625-702	골담초/선비화	관목류
쌍계사 국사암	삼법화상 724년	진감국사 신라시대 774~850년	느릅나무 1,200년	일명 사천왕수
해인사	순응, 이정 스님 802년	최치운 신라시대 857-?	전나무 1,000년	학사대에 자라고 있음
송광사	혜린선사 신라말	보조국사 고려시대 1158-1210	향나무/고향수 900년	보조국사의 사후, 고사목의 형태로 지속되고 있음
송광사 천자암	보조국사 12세기 후반	보조국사, 담당국사 고려시대 1158-1210	향나무(쌍향수) 800년	천연기념물 88호
적천사	원효대사 664년	보조국사 지눌 1175년	은행나무 800년	천연기념물 482호
백양사	여환선사 632년	각진국사 고려시대 1270~1335	이팝나무 700년	꽃피는 모습으로 그해 벼농사의 풍흉 예측
운문사	신승대사 560년	성명 미상 조선시대 추정	처진 소나무 600년	천연기념물 180호
수타사	원효대사 798년	큰 스님 조선시대 1568년	주목 400년	몇 년 전 고사함. 삽목으로 증식된 개체가 생육 중
상원사 사자암	보천, 효명스님 795년	한암스님 일제강점기 1925	단풍나무 80년	사자암 중창 공사를 위해 이식한 후, 고사함

스럽게 수용한 것으로 상상할 수 있다. 조선시대에 지팡이 설화의 전개가 드문 이유는 불교가 전래한 이후 수백 년의 세월이 흘렀고 이미 불교가 이 땅에 정착하여 토착화되었기 때문으로 유추할 수 있다.

12그루의 명목 지팡이 설화 주인공 중, 빈번하게 등장하는 고승은 신라의 의상대사(2그루)와 고려의 보조국사(3그루)로 나타났다. 의상대사와 보조국사는 신라와 고려의 대표적 승려로서 다양한 형태의 기이한 현상을 만들어 낼 수 있는 설화의 주인공으로 충분한 위상을 갖춘 고승이다. 이들의 체취가 녹아 있는 지팡이 설화는 옛 조상들이 수목을 숭배했던 토속신앙을 자연스럽게 불교에 융화시켜 불교의 포교활동에 이바지했을 것으로 상상할 수 있다.

한국 사찰의 지팡이 명목 설화와 유사한 설화는 다른 나라나 다른 종교에서도 존재한다. 일본 도쿄의 젬푸쿠지(善福寺)에 자라는 은행나무는 신난쇼닌(親鸞聖人) 스님이 1232년경 사용하던 지팡이를 심어서 자란 명목이며, 이탈리아 베루치오 수도원의 사이프러스 명목은 성 프란시스가 1200년경 사이프러스 지팡이를 꽂은 것에서 유래했다고 알려져 있다.[194]

나무에 얽힌 지팡이 설화가 동서양의 대표적인 종교에서 나타나는 이유는 나무 숭배에 대한 현상이 어느 특정한 지역이나 특정한 문화권에서만 나타나는 현상이 아니라 다양한

신라시대 진감국사 혜심의 지팡이에서 유래한 쌍계사 국사암의 느릅나무.

일본 도쿄 젬푸쿠지(善福寺)의 은행나무도 1232년경 신난쇼닌(親鸞聖人) 스님의 지팡이에서 유래했다는 설화가 전해진다.

문화권에서 나타나는 보편적 현상이기 때문이다. 나무 숭배 현상은 기독교, 불교, 힌두교, 유대교에서도 종교적 특성에 따라 다양한 형태의 신성한 나무로 나타난다.[195]

고승대덕의 지팡이 설화가 수백 년 동안 사찰에서 전승되거나 설화를 간직한 지팡이 명목이 보전되고 있는 이유는 불교가 신성한 나무를 숭배하던 이 땅의 토착 신앙을 포용한 사례를 중요하게 인식하고 있기 때문이다. 꺾은 가지에서 하나의 생명체로 새롭게 탄생하는 영원불멸의 재생성, 다른 어느 생명체보다 더 큰 덩치로 자라는 힘, 수천 년의 수명을 가진 영속성, 봄이면 싹을 틔우고, 여름이면 꽃을 피우며, 가을이면 잎을 떨어트리는 우주적 리듬의 끊임없는 재현성은 오직 나무만이 간직한 특성임에 틀림없다. 이러한 특성 덕분에 나무는 동서양의 다양한 문화권에서 토속신앙의 좋은 대상이 되었다.[196]

사찰의 지팡이 설화는 불교의 정착과 전파를 위해 신성한 나무를 숭배하던 조상들의 토속신앙을 적극적으로 수용한 사례라고 해석할 수 있다. 그래서 사찰의 지팡이 명목은 불교의 정착 과정을 엿볼 수 있는 통로일 뿐만 아니라, 선조들의 수목관을 확인할 수 있는 살아 있는 증거라고 주장할 수 있다. 바로 지팡이 설화의 명목을 불교계가 보유한 소중한 자연유산이라 일컫는 이유다.

동백나무

비자나무와 차나무와 동백나무. 이들 난대성 수목은 지난 1
천 년 세월 동안 터줏대감처럼 남부지방 사찰의 중요한 식솔
이었다. 사찰은 어떻게 천년 세월 동안 이들 수목과 깊은 인
연을 이어왔을까? 사찰은 이들 수종이 의탁해 살아갈 수 있
는 좋은 환경이었고, 스님들은 이들 수목의 생육특성과 이용
법을 천년 세월 동안 끊임없이 전승했다. 이들 수종의 종자
와 잎에서 생산된 특산품을 국가의 공납품(의약품, 제사용품)이나
사찰과 민간의 생활용품(기름, 의약품, 기호품)으로 활용했기 때문
이다.

먼저 동백나무부터 살펴보자. 천연기념물로 지정된 백련사
(천연기념물 151호), 선운사의 동백숲(천연기념물 184호)은 물론이고,
화엄사, 옥련사, 불회사 등에서도 동백숲을 볼 수 있다. 남
부지방 사찰에 동백숲이 많은 이유로 몇몇 전문가들은 산불
의 피해를 막고자 산불에 강한 상록성 동백나무를 방화수림
대防火樹林帶로 활용한 전통 생태지식의 사례라고 설명한다.[197]
선운사의 경우, 만세루에서 영산전과 명부전을 향해서 찍은
《조선고적도보》(1922년)[198] 사진을 참고하면, 90여 년 전 그 당
시에도 동백숲이 무성했다는 사실을 알 수 있다.

조선시내의 《동국여지승람》(1481)에 백련사는 "남쪽 바다

백련사의 동백나무숲.

에 임해 있고 골짜기 가득히 송백이 울창하여 동백 또한 곁
들여서 수목이 싱싱하게 푸른 모습이 사계절을 통해 한결같
은 절경"이라고 기록되어 있다. 이런 내용을 참고하면, 조선
시대는 물론이고 고려시대에도 산불의 피해로부터 사찰을
지키고자 가람 주변에 동백나무를 심어온 전통 생태지식이
사찰에 면면히 전승되었다고 추측할 수 있다.

　사찰의 동백나무 숲에 대한 생태적 해석과는 별도로, 동백
나무 종자에서 나오는 기름(동백유)의 가치도 무시할 수 없다.
농경사회에서 동백유는 식용유, 등유, 민간약의 대용품, 머릿
기름과 미용에 사용되었다. 오늘날 동백유는 식물유지 중에

서 올리브유와 함께 올레산 함유량이 가장 많고, 리놀산, 리
놀렌산 함유량이 적기 때문에 산화가 잘 안 되는 안전한 유
지로 알려졌다. 조상들은 동백유의 가치를 옛날부터 인식했
고, 농경사회에서 동백유를 식용과 미용에 제대로 활용했던
셈이다. 동백유의 가치는 일제강점기에 콩기름(大豆油)보다 3배
이상 비싼 가격으로 판매되었다는 기사(1938년의 동아일보)[199]로
도 확인된다.

차나무

차나무 역시 동백나무만큼 남부지방의 사찰과 밀접하다. 기
호품인 차를 재배하던 전통이 남부지방의 사찰에 전승된 연
유로는 먼 옛날 선진 문화의 전파자였던 스님들의 활동상을
무시할 수 없다. 당나라를 왕래했던 스님들의 차에 대한 관
심과 애정은 오늘날 쌍계사, 선암사, 화엄사의 차나무로 확인
된다. 중국에서 신라시대에 도입된 차의 첫 재배지(始培地)에
대한 논란이 없잖아 있지만, 초의선사가 '동다송東茶頌'[200]에
"지리산 화개동에는 차나무가 사오십 리나 잇따라 자라고 있
는데, 우리나라 차밭의 넓이로는 이보다 지나친 것을 헤아릴
수가 없다"라고 언급한 내용처럼, 쌍계사는 오래전부터 차와

선암사의 차나무.

밀접한 관계가 있었다.

차나무와 인연이 있는 사찰 중, 천년 세월 동안 야생 차나
무를 지켜온 선암사의 저력도 간과할 수 없다. 경북대 임학
과 박용구 명예교수는 선암사의 차나무가 유전적으로 일본
소엽품종의 혈통이 섞이지 않은 야생종이라고 밝혀낸 바 있
다.[201] 박 교수는 화분비산花粉飛散으로 종자를 맺는 차나무의
특성과 결부지어 선암사가 야생차나무를 지켜올 수 있었던
이유에 대해 화분오염을 막을 수 있었던 선암사의 지리적 특
성을 든다. 다른 지역의 차나무들이 일제강점기에 도입된 일
본 차나무의 꽃가루에 의해서 야생성을 지켜낼 수 없었던 것

에 비해, 선암사는 조계산을 비롯한 주변 산악 지형 덕분에
외래 화분의 오염 없이 야생의 혈통을 유지할 수 있었다는
해석이다.

비자나무

동백유와 차보다 사찰에서 생산된 비자(榧子, 비자나무 열매)는 좀
더 특별한 대접을 받았다. 백성들의 횟배를 치료한 구충제로
사용되었을 뿐만 아니라 조선 왕실의 제사용품으로 사용되
었기 때문이다.[202] 비자나무는 백양사의 비자나무숲(천연기념물
153호)과 금탑사의 비자림(천연기념물 239호)이 대표적이다. 그밖에
장흥 보림사의 비자림과 더불어 선운사, 불갑사, 백련사, 구
암사 터의 비자나무 등을 들 수 있다.

비자나무에 대한 역사상의 기록은 《고려사》에서 먼저 찾
을 수 있다.[203] 문종 7년에 탐라국에서 조정에 비자를 바쳤다
는 기록이 그것이다. 그 밖에 중국 송나라 사신 서긍이 저술
한 《선화봉사고려도경宣和奉使高麗圖經》 토산土産 조[204]에도 비자가
등장한다.

조선시대의 《세종실록지리지》에는 경상도 동래현과 전라
도 나주목 해진군, 영암군, 영광군, 강진현, 함평현, 무안현,

장성현, 장흥도호부의 보성군, 고흥현, 진원현, 제주목 정의현, 대정현의 토공土貢 등에 비자가 등재되어 있다. 또《신증동국여지승람》토산 조에는 경상도 고령현, 남해현, 고성현, 전라도 나주목, 함평현, 장흥도후보, 제주목, 보성군, 흥양현에 비자나무가 기록되어 있다.

남부지방의 사찰에 비자나무가 숲의 형태나 단목으로 자라는 이유는 조선시대에 비자나무의 열매를 사찰에서 공물로 바쳤기 때문이다. 조선시대 백양사의 절목에는 복분자와 함께 비자 25말(榧子二十五斗), 회화나무 꽃 봄 가을 2말(槐花春秋二斗式), 송홧가루 2말(松花春秋二斗式) 등이 공납 품목에 있다.[205] 다산 정약용이 남긴 한시 '승발송행'을 통해서 강진 백련사도 비자 공납 사역寺役을 감당했다는 것도 확인할 수 있다.

조선 조정은 구충제를 확보하고자 각 사찰에 비자나무를 키우게 했고, 그 흔적들이 오늘날도 호남 해안가의 각 사찰에 비자나무로 남아 있는 셈이다. 결국 사찰숲에서 키워낸 비자는 기생충으로 횟배를 앓던 백성들의 고통을 구제해준 특효약이었던 셈이다. 백양사의 경우, 1970년대만 해도 주변 농민들에게 비자 채취를 개방했고, 농민들은 비자 구충제를 판매해서 농가 소득에 보탰다는 이야기가 전해지고 있다.

비자는 조선시대 조정에서 관리하는 과일이기도 했다.《중종실록》(1519)[206]에는 "각 고을에서 장원서掌苑署에 수납輸納하

백양사의 비자나무숲.

는 과일 중에 비자榧子 같은 것은 그 수량이 너무 많아, 매양
그 수량을 감하도록 아뢰고 싶었습니다."라는 기사가 나온다.
장원서는 조선시대 화초과물 등의 관리를 관장하고자 설치
된 관서인데, 조정에서 왜 비자를 관리했을까? 그 답은 비자
가 종묘대례나 선왕 선후의 능에서 제사를 지낼 때, 필요한
제향 용품이었기 때문이다.

"제향祭享에 쓰이는 비자榧子·표고蔈古는 제주濟州에서 봉진
封進하던 것인데, 정봉停封하라는 하교가 있었으니, 마땅히 선
혜청宣惠廳으로 하여금 공가貢價를 주어 진배進排하게 하소서."
《영조실록》(1769)의 이 기사[207]는 비자가 제향 용품으로 쓰였
던 사실을 뒷받침한다. 조선 조정이 비자를 정말 과일로 치
부했을까?《고종실록》(1881)[208]에 황태후皇太后의 장례 시에 "전
례에 따라 은행 대신에 연꽃 열매, 개암 대신에 비자(依前例, 銀
杏代蓮子, 榛子代榧子)"를 사용한다고 언급되어 있는 것을 볼 때, 과
일보다는 제향 용품으로 더 중요하게 여겼음을 확인할 수 있
다. 따라서 성리학을 국가의 통치이념으로 삼은 조선 조정이
위패용 율목의 원활한 조달 못지않게 비자 조달 역시 중요하
게 여겼고, 그 책무의 일정 부분을 사찰이 감당했음을 확인
할 수 있다.

조선 조정과 백성들에게 필요했던 비자와 동백유와 차의
생산을 감당했던 사찰의 책무는 더 이상 존속되지 않는다.

과학과 기술이 대체품목을 개발했거나 대면적 재배와 대량 생산으로 더 이상 사찰에서 기여할 필요가 없는 시대가 되었다. 그러나 불교계는 남부지방 사찰의 비자나무, 동백나무, 차나무의 보전에 더 각별한 관심을 가질 필요가 있다. 그 이유는 이들 수목이 천년 세월 동안 농경사회에 필요한 생활용품의 생산을 위해 사찰의 가호를 받아온 전통 문화경관이자 자연유산이기 때문이다.

금표

조선시대에 사찰이 수호하거나 금양했던 산림에 금표禁標가 설치되었다는 것은 이미 앞서 살펴보았다. 그 내용을 다시 한 번 정리하면 구룡사 입구의 '黃腸禁標(황장금표)'는 구룡사 일대가 조선 왕실에 봉납하던 황장목 소나무 산지(黃腸禁山)였음을 알려주는 표식이다. 구룡사 일대가 황장금산이라는 확정적인 자료는《관동읍지關東邑誌》209의 구룡사 조條에 "즉황장소봉지지卽黃腸所封之地"라는 기록과 19세기 초의 광여도廣輿圖210에 구룡사와 함께 표기된 '禁山금산'으로 확인할 수 있다는 것도 이미 살펴보았다.

구룡사는 강원감영과 가까운 곳에 있어서 황장목을 보호

하기가 쉬웠을 터이고, 또 소나무를 뗏목으로 한양까지 운반할 수 있었던 한강 상류에 있는 지리적 이점도 황장금산 지정에 한몫을 했을 터이다.

황장黃腸은 왕족의 재궁(梓宮, 관) 또는 관곽(棺槨, 시체를 넣는 속 널과 겉 널을 아울러 이르는 말)으로 이용된 몸통 속이 누른 소나무를 말한다. 황장은 왕실문서 곳곳에 기록으로 등장하지만, 그 실물이 최초로 세상에 제 모습을 온전히 드러낸 것은 2005년 대한제국의 마지막 황세손 이구李玖의 장례식 때였다. 이구의 장례를 준비하던 전주 이씨 대동종약회에서 이방자 여사와 이구를 위해 준비해둔 황장목 관 중, 남아 있던 하나의 관을 찾아 줄 것을 문화재청에 요청했다. 이에 문화재청은 유물 수장고로 쓰이던 의풍각에서 이 관을 찾아 공개하면서 제 모습을 세상에 처음 드러냈다.

황장목 재궁 공개 현장에 참석하여 확인할 수 있었던 새로운 사실은 왕실의 재궁이 일반 장례용 목관과는 사뭇 다른 모습이었다는 것이다. 재궁의 색깔은 누른 소나무색이 아니라, 여러 겹의 옻칠 덕분에 안팎이 온통 검은색이었다. 그리고 목관 바닥에 놓일 칠성판조차 몇 사람이 함께 들어야 옮길 수 있을 만큼 무게가 상당했다.

황장목黃腸木은 율목栗木·향탄香炭과 함께 왕실의 중요한 의례용 임산물이었다. 이들 의례용 임산물을 원활하게 조달하기

위해 조선 왕실이 얼마나 신경을 썼는지는《조선왕조실록》이
나《승정원일기》에 등재된 기사로도 확인된다. 《조선왕조실
록》에는 황장이 72건, 율목이 30건, 향탄이 19건의 순으로
나타났고, 《승정원일기》에는 황장이 347건, 율목이 194건,
향탄이 127건 등장한다.[211]

실록에는 황장黃腸에 대한 기사가 세종 2년(1420)에서 고종
43년(1906)까지 지속적으로 나타난다. 황장에 대한 기사가 조
선조의 공식 기록에 일관되게 등장하는 이유는 관곽재로 사
용된 황장소나무의 확보가 조선왕실의 중요한 현안이었음을
의미한다.

황장에 대한 기사가 조선왕조의 공식기록에 다수 나타날지
라도 사찰과 관련된 기사는 왕실 기록 어디에도 찾을 수 없다.
비록 공식적 기록에는 등장하지 않지만, 율목과 향탄처럼, 사
찰은 조선시대 황장목의 생산에 일정 부분 관여했다는 사실
을 치악산 구룡사 입구의 황장금표가 증언한다. 그래서 사찰
주변의 금표는 사찰숲의 역사를 증언하는 중요한 징표이다.

사찰숲과 관련하여 백련사의 봉산도 기록으로 남겨야 할
가치가 있다. 백련사의 봉산은 다산 정약용의 한시, '솔을 뽑
는 승려의 사연'(승발송행僧拔松行)[212]으로 확인된다는 것을 앞서
말한 바 있다. 조금 긴 내용이지만, 맥락을 이해하기 위해 이
정탁 선생의 번역 내용을 그대로 인용하면 다음과 같다.

백련사 서쪽 석름봉에서

백련사를 지키던 중 한 사람

자축거려 다니면서 솔을 뽑누나.

어린 솔 싹 자라나서 겨우 두세 치

여린 줄기 연한 잎이 귀엽기도 하거니.

어린 아기 기르듯 애호 깊어야

해묵어 큰 재목이 될 것이어늘.

어찌하여 눈에 띄는 대로 모조리 뽑아 버리나

싹도 씨도 남기지 않으려는고.

부지런한 농부들이 호미 메고 긴 가래 들고

밭고랑에 돋아나는 모진 잡초들을 애써 매듯이

관문의 역졸들이 길을 닦느라

길가의 독사를 쳐서 섬멸하듯이

날개 돋친 산귀신이 시뻘건 머리칼을 뒤집어쓰고

구천 그루 나무를 한 손아귀에 잡아채듯이

닥치는 대로 보이는 대로 모조리 뽑아 치운다.

중을 불러 그 연유를 캐어물으니

중은 목메어 말도 못하고

두 눈에서 눈물만이 비 오듯 쏟아지네…….

이 산에 솔 기르기 그 얼마나 애썼던가

스님 상좌 할 것 없이 성심성의 가꿨어라.

땔나무 아끼노라 찬밥으로 끼니하고
골골마다 순찰 돌며 새벽종을 울리었네.
고을 성안 초부들도 감히 접근 못하고
시골 농민 도끼야 얼씬이나 했으랴.
수영 방자 달려와서 사또 분부 내렸노라
산문에 들어서며 벌 같은 호령일세.
지난여름 폭풍우에 절로 꺾인 소나무들
중이 남벌했다고 책잡아 매질하네.
하느님 맙소사 이 설움 견딜쏘냐.
절간 돈 만 냥으로 그 미봉 하였다네.
금년 들어 솔 베어선 항구까지 메어 가며
큰 배를 만들어서 왜놈 방어 한다더니
그러나 항구에는 배 한 척 뜨지 않고
애매한 이 산 모양만 발가숭이 되었다네.
이 애솔이 자라면 큰 소나무 되리니
화근을 뽑아라 쉴 새 없이 뽑아라
이로부터 솔 뽑기를 솔 심듯이 하였도다.
잡목이나 남겨 두어 겨울 채비 하리라
오늘 아침 관첩 내려 비자 따서 바치라니
비자나무마저 뽑고 산문을 닫으리라.

피아골 계곡으로 내려서는 연곡사의 율목봉표. 시멘트로 망실 위기에 놓여 있다.

동화사의 팔공산 수릉봉산계.

등산객의 발부리에 닿고 있는 기림사의 '함월산연경묘향탄산시령봉표'.

정약용의 《목민심서》 공전工典 산림조에 실려 있는 이 한시를 통해서 오늘의 우리는 만덕산 일대가 수영에서 관리하는 소나무 봉산이었음을 확인할 수 있다. 《목민심서》에는 백련사가 만덕산 봉산을 관리한다고 직접 언급하고 있지 않지만, "이 산을 오래전부터 양송하여 왔고, 도벌을 방지하고자 밤낮없이 애를 썼다"는 시의 내용을 참고하면 백련사가 소나무 봉산을 실질적으로 관리했다는 것을 간접적으로 알 수 있다. 백련사 인근에 봉산이 존재한 사실은 조선전도朝鮮全圖의 봉산 표기로 확인되지만, 그 솔숲은 이미 사라졌고, 봉산임을 증언하는 금표 역시 현재까지 발견된 것이 없다.

각 지방의 사찰에는 이처럼 옛 산림의 역사를 증언하는 문헌이나 금표가 널려 있지만, 불교계는 이들 자연유산에 관심이 없다. 보호 철책과 안내판이 설치된 구룡사의 황장금표는 그나마 다행스러운 형편이다. 동화사와 김용사는 향탄봉산 표석만이 덩그러니 서 있을 뿐이다. 그나마 이들 금표는 학계에 보고된 덕분에 망실될 위험은 상대적으로 적다.

문제는 방치되었거나 아직도 찾지 못한 금표들이다. 기림사에 있는 두 개의 향탄봉산 금표('延慶墓香炭山因啓下佛嶺封標'와 '延慶墓香炭山因啓下柿嶺封標')[213]는 함월산 기슭에서 등산객의 발부리에 닿아 사라져가고, 도갑사의 금표('健陵香炭奉安所 四標內禁護之地')[214]는 풀숲에 묻혀 있다. 표석이 피아골로 내려서는 계단 길로 사

용되고 있는 연곡사 율목봉산 금표('以上眞木封界 以下栗木界')[215]의
옹색한 처지도 다르지 않다.

《조계산송광사사고》산림부에는 송광사 소유 봉산 경계에
14개의 금표를 1830년에 세웠다고 기록하고 있지만, 오늘날
까지 남아 있는 금표는 하나도 없다. 그나마 근래까지 남아
있던 마지막 금표마저 태풍 뒤의 유실된 도로보수 공사에 묻
혔다는 안타까운 소식[216]만 전해진다.

수많은 금표가 망실되고, 또 기록이 사라지는 일은 사찰숲
의 과거가 사라지는 것과 같다. 지금이라도 불교계에선 이들
금표에 관심을 가져야 한다. 적극적으로 발굴하고 적절한 보
전대책을 수립해야 한다.

03

사찰
순례길

성찰의
시간

나라에서 첫손으로 꼽히는 순례길은 어디일까? 이런 물음에
대한 답은 제각각일 수밖에 없다. 불자가 생각하는 순례길과
기독교도들이 꼽는 순례길이 다를 수 있고, 등산객들이 꼽
는 순례길과 문인들이 생각하는 순례길이 다를 수 있다. 그
래서 주변의 불자들에게 먼저 물었다. 어떤 순례길이 가장
인상적이냐고. 선운사에서 도솔암에 이르는 숲길을 추천하
는 이가 있는가 하면 성철 스님이 백련암에 주석하면서 걷던
희랑대와 지족암을 거쳐 해인사의 선원에 이르는 숲길을 최
고의 순례길로 치는 이도 있었다. 산꾼들이 추천한 순례길은
거리가 조금 있는 선암사에서 굴목이재를 넘어 송광사에 이
르는 숲길을 드는 이가 있는가 하면, '천년 숲길'이란 별칭을
가진 오대산 월정사의 전나무 숲길과 적멸보궁에 이르는 선
재길을 추천하는 이도 있었다.

 순례길은 어떤 길이어야 할까? 정신적 안정과 육체적 평온
을 느낄 수 있어야 한다. 부처의 행적을 기릴 수 있고, 믿음에
대한 다짐과 속죄 행위를 통해 제 스스로 성찰할 수 있는 시
간을 만드는 길이면 더 좋다. 결국 순례길은 잊고 있던 자신
을 만나고, 가족을 만나고, 이웃을 만나고, 자연을 만나고,

봉정암을 찾아 나선 도보 순례객들.

'인간세상에서 하늘로 가는 숲길'이란 별칭을 가진 선운사-도솔암 순례길.

부처를 만날 수 있는 곳이어야 한다.

오늘날 불자들에게 최고의 순례길은 용대리에서 백담사를 거쳐 영시암과 오세암을 지나 봉정암에 이르는 숲길이다.[217] 이 숲길은 남녀노소에게 공평하고, 빈부 간에도 차별이 없다. 아무리 부자라고 해도 걷지 않고는 결코 봉정암에 이를 수 없기 때문이다. 동절기에는 왕복 40㎞가 넘게, 하절기에는 적어도 22㎞의 거리를 두 발로 걸어야 닿을 수 있다. 봉정암에서 수렴동 계곡을 타고 바로 백담사로 되돌아올 수도 있고, 또는 걸음품을 두려워하지 않는다면 오세암으로 내려와 마등령을 넘어 신흥사로 내려 설 수도 있다.

그래도 아쉽다. 다른 나라의 순례길에 비해 너무 짧기 때문이다. 용대리-백담사-봉정암-오세암-신흥사의 비교적 길다는 순례 코스가 40㎞ 정도이니 더욱 그렇다.

다른 나라
순례길의 예

일본의 이름난 순례 코스는 시코쿠(四國)의 88사찰 순례길이다. '오헨로'라는 이 순례길은 일본 불교 진언종眞言宗의 창시자인 고보 대사가 1,200년 전에 개척한 사찰 탐방길로 총 길이가 1,400㎞나 된다.[218] 일본인들은 걸어서 60일이나 걸리는 이 순례길을 '살아생전 한 번은 꼭 순례해야 할 곳'으로 꼽으면서 매년 15만 명이 순례 대열에 참여하고 있다.[219]

코스가 긴 것으로는 세계유산으로 지정된 산티아고 순례길을 빼놓을 수 없다. 이 순례길은 예수의 열두 제자 중 한 명인 야곱(스페인어로 산티아고)의 무덤이 있는 스페인 북서부 갈리시아의 산티아고 데 콤포스텔라를 찾는 참배객들에서 유래되었다. 산티아고로 향하는 순례길은 프랑스에서 시작하는 프랑스길(camno frances)이 가장 유명한 코스이다. 이 순례길은 1993년 유네스코의 세계유산에 등재되었다. 그 후 세계적으로 유명해져 2013년도에만 약 22만 명이 다녀갔을 정도로 종교를 불문하고 각 국의 순례객들이 40여 일에 이르는 긴 도보 여정에 나서고 있다.[220]

까미노 프랑세스가 가장 유명한 코스이지만, 북쪽 해안가를 따라 나 있는 북쪽길(camino del norte), 스페인 남부에서 시작하는 은의 길(via de la plate), 포르투갈을 가로지르는 포르투갈길(camino portugues)도 역시 유명하다.

세계유산으로 지정된 단 두 곳의 순례길 중, 다른 하나는 일본에 있다. 일본의 긴키 지방(나라 현, 와카야마 현, 미에 현)에 솟아 있는 기이 산지에 산재해 있는 사찰과 그 사찰을 찾는 참배길이 2004년 7월 유네스코 세계유산으로 등재되었다.[221]

'기이 산지의 신성한 곳과 참배길(紀伊山地の靈場と參拜道)'이란 이름을 가진 이 순례길이 세계유산에 등재된 이유는 이 지역에서만 볼 수 있는 독특한 문화경관 때문이다. 유네스코가 인정한 독특한 문화경관이란 1,200년간 훼손되지 않고 여전히 이용되고 있는 순례길과 함께 117개 사찰로 이루어진 마을(고야산 곤고부지)과 독특한 풍광(오쿠노인), 인간의 활동으로 변형된 자연경관(논밭과 산림)을 말한다.

기이 산지의 신성한 장소를 연결하는 순례길은 24km의 초이시미치(町石道)를 비롯하여 구마노-산케이미치-고헤치, 오미네 오쿠가케미치 등 모두 300여km나 된다. 이들 순례길 중, 가장 유명한 것은 1,200년의 역사를 간직한 초이시미치이다. 초이시미치는 그 이름처럼 180개의 표석이 서 있는 순례길

이다. 산 아랫마을 구도야마(九度山)의 지손인(慈惠院)절(해발 100여
m)에서 고야산(해발 800여m)의 곤고부지(金剛峯寺) 콘폰다이토(壇上
伽藍)까지 109m마다 서 있는 180개의 표석(標石)이 유명하다.[222]
표석은 고보 대사 때부터 마을에서 산으로 가는 순례길의
거리를 표시하도록 꽂은 나무표지에서 유래했다. 그러던 것
이 지금부터 900여 년 전부터 돌로 만든 표석으로 서서히 교
체됐고, 그 표석들이 문화경관으로 자리 잡아 지금의 세계유
산이 되었다.

일본은 어떻게 1,200년 전의 순례길을 오늘날까지 지켜올
수 있었을까? 속도와 효율을 숭상하는 현대문명 속에서 '직
립보행'의 가장 인간적인 능력을 발휘할 수 있도록 순례길을
지켜낼 수 있었던 비결은 무엇일까? 이런 생각들이 초이시미
치를 걷는 동안 머릿속에서 맴돌았다.

우리는
왜

일본의 세계적 불교 순례길을 걸으면서 우리가 변변한 순례
길을 갖지 못한 이유를 생각해봤다. 사찰은 예로부터 교통의
요지이자 지방을 연결하는 거점이었다.[223] 고려시대 사원의

역할을 생각하면 쉬 상상할 수 있다. 물건의 생산과 집산이 사원에서 이루어졌고, 사람이 묵어가는 곳도 사원이었다. 수백 년간 지속한 억불숭유 정책에 따라 사원의 전통이 조선시대에 단절된 것도 순례길 방기에 한몫을 했을 것이다. 그 밖에 조선총독부의 불교정책이 떠올랐고, 급격한 산업화와 고도성장기의 개발지상주의도 떠올랐다. 사찰숲을 공원(국립, 도립, 군립)용지로 편입한 정부정책의 무비판적 수용과 그 반대급부(입장료 수입 등)도 생각났다. 문화재의 가치는 알지만 문화경관이나 자연유산의 가치를 제대로 인식하지 못한 안목도 더불어 떠올랐다.

순례길 망각 현상은 송광사나 해인사에서도 확인된다. 오늘날 송광사를 찾는 방법은 차량을 이용하거나 선암사에서 굴목재를 넘어 송광사에 이르는 등산로가 있지만, 옛 지도(1918년판 5만분의 1 지도)에는 서편 출입로와 굴목재 산길 이외에, 벌교에서 곡성(주암)으로 가는 지름길(산길)이 이읍-인구치-송광사-감로암-관재-신흥리-가치-복다로 거의 일직선처럼 표시되어 있다. 벌교나 곡성에서 송광사를 찾는 신자들의 조선시대 순례길은 오늘날은 거의 아무도 찾지 않는 세 고갯길(인구치와 관재와 가치)이었음을 1918년판 지도는 증언하고 있다.

해인사의 옛 순례길 역시 비슷하게 기억에서 사라져 가고 있다. 1918년도 판 지도에 표시된 옛 순례길은 무주에서

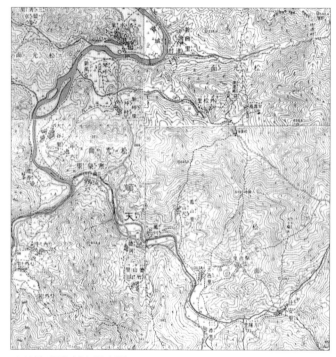

1918년판 지도에 나타난 송광사 옛길.

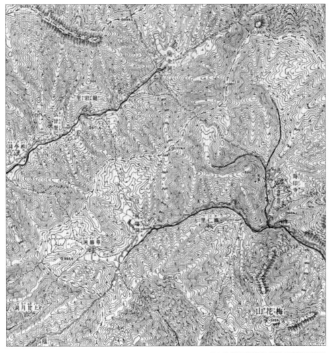
1918년판 지도에 나타난 해인사 옛길.

는 증산을 거쳐 금곡, 장전리를 지나 석항령과 분계령을 넘어서 해인사에 도달하고, 거창에서는 가북과 용암리를 지나 개금동에서 고개를 넘어 해인사로 이어져 있다. 하지만 오늘날은 산행을 목적으로 가야산을 찾는 산꾼들을 제외하곤 대부분 불자들은 자동차를 타고 절을 찾는다. 그래서 옛 순례길은 점차 우리 기억에서도 스러져 가고 있을 뿐만 아니라 수백 년 동안 유지되었던 길 자체도 지도상에서 사라졌거나 사라지고 있다.

걷기 열풍에 힘입어 각 종교마다 순례길 만드는 것이 유행이다. 경북 칠곡군은 관내의 천주교 유적지를 도는 '한티 가는 길' 42㎞를 순례길로 조성했다.[224] 제주도 불교계는 현재까지 조성된 3개 코스 79㎞의 순례길을 불자들에게 개방했으며, 향후 2017년까지 3개 코스를 추가 조성해 총 180㎞의 순례길을 조성할 계획[225]이라고 한다. 일시적 유행에 따라 만들어지는 이런 저런 순례길은 없는 것보다는 낫다. 그러나 수많은 불자와 스님들이 걷던 옛 순례길을 지켜내지 못하면서 새로 만드는 순례길이 무슨 의미가 있겠는가? 하다못해 100년 전의 순례객들이 걷던 변변한 길조차 원형 그대로 지켜내지 못하고 있는 오늘의 실태를 무어라 할 것인가?

가끔 겸재가 금강산을 찾았을 때, 거쳐 간 행로를 상상해 본다. 그 당시 숙소는 당연히 사찰이었을 것이다. 건봉사를 기점으로 유점사, 신계사, 장안사, 표훈사에는 어떤 순서로 들렀을까? 정양사, 보덕굴, 마하연, 도솔암, 장경암, 지장암, 관음암, 안양암과 같은 암자들의 순례 코스는 어땠을까? 상상의 나래는 땅 끝으로 이어진다. 해남 두륜산 대흥사의 초의선사가 다산에게 차를 전하기 위해 만덕산 백련사까지 걸었던 남도의 다도茶道는 어떤 모습이었을까? 대흥사와 선암사와 화엄사와 쌍계사를 이어주던 차茶의 길은 과연 어땠을까?

상상의 나래는 마침내 나라 최고의 순례길을 활성화 시키는 방법으로까지 펼쳐진다. 도보 순례를 활성화하는 첩경은 먼저 백담사, 영시암, 오세암, 봉정암, 신흥사에 각각 순례객 100~300명을 수용할 수 있는 숙소부터 건립하는 일이다. 숙소가 준공되면 그 순례길의 즐거움과 아름다움은 금세 나라 안팎으로 퍼져나가 매년 10만 순례자가 찾는 코스가 될 터이다.

다음 순서는 적멸보궁이 있는 정암사-법흥사-상원사-봉정암-백담사(또는 신흥사)를 이어주는 사찰의 옛길을 발굴하여 '4대 적멸보궁 순례길'을 새롭게 여는 일이다. 매년 100만 불자가 찾는 적멸보궁 순례길의 탄생은 헛된 망상일까?

다가올 천년을 위한 제언

사찰숲은 산지관리법상 "임업생산과 함께 재해방지·수원보호·자연생태계 보전·자연경관 보전·국민 보건휴양 증진 등의 공익기능을 위하여 필요한 산지"로 분류되어 있다. 따라서 사찰숲은 공익적 기능과 함께 산림의 경제적 기능(임산물 생산)도 함께 중시해야만 한다. 그러나 사찰숲의 종교적 기능이나 경제적 기능은 점차 축소되는 반면 공익적 기능만 강조되는 것이 이즈음의 실정이다.

사찰숲의 실정이 이렇다 보니 다양한 문제들이 파생된다. 그 대표적인 것이 생태적 가치를 누리려는 국립공원 이용객과 종교적 목적으로 사찰숲을 활용하려는 사찰 사이의 갈등이다. 사찰숲이 직면한 또 다른 문제는 사찰숲의 존립 근거가 되는 풍치 존엄을 상징하는 경관의 유지나 가람 축조 및 수리에 필요한 목재의 비축기지로서 산림의 고유 기능이 잊히는 현실이다. 그래서 한국의 사찰숲에 대한 마지막 주제는 사찰숲의 종교적 기능 증진과 보호와 육성에 조금이라도 보탬이 될 9가지 제안이다.

1. 사찰숲에 대한 비전과 구상 수립

첫 번째 제안은 사찰숲에 대한 비전과 구상을 수립하는 것이다. 사찰숲으로 인해 발생하는 갈등이나 현안은 사찰숲의 육성과 활용에 대한 종단의 무대책에 책임이 있다. 사찰숲에 대한 종단의 무대책은 사찰숲의 중장기 정책 부재로 이어지고, 현안이 발생해도 그때그때 임기응변식 처방만으로 대처할 뿐이다. 결국 이런 일들이 발생하는 근본 원인은 사찰숲에 대한 원대한 비전과 기본 구상이 없기 때문이다. 따라서 사찰숲을 육성하고 활용하기 위해서는 먼저 사찰숲에 대한 종단의 정책 의지나 목표 정립이 선행되어야 한다. 그 후에 정책 목표에 따라서 중장기 계획을 수립하여 실행에 옮길 방안을 찾아야 한다.

2. 사찰숲을 담당할 직제 구축

두 번째 제안은 사찰숲을 담당하는 직제를 만드는 것이다. 사찰숲에 대한 비전과 장기 구상은 의지 표명만으로 구체화할 수 없다. 구체화할 수 있는 조직체계와 전문 인력의 확충이 무엇보다 필요하다. 조직체계는 우선 나라 전체 사찰숲에 대한 종단의 비전과 장기계획을 수립하는 종단 차원의 '사찰숲 위원회', 교구본사의 사찰 산림을 운영하는 교구본사 '사찰산림위원회'의 구성을 생각할 수 있다. 전문 인력의 확충은 인력 충원에 따른 경제적 제도적 난제들이 있겠지만, 전문성 확충으로 얻을 수 있는 부수 효과가 훨씬 더 크기 때문에 그 시행이 빠르면 빠를수록 더 좋다.

3. 사찰숲에 대한 정보 공개

세 번째 제안은 사찰숲에 대한 정보를 공개하는 것이다. 종단은 물론이고, 교구본사나 개별 사찰이 소유하고 있는 사찰숲의 면적이 얼마나 되며, 어디에 어떤 형태로 존재하는지 쉬 알 수 없다. 산림학 전공자조차 이런 정보에 접근하기 쉽지 않은 형편이니 신도나 사찰숲에 관심이 있는 일반인은 더 어려운 것이 당연하다. 산림청이 종단에 제공한 6만 3,000여 ha의 사찰임야현황도와 사찰임야임상도는 교구본사에서 방치되고 있다. 산림청이 종단에 제공한 이들 디지털 정보를 종단에서 공개하면, 개별 사찰이 소유한 사찰숲 필지를 누구나 확인할 수 있을 것이다.

사찰숲의 개별 필지 정보는 한국임업진흥원의 종합산림정보를 이용할 수 있는 마스터키이고, 토지정보(주소, 면적, 위치, 토지이용), 임업환경정보(나무, 토양, 지형, 기후), 임업경영정보(적정재배임산물, 적정조림수종, 임지생산능력) 등의 종합산림정보를 실시간으로 받을 수 있다. 사찰숲 정보 공개는 사찰숲에 대한 관심을 직접적으로 불러일으킬 수 있는 사찰숲 활성화의 지름길임을 기억하자.

4. 산림 전문 인력 양성

네 번째 제안은 산림 전문 인력을 양성하는 것이다. 종단에 소속된 몇몇 전문 인력만으로 나라 전역의 사찰숲을 감당할 수 없다. 그래서 장기적으로 사찰숲의 가치와 중요성을 학습할 수 있는 적절한 승가 교육 프로그램을 개설할 필요가 있다. 산림에 대한 기본적 이해와 관리 교육을 한 사례는 승려

연수교육의 하나로 2014년 8월 전등사에서 개설한 '숲 해설 교육 과정'이다. 2박 3일 동안 총 22시간(이론 14시간, 실습 8시간) 과정으로 진행된 이 교육은, 1991년 이후 출가한 스님이 승가고시를 응시하기 위해 반드시 연수교육을 이수해야 하는 종단의 제도에 편입되어, 종단에서 시행하고 있는 연수교육과 동등한 자격을 부여받았다. 이러한 종류의 산림교육은 승가고시 응시에 필요한 연수교육뿐만 아니라 종단의 주지 자격 취득에 필요한 교육이나 '사찰경영지도자과정'에도 포함할 수 있을 것이다.

5. 모델 사찰숲 운영

다섯 번째 제안은 모델이 되는 사찰숲을 운영하는 것이다. 일제강점기에 사찰마다 경영계획(시업안)에 따라 사찰숲을 벌채하고, 그 벌채지에 다시 나무를 심었던 다양한 경험은 60년대와 70년대 산판사업 이후로 대부분 사라졌다. 그래서 오늘날 개개 사찰은 사찰숲 경영에 백지상태가 되었다. 사찰숲을 다목적으로 이용하거나 경영하기 위해 무엇을 어떻게 시작해야 할지 모르기 때문에 대부분 사찰은 손을 놓고 있다. 사찰숲 면적이 상대적으로 넓은 몇몇 사찰만이라도 산림청

과 산림조합 등과 협업체계를 구축하여 모델이 될 만한 사찰
숲을 경영해본다면 사찰숲 경영 경험을 학습·전수하거나 공
유할 수 있는 기초가 될 것이다.

6. 산림 관련 다양한 주체와 협업체계 구축

여섯 번째 제안은 산림과 관련된 다양한 주체와 협업체계를
구축하는 것이다. 오늘날 우리 사회는 공익을 위한 다영역(정
부, 기업, 시민사회 등)간의 동반관계가 활발하게 전개되고 있다. 사
찰숲의 보호와 이용을 위한 다영역간 동반관계는 사찰숲 경
영 모델을 구축하거나 풍치 존엄의 경관을 유지하는 데 필요
하다. 사찰은 이미 솔잎혹파리나 소나무 재선충의 피해를 막
고, 산불을 방지하고자 산림 관련기관(산림청, 문화재청, 산림조합)과
방제활동을 전개해왔다. 산림에 전문성을 가졌거나 산림에
관심이 있는 불자들과 함께 산림 관련기관과 사찰이 힘을 합
쳐 다영역간 협업체계를 구축할 방안을 모색하자. 다영역간
의 협업체계는 헌수 및 조림 운동 전개, 경관 관리 참여, 병
해충 방제 활동에 다양하게 이바지 할 수 있을 것이다.

7. 사찰숲 지원조직 및 모임 결성

일곱 번째 제안은 사찰숲 지원조직이나 모임을 결성하는 것이다. 사찰숲은 사찰이 소유하고 있는 사유재산이지만 공공재로서 시민 모두에게 개방되어 있다. 그래서 종교를 불문하고 누구나 사찰숲에서 휴양과 명상과 치유와 같은 사찰숲의 공익적 기능을 누리고 있다. 사찰숲의 공공적 특성을 고려하여 불교계는 사찰숲 체험, 휴양, 치유 활동을 지원할 수 있는 '사찰숲 사업단', 사찰숲의 보호와 육성에 동참할 '사찰숲 자원봉사단'을 구성할 필요가 있다. 또 사찰숲 조성에 필요한 묘목을 기증받거나 조달하고, 시민 참여를 통해 숲 가꾸기나 사찰숲 경영에 자문해줄 '사찰숲 운영지원단'을 구성하는 것도 한 방법이다.

8. 사찰숲 연구소 설립

여덟 번째 제안은 사찰숲 연구소 설립이다. 사찰숲 연구소(가칭)를 종단 산하에 설립하거나 관련 기관의 부설 연구소 형태로 설립하자. 사찰숲 연구소는 사찰숲이 감당하고 있는 공익적 기능에 상응하는 정부의 지원책이나 정책적 보완책을 끌

어낼 수 있는 연구는 물론이고, 지구온난화로 파생될 사찰숲
의 임상 변화를 예측하고, 풍치 존엄의 유지를 위한 대비책
도 마련할 수 있을 것이다. 이러한 대비를 지금부터라도 시작
하지 않으면, 오래지 않아 우리 후손은 숲이 사라진 사찰을
보게 될지도 모른다.

9. 사찰숲에 대한 승가의 관심

아홉 번째 제안은 사찰숲에 대한 승가의 관심이다. 지난 100
년 사이에 사찰숲은 어떻게 변했을까? 앞으로 올 100년 동
안은 또 어떻게 변할까? 우리 앞에 있는 사찰숲은 언제 어떻
게 만들어진 것일까? 사찰숲의 건강 상태는, 쇠퇴 위험은 없
는가? 안타깝게도 그 숲에 기대어 사는 승가의 누구도 사찰
숲의 현 상태에 관심 두는 이가 별로 없다.
　개국 이래 가장 번영을 누리고 있는 오늘의 시대에 불가라
고 해서 초연하게 비켜 서 있을 순 없다. 그래도 오늘날 전개
되고 있는 수많은 불사를 곁에서 지켜보면서 느낀 소회는 복
잡하다. 왜 사찰 운영을 책임진 주지 스님들은 인공적 불사
못지않게 사찰을 사찰답게, 불교를 불교답게 규정하는 사찰
숲에 대해서 한결같이 무관심할까?

단언컨대 가람을 중건·증축하며, 차량통행로를 개설한 업적보다 사찰숲을 더 잘 지켜낸 승가의 노력이 오히려 먼 훗날 두고두고 회자하는 시대가 올 것이다. 누구나 할 수 있는 불사보다 그 당시 아무도 눈여겨보지 않던 자연유산에 관심을 둔 선견지명은 시대정신을 읽는 승직자만이 가질 수 있는 덕목이기 때문이다.

부록1

표 8. 시기별 사찰숲 벌채 허가원 제출 건수

도	함북	함남	평북	평남	황해	경기	강원	충북	충남	경북	경남	전북	전남	계
사찰 개수	1	22	20	3	4	26	31	14	15	41	39	8	19	243
1918								1	1				1	3
1922		2	1			1	2	1	3	3	3	1	2	19
1926		2	1			4	3	1		5	7	1	0	24
1927		1	2			2	3		1	4	6		1	20
1928														0
1929		3	0		1	4	3	1		6	2		3	23
1930		1	1	1		4	4	3	3	4	4		2	27
1931		4				5	3	2		5	1		6	26
1932		2	2			5	5		2	3	1		3	23
1933		1	3	1		1	4	4	1	3	1	1	3	23
1934		1	5			3	6	5	1	1	12		5	39
1935	1	3	5			1	7	2	4	5	5	1	4	38
1936		1	3		2	3	5	3	4	4	6		4	35
1937		2	5			5	7	3	2	4	11	2	8	49
1938			1		1	5	1		2	5	10		3	28
1939		2	1			3	4	1	1	8	19		3	42
1940		8	3	1	2	2	3	3	4	17	21	3	11	78
1941		5	4		1	5	4		2	5	15		3	44
1942		3	9	1	2	4	6	5	2	10	11	1	8	62
1943						9		1	1	11	11		8	41
	1	41	46	4	9	61	74	36	34	104	146	10	78	644

선암사 산림관리위원회 자료집

산림계山林係 규정

제1장 총칙

제1조 본계는 선암사 본말사 법 제6장 제42조에 의하야 설치함.

제2조 본계는 선암사 소유산림을 관리 처변(處辨: 사무를 분간하여 처리)함.

제3조 산림을 경영함으로 생生하는 일체 재산은 내규 제4장 제40조의 취지에 의하야 삼보 호지護持 중 외부의 교화사업에 충당할 목적으로 적립함.

제4조 본계는 제2조의 사항 이외에 소방 토목에 관한 직무을 겸직함 단 차此에 관한 비용은 종무소의 경상비 중에서 지변支辨함.

제5조 본계는 선암사 종무소 내에 치置함.

제2장 기관機關

제6조 본계의 집행기관으로 산림관리위원회를 치하고 부원 약간 인을 차에 종속케 함.

산림관리위원회는 전산全山총회에서 선정한 3인 이상 5인 이내의 위원으로써 조직하고 부원은 직원회와 본산 평의원회의 동의를 얻어 위원회에서 임명함.

제7조 관리위원회은 쇠의 자격을 진유眞有한 자로써 하고 그 임기

는 위원수에 비례함.

본 선암사내에 지주止住하는 승려로서 연령 20세 이상인자.

중등 정도 이상의 학력이 있는 자로서 경영관리에 상당한 경험과 역량이 있는 자.

보증인의 분分을 합하야 법정가격 1천원 이상의 재산을 유한 자.

선암사 내에서 득도한 날로부터 7년 이상 경과한 자. 단 타사에서 득도하고 선암사에 전적한 자는 그 전적일로부터 기산함.

제8조 부원은 좌의 자격을 진유한 자로써 하고 그 임기는 1개년으로 함.

> 1. 연령 25세된 자.

> 2. 초등 정도 이상의 학력이 있는 자.

제9조 산림관리위원회 내에는 서무, 재무의 양부를 치하고 순번으로써 위원이 그 임에 당當함.

제10조 산림관리위원회의 승인을 얻어 각 위원의 연대책임으로써 계무를 총괄하여 부원을 감독함. 제3자에 대항함에는 서무를 맡은 위원의 명의로 함.

제11조 서무 및 재무위원은 위원의 호선으로 정함.

제12조 주지는 위원 중 비위가 있거나 집무상태가 태만타인하는 자에 취하야 평의원회의 동의를 얻어 전산총회의 결제에 부附함을 득함.

제3장 직무

제13조 각위원의 합의가 아니면 계무를 처리함을 부득함. 각위원 간에 의견의 상위가 유할 시는 직원회 제정에 종從함.

제14조 위원의 직무집행 상 실책失錯 또는 태만으로 생기는 책임은 각위원의 분담으로 함.

제15조 산림관리위원회는 본 규정 제3조의 목적 한도 내에서 산림계 재산을 적당히 처분함을 득함.

제16조 제15조의 경우에는 각 위원이 연대로 안을 작성하야 성규成規와 절차를 이행함을 요함.

제17조 좌의 각항에 있어는 본사 평의원의 승인을 경經함이 가함. 부원을 증감할 시

  1. 가격 50원 이상의 임목을 방매 또는 처분할 시
  2. 정규 또는 조례 이외의 수지에 있서 50원 이상의 현금을 출납할 시
  3. 외부의 중요한 계약을 체결할 시
  4. 화금火禁 윤벌輪伐등에 대하야 10원 이상의 벌금을 징수할 시
  5. 제3자와 대항하야 소송을 제기할 시

기타 중요사항

세18조 좌기 각항에 있서는 전산全山총회의 승인을 요함.

1. 가격 500원 이상의 임목을 방매 또는 처분할 시

2. 정규 또는 조례 이외의 수지에 있어 500원 이상의 현금
   을 출납할 시

3. 계의 관리 및 경영방침을 변경할 시

4. 신규로 500원 한도 이상의 사업을 기도할 시

기타 중대사항

제19조 제17조 제18조 이외의 직무로서 정례 이외에 속한 사항은
종무소 및 최단기의 정례평의원회에 문서로서 보고할 사.

제20조 사태가 급박하거나 기밀을 요하는 경우에는 제17조, 제18
조에 속한 사항이라도 평의원회 의장 및 직원회의 동의를 얻어 위
원회에서 처리함을 득함. 단 선규의 기관에 탁하야 사후 승인을
득할 사.

제21조 위원이 산림을 처분함에는 본 규정 선암사 내규 제6장 제
68조 이하 및 시업안에 의한 자로 함.

제22조 산림을 제탄에 이용함에는 따로 제정한 제탄규정에 의함.

제23조 가격50원 이내의 임목을 판매함에는 조의 규정에 의함.

1. 위원의 합의로써 채벌구역을 결정하야 주지의 결재를 득
   할 사.

2. 매도자가 지정된 구역에서 임목을 선택한 후에는 측도
   를 계량하야 가격을 결정한 후에 채벌케 할 사.

3. 당무위원은 벌채한 임목을 다시 계량한 후에 검인을 날
   하야 인도할 사.

제24조 위원회는 전산총회의 승인을 얻어 본규정 제1장 제3조에
규정한 자금을 적립하는 기한 중에 세민細民의 경제적 부조를 위
하야 저리대부에 이용함을 득함, 대부에 관한 규정을 따로 차로
정함.

제25조 계무 중 소방 토목에 관한 사항은 종무소에서 위탁한 예
산한도를 초과치 못함.

제26조 소방 토목에 관한 관리는 따로 정한 규정에 의함.

제27조 직무 분장표는 따로 정함.

제4장 회계

제28조 전곡錢穀은 서무위원이 발행한 전표에 의하야 재무위원이
출납함.

제29조 물자를 구매하고 대금을 지불함에는 영수증 또는 소속부
원이 발행한 구매전표에 의하여 서무위원이 지불 전표를 다시 발
행할 사. 그 종류와 매수는 따로 차此를 정함.

제30조 본계의 장부는 경영하는 사업별로 차此를 비備할 사. 그 종
류와 매수는 따로 차此를 정함.

제31조 본계의 회계는 일계, 월계, 연계로 함.

   1. 일계는 서무위원이 차此를 열람할 사.

2. 월계는 월중, 월말 2회를 하야 월중 회계에는 전위원이 검인하고

3. 월말 회계는 주지를 경유하야 평의원회의 검사를 받을 사.

4. 연계는 6월말, 12월말의 2회로 하야 전산총회의 정사精査에 부付할 사.

제32조 평의원회는 필요타 인認하면 하시何時 든지 본계의 장부관계문서 및 현금을 검열할 수가 유함.

제5장 잡칙

제33조 사내에서 화전 산전수전 외 기경起耕 신청이 있을 시는 직원회 및 평의원회의 동의를 얻어 위원회가 차此를 결정함.

부칙

제1. 본 규정은 소화4년 8월 21일부터 시행함.

제2. 본 규정을 개폐改廢함에는 전산 총회원 정기 출석원 3분의 2 이상의 다수결로써 함.

선암사 제탄製炭규정

제1장 총칙

제1조 선암사 산림계규정 제3조 제21조 및 제22조에 의하야 임목을 제탄에 이용함에는 본 규정에 의할 자로 함.

제2조 제탄에 관한 업무는 선암사산림관리위원회가 차此를 집행함.

제3조 업무집행상 본 규정에 정한 바가 이외는 전부 선암사 산림계규정을 준용함.

제2장

제4조 목탄반출은 품질등급에 대한 단가당 청부제에 의할 사. 단 시험 제출은 차한에 부재함.

제5조 제출청부인을 사용함에는 확실한 보증인을 연대로 청부계약서를 징취할 사.

제6조 제탄청부계약서에는 좌기 각호에 대한 규준을 정할 사.

    1. 임목벌채양식에 관한 사항

    2. 제출목탄 보관에 관한 사항

    3. 실책으로 인한 손해배상에 관한 사항

    4. 방화 기타 청부인부 취체에 필요한 사항

제7조 당무위원은 특히 좌기 사항에 대하야 부원을 감독하며 시시로 제탄현장을 순안할 사.

    1. 임목벌채 양식 실행상황

    2. 방화선 시설상황

    3. 제출목탄품질

    4. 부원의 근무 상황

제8조 목탄 하조荷造는 품질감정을 행한 후에 단가당 청부제로 할 사. 단 감정 하조상 조루粗漏로 인하야 생기는 손해는 당무위원이 그 책責에 당함.

제9조 하조한 목탄은 그 등급수량을 하조장부에 기입하고 월1회 이상 수입상황을 종무소에 보고할 사.

제3장 목탄운반

제10조 목탄을 운반함에는 먼저 운반 인부에게 운반증을 교부하야 상대방의 주소씨명을 지정할 사.

제11조 제탄 현장으로부터의 운반에 재在하야 제탄청부자는 목탄 인도증에 표시된 수량의 목탄을 인도하고 인도증의 일편은 차此를 보관케 할 사.

제12조 판매목탄의 운반에 재在하야는 일일이 매수자의 영수증을 징하야 운임을 지불할 사.

제13조 운임은 거리에 의한 단가당 표준으로 계산할 사.

제14조 운반된 목탄은 일일이 운반 장부에 기입하야 운임의 지불 관계를 명백히 할 사.

제4장 목탄판매

제15조 목탄을 도매함에는 선암사 산림계규정 제23조의 예에 준함. 목탄의 표준가격을 변동함에도 역동함.

제16조 판매된 목탄은 일일이 판매장부에 기입하야 목탄수량과 대금수수관계를 명백히 할 사.

제17조 판매대금고가 3백 원 이상에 달한 시는 2주일 이내에 선암사 공제계 또는 기타 신실한 금융기관에 예금할 사.

제18조 일체 물품은 엄밀한 현품감정을 경하야 구입할 사. 단 구입품중에 조잡한 바가 유할 시는 당무위원이 그 책에 당함.

제19조 업무 집행상 좌의 장부를 구비할 사.

    1. 원부

    2. 금전출납부

    3. 백미수지장

    4. 제탄임선불장

    5. 하조장부(등급별 부호별)

    6. 목탄수지장

    7. 현품구입장

    8. 목탄판매 역부

9. 현품수불부

10. 목탄운반부

11. 목탄구매부

12. 기타 필요한 장부

부칙

1. 본 규정은 소화4년 8월 30일 제정 시행함

2. 본 규정을 개정함에는 선암사평의원회의 의결을 요함.

이상

선암사 공제계共濟稧 규정

제1조 본 계는 선암사 산림계 규정 제2조 및 제24조에 의하야 설치함.

제2조 본 계는 장래 교화사업자금을 적하는 기한 중에 있서 부근 세민細民의 경제적 부조를 위하야 저리로 대부함을 목적으로 함.

제3조 본 계의 자금은 선암사 산림계규정 제3조에 의하야 동 계로부터 회부한 바를 차此에 충당함.

제4조 본 계의 업무는 선암사산림관리위원회가 차此를 집행함. 단 업무 집행 상 본 규정에 정한바 이외는 전부 선암사산림계규정을 준용함.

제5조 업무 집행상 제3자에 대항함에는 서무위원의 명의로써 함.

제6조 산림관리위원회는 직원회 및 평의원회의 승인을 얻어 본 계 대부에 관하여 특정주무자를 정하야 차此를 집행케 할 수가 유함. 특정주무자의 수당범위한도를 정함에도 역동함.

제7조 저당대부는 좌기 각호의 절차를 경할 사.

　　1. 대부금액 2배 이상의 가치가 유한 확실한 담보물을 저당시킴 전위원의 결의를 경함.

　　2. 담보물에 대한 엄밀한 감정을 행함.

제8조 신용대부는 좌기 각호의 절차를 경할 사.

1. 신실한 보증인 2인 이상을 보장케 함.

2. 전위원의 결의로 경함.

3. 채무자 및 보증인의 재산정도조사서를 첨부함.

제9조 대부금반환기한은 5개년 이상 됨을 불허함 단 신용대부는

일개 년 이내로 함.

제10조 대부에 대하야 결의가관의 의議를 경함이 아니면 좌의 한

도를 초과치 못함.

1. 저당담보는 1구 1500원 이내

2. 신용담보는 1구 50원 이내

제11조 대부이식은 좌의 정한 바에 의할 사.

저당대보는 일보 3전5리 이상 4전 이내로 함.

신용대부는 일보 4전 이상 6전 이내로 함.

제12조 이자지급기간은 좌기 한도를 초과치 못함.

1. 저당대부는 6개월 이내

2. 신용대부는 4개월 이내

단 동산담보품 저당대부에 재在하야는 4개월 이내.

제13조 본 계 당무자는 연 4회 이상 채무자 및 보증인의 재산상황

을 조사할 사.

제14조 대부금 회수에 확실성이 적은 채무은 대부담당자가 차此

를 변상할 자로 함.

제15조 대부금 회수에 당부위원으로부터 적당한 수단을 강구치

안 할시는 차此를 직무태만으로 인함. 직무태만으로 생케 되는 손실을 당무위원이 그 변상의 책에 당함.

제16조 회수된 금액고가 5백 원 이상에 달한 후 2주일 이내에 대부 하지 못할 시는 차此를 은행에 예금할 사. 단 예금주의 명의는 선암사 주지 및 선암사산림관리위원회 서무위원의 공동명의로써 함.

부칙

    1. 본 규정은 소화7년 7월 15일 제정 실시

       소화8년 10월 일 정정 시행

       소화11년 8월 1일 2회 개정 시행

    2. 본 규정을 개폐함에는 선암사평의원회의 결의를 요함

지은이 주

1 국립산림과학원 2012.12.12. 산림의 공익기능 보도자료. 산림청 홈페이지
   2010년 산림의 공익기능평가.

2 공익기능평가액은 1990년 23조 3,700억 원, 1995년 34조 6,110억 원, 2000
   년 49조 9,510억 원, 2005년 65조 9,066억 원, 2010년 109조 70억 원으로 5
   년마다 평균 47.4%씩 증가, 연평균 증가율은 9.5%에 달한다.

3 이영경, 이병인. 2002. 〈국립공원 내 전통사찰의 자원 가치 평가〉 한국정원학
   회지 20(4): 37-45.

4 이계복. 2011. 〈풍수지리 사상과 사찰 부동산 활용 방안에 관한 연구-대한
   불교 조계종을 중심으로〉 동국대학교 행정대학원 석사학위논문.

5 정락인. 2008. 〈무소유가 법이거늘 언제 땅 부자가 되었나〉 시사저널 968호
   (2008년 5월 2일자).

6 정락인. 2008. 〈무소유가 법이거늘 언제 땅 부자가 되었나〉 시사저널 968호
   (2008년 5월 2일자).

7 Chun, Young Woo. 2010. 〈Swinging Between Millennial Conservation
   and Modern Cultural Prosperity: A Gulf or Gap between the Korean
   Buddhist Temple Forests and National Park Institution?〉 Presented
   at the 1st Session of H-12 August 24, 2010 The XXII IUFRO World
   Congress.

8 권늬택. 1970. 〈한국 사찰림의 영림계획과 그 실천방법에 관한 연구〉 동국대학교 논문집.

9 동국불교미술인회. 2005.《사찰에서 만나는 불교미술》대한불교진흥원 출판부.

10 권늬택. 1970. 〈한국 사찰림의 영림계획과 그 실천방법에 관한 연구〉 동국대학교 논문집.

11 Basuntu Bidari. 1996. Forest and Trees associated with Lord Buddha. Ancient Nepal 139(June) Pages 11-24.

12 Kang Ho-duck. 2003. 〈Forest and Buddhism〉 The Dongguk Post, Dongguk University's English Magazine 336호.

13 불전간행회. 1997.《밀린다왕문경》민족사.

14 두타(dhuta)는 "修治, 棄除, 洗浣, 淘汰라 번역됨. 욕망에 대한 번뇌의 티끌을 제거하고 의, 식, 주를 간편히 하여 무소유의 삶으로 수행정진 하는데 12條의 행법이 있다. (1)在阿蘭若處, 인가를 멀리 떠나 깊은 산 숲과 넓은 광야의 한적한 곳에 머무는 것. (2)常行乞食, 음식은 항상 걸식을 하여 생활하는 것. (3)次第乞食, 가난한 집과 부유한 집을 가리지 않고 차례로 걸식하는 것. (4)守一食法, 한자리에서 먹고 거듭 먹지 아니하는 것. (5)節量食, 탁발한 발우 안에 든 음식만으로 만족하는 것. (6)中後不得飮漿, 정오가 지나면 과실즙이나 꿀물 같은 것도 마시지 아니함. (7)着弊衲衣, 헌 옷을 세탁하여 기워 입는 것. (8)但三衣, 중의, 상의, 내의 외에는 쌓아두지 않는 것. (9)塚間住, 무덤 곁에 살면서 무상관의 수행을 하는 것. (10)樹下止. 주처에 대한 애착을 버리기 위해 나무 아래 머물거나 있는 것. (11)露地坐, 나무 아래서 자면 습기, 새똥, 독충 등의 해가 있으므로 드러나 있는 노지에 있는 것. (12)但坐不臥, 앉기만 하고 눕지 않는 것."

15 김종원. 2011. 〈사찰풍수를 통해 본 한국 전통사찰의 가람 위치 연구〉 전남대학교 대학원 박사학위논문.

16 탁광일. 2012.《죽은 나무가 없는 숲은 아름답지 않다》종합출판 범우.

17 조명제, 김탁, 정용범, 정미숙. 2009.《역주 조계산송광사사고 : 산림부》. 혜안. 사고는 1920년대에 錦溟寶鼎 龍隱完燮, 綺山錫珍 스님 세 분이 수집 정리하여 책으로 묶은 자료.

18 동대신문 1970년 3월 30일자 사설 〈식목은 국토보안과 정신위생을 위한 길이다〉.

19 두산백과사전. http://terms.naver.com/

20 시공불교사전. http://terms.naver.com/

21 금성판《국어대사전》. 김민수, 고영근, 임홍빈, 이승재 편. 운평어문연구소편.

22 《한국민족문화대백과》.

23 전영우. 1997.《산림문화론》국민대학교 출판사.

24 염중섭. 2008.〈善德王知幾三事 중 第3事 고찰〉. 史學硏究 第91號, 2008.9, 49-
    92.

25 노사신(盧思愼), 양성지(梁誠之), 강희맹(姜希孟) 등이 성종(1481)의 명에 따
    라 편찬한 지리지(地里誌).《경국대전(經國大典)》,《동국통감(東國通鑑)》과 더
    불어 조선 성종 시대의 대표적 편찬 성과물이다.

26 조성호, 성동환. 2000.〈신라 말 九山禪門 사찰의 입지 연구-풍수적 측면을
    중심으로〉한국지역지리학회지 제6권 제3호.

27 정인종. 2001.〈삼국 및 통일신라 산지 사찰의 형성 과정과 변천 과정〉연세
    대학교 대학원 박사학위논문.

28 《한국민족문화대백과》.

29 이병희. 2002.〈고려시대 사원의 신설과 가용공간의 확대〉청람사학 제6집:
    37-72 한국교원대학교 청람사학회.

30 전영우. 1997.《산림문화론》국민대 출판부.

31 《한국문화대백과》에는 "고려 문종 때까지 1결의 넓이는, 장년 농부의 10지
    (指)를 기준한 지척(指尺)으로, 사방 640척이 차지한 정방형으로 15,447.5㎡
    가 된다."라고 기술되어 15결은 약 23ha의 면적이다.

32 배상현. 1997.〈고려시대 운문사의 사원전 경영〉한국중세사연구 4: 68-101
    한국중세사학회.

33 김갑주. 1982.〈조선시대 사원경제 연구〉동국대학교 박사학위논문.

34 이재창. 1964.〈여대 사원령 확대의 연구〉불교학보 2: 221~237 동국대학교
    불교문화연구원.

35 최삼섭. 1977.〈고려시대 사원재정의 연구〉백산학보 23: 156-190.

36 홍순권. 1987.〈고려시대 시지에 관한 고찰〉진단학보 64:113-132. 진단학회.

37 이병희. 2007.〈고려시기 사원의 시지와 산림〉청람사학 15집:27-47. 한국교
    육대학교 청람사학회.

38 《세종실록》(1427)에 "지금 각도의 사사(寺社)의 시지와 없어진 절의 기지(基
    地)를 상고하니, 합계한 전지(田地)가 2백53결(結)이 되는데, 요량(料量)하여
    군자감(軍資監)에 소속시키기를 청합니다."라는 기록에 비추어 볼 때, 왕실은

각 사찰에 제공했던 시지를 거두어들였음도 알 수 있다.

39 이병희. 2007. 〈고려시기 사원의 시지와 산림〉 청람사학 15집:27-47. 한국교
육대학교 청람사학회.

40 이병희. 2007. 〈고려시기 사원의 시지와 산림〉 청람사학 15집:27-47. 한국교
육대학교 청람사학회.

41 이병희. 2007. 〈고려시기 사원의 시지와 산림〉 청람사학 15집:27-47. 한국교
육대학교 청람사학회.

42 이병희. 2007. 〈고려시기 사원의 시지와 산림〉 청람사학 15집:27-47. 한국교
육대학교 청람사학회.

43 朴炳璇. 2006. 〈朝鮮後期 願堂考〉 백련불교논집 5-6집.

44 박병선. 2009. 〈조선후기 원당의 설립과 절차 및 구조〉 경주사학 29: 53-98.

45 탁효정. 2004. 〈조선후기 왕실원당의 사회적 기능〉 청계사학 19:149-213.

46 李周煥, 李軫勳, 趙源喬, 1999. 《조선의 태실》 全州李氏大同宗約院.

47 탁효정. 2012. 《廟殿宮陵園墓造泡寺調》를 통해 본 조선후기 능침사의 실태〉 조
선시대사학보 61 :195-227.

48 은해사 홈페이지 http://www.eunhae-sa.org/

49 김홍선. 2008. 〈조선후기 산림정책 및 산림황폐화: 시장주의적 고찰과 그에
대한 비판〉. 한국지역개발학회지 20(2):169-192

50 탁효정. 2012. 〈조선시대 王室願堂 연구〉 한국학중앙연구원 한국학대학원 박
사학위논문.

51 朴炳璇. 2006. 〈朝鮮後期 願堂考〉 백련불교논집 5-6집.

52 심희기. 1992. 《한국법사연구》 영남대학교 출판부.

53 김경숙. 2002. 〈조선후기 산송과 사회갈등 연구〉 서울대학교 대학원 박사학
위 논문.

54 국립민속박물관. 전라북도. 1994. 《전북지방 장승 솟대신앙》 국립민속박물
관 학술총서 14. 이밖에 다음의 문헌에도 사찰림의 매매기록이 있다. 전북대
학교 부속 박물관. 1984. 《전라도 무장의 함양 오시와 그들의 문서 I》. 54쪽
분류번호 2-1.

55 토지매매문기는 직지사 성보박물관의 전적류 소장품이다. http://www.
jikjimuseum.org/

56 전북대학교 부속 박물관. 1984. 《전라도 무장의 함양 오시와 그들의 문서 I》.
54쪽 분류번호 2-1.

57 영건의궤연구회. 2010.《영건의궤》동녘.

58 연합뉴스. 조선임야분포도. 2009년 9월 8일자 기사.

59 일본 國立公文書館 デジタル archives. https://www.digital.archives.go.jp/

60 임업연구원. 2001.《한국의 근·현대 산림소유권 변천사》임업연구원 연구자료 182호.

61 삼림법은 융희2년(1908) 1월 21일 법률 제1호로 반포되었다.

62 임업연구원. 2001.《한국의 근·현대 산림소유권 변천사》임업연구원 연구자료 182호.

63 삼림령은 조선총독두 제령 제10호 1911년 6월 20일에 공포되었다.

64 국유임야구분조사내규는 1915년 2월 伺定 1927년 2월에 개정되었다.

65 조선임야조사령. 1918년 5월 1일 훈령 제5호.

66 조선임야조사령시행규칙. 1918년 5월 1일 부령 제38호, 개정 1918년 10월 25일 부령 제104호, 1919년 1월 13일 부령 제5호.

67 삼림산야 및 미간지 국유사유구분표준, 명치45년(1912) 2월 3일 훈령 제4호.

68 최병택. 2014. 〈일제하 사찰 소유 임야 관리의 실태〉 사학연구 제114호: 125-160. 최병택. 2010.《일제하 조선임야조사사업과 산림 정책》271pp. 푸른숲.

69 배재수, 김선경, 이기봉, 주린원. 2002.《조선후기 산림정책사》임업연구원.

70 조선임야조사령시행규칙. 1918년 5월 1일 부령 제38호, 개정 1918년 10월 25일 부령 제104호, 1919년 1월 13일 부령 제5호.

71 명례궁 완문. 규장각 고서번호 18287의 2로 平安道寧邊妙香山普賢寺完文/明禮宮(朝鮮)編이다.

72 조명제, 김탁, 정용범, 정미숙.《역주 조계산송광사사고 : 산림부》. 2009. 혜안.

73 조선특별연고삼림양여령. 1926년 4월 5일 제령 제7호.

74 임업연구원. 2001. 〈한국의 근·현대 산림소유권 변천사〉 임업연구원 연구자료 182호.

75 정락인. 2008. 〈무소유가 법이거늘 언제 땅 부자가 되었나〉 시사저널 968호 (2008년 5월 2일).

76 임업연구원. 2001.《한국의 근·현대 산림소유권 변천사》. 임업연구원 연구자료 182호.

77 《한국경제연감》. 1961. 경제기획원 조사통계편 67쪽.

78   김순미. 2006. 〈해방 후 농지개혁과 사찰재산의 변동〉 한국교원대학교 석사 학위논문.

79   김순미. 2006. 〈해방 후 농지개혁과 사찰재산의 변동〉 한국교원대학교 석사 학위논문.

80   불교신문 2010년 10월 27일자.

81   동국대학교. 2007. 《동국대학교 백년사》. 동국대학교.

82   봉산정책의 시행 시기는 일반적으로 숙종 연대로 알려졌지만, 배재수(1995) 는 봉산이라는 명칭이 영·정조 대에 금산과 함께 사용되다가 순조 대에 이르 러 완전히 봉산으로 대치되었다고 주장한다.

83   전영우. 2009. 〈사찰림의 형성 유래와 기능〉 산림과학 21: 1-15. 국민대학교 산림과학연구소.

84   Chun, Y. W. 2010. 〈Suspended Between Millennial Conservation and Modern Cultural Prosperity: the Gulf Between the Korean Buddhist Temple Forests and National Park Institution?〉 The International Forestry Review 12(5):447-448.

85   조명제, 김탁, 정용범, 정미숙. 2009. 《역주 조계산송광사사고 : 산림부》. 혜안.

86   탁효정. 2004. 〈조선후기 왕실원당의 사회적 기능〉 청계사학 19:149-213.

87   탁효정. 2012. 〈조선시대 王室願堂 연구〉 한국학중앙연구원 한국학대학원 박 사학위논문.

88   박병선. 2009. 〈조선후기 원당의 설립과 절차 및 구조〉 경주사학 29: 53-98.

89   탁효정. 2004. 〈조선후기 왕실원당의 사회적 기능〉 청계사학 19:149-213.

90   李周煥, 李軫勳, 趙源喬. 1999. 《조선의 태실》. 全州李氏大同宗約院.

91   朴昞璇. 2006. 〈朝鮮後期 願堂考〉. 백련불교논집 5-6집.

92   탁효정. 2004. 〈조선후기 왕실원당의 사회적 기능〉 청계사학 19:149-213.

93   전영우. 2011. 《비우고 채우는 즐거움, 절집 숲》 운주사.

94   은해사 홈페이지 http://www.eunhae-sa.org/

95   《관동읍지》. 1871.

96   정약용. 1981-1988. 《목민심서》 창작과 비평사.

97   전영우. 2012. 〈조선시대 왕실의례용 임산물 생산을 위한 사찰의 산림관리〉 산림과학공동학술발표논문집. 한국임학회.

98   임경빈. 1991. 《조림학본론》 향문사. 임경빈은 "저자가 본 소나무림 가운데

가장 형질이 뛰어난 소나무림은 영월군 수주면 법흥리 법흥사 주변의 것"이
라고 했다.

99 전영우. 2011.《비우고 채우는 즐거움, 절집 숲》운주사.

100 조명제, 김탁, 정용범, 정미숙. 2009.《역주 조계산송광사사고 : 산림부》. 혜안.
    320pp.

101 《승정원일기》영조 21년(1745년) 11월 21일 …乃以求禮縣鷰谷寺所在處, 專屬
    主材封山之所, 成節目啓下….

102 《승정원일기》영조 22년(17456) 4월 17일 …爲其國用主材栗木封山之意, 草記
    蒙允後, 發遣郎廳摘奸, 則鷰谷寺接界連麓之地, 嶺南河東府雙溪洞, 山勢幽淨, 栗木尤
    多, 極可合於國用之材….

103 《승정원일기》영조 24년(1748년) 5월 14일 …以慶尙道河東雙溪洞, 定爲栗木封
    山°而標內雙溪洞神興·七佛等寺僧徒雜役,….

104 《승정원일기》영조 41년(1765년) 11월 12일 …本寺國用主材栗木封山, 新定於
    湖南靈光郡嶺鷲山之意, 草記蒙允後, 發遣郎廳摘奸, 則山勢幽淨, 栗木最多, 可合於國
    用之材,….

105 《승정원일기》영조 42년(1766년) 12월 25일 …湖南靈光郡嶺鷲山, 新定栗木
    封山, 發遣郎廳, 看審以來事, 曾以定奪矣°因郎廳回告內所封界內, 本無栗木成林之
    處,….

106 조명제, 김탁, 정용범, 정미숙. 2009.《역주 조계산송광사사고 : 산림부》. 혜안.

107 조명제, 김탁, 정용범, 정미숙. 2009.《역주 조계산송광사사고 : 산림부》. 혜
    안.

108 전영우. 2012. 〈조선시대 사찰의 산림관리-율목봉산과 향탄봉산을 중심으
    로〉산림과학 24:1-27 국민대학교 산림과학연구소.

109 《승정원일기》정조 즉위년(1776) 11월 3일(신미) "金鍾秀, 以禮曹言啓曰, 因守
    陵官裡狀聞, 元陵香炭山, 以慶尙道淸道郡雲門山寺上邊蛇里洞等處劃定矣°"

110 한국학중앙연구원 장서각자료센터 http://royal.kostma.net/Common/
    SearchMain에서《英宗大王國恤謄錄》乾 편에 향탄산 선정 과정이 자세히 수
    록되어 있다.《英宗大王國恤謄錄》'乾'에는 1776년 3월 5일 승하한 영조 임금
    의 初喪부터 練祭까지 국상 절차가 자세하게 기록되어 있다. 이 등록에 기록
    된 왕릉의 香炭山을 선정하는 과정은 다음과 같다. (1776년 8월 11일): "원릉
    수릉관 恩彦君 裀이 香炭山을 할 곳을 둘러보고 경상도 淸道 雲門山寺로 잡고
    位田으로 할 곳은 같은 도 巨濟 舊助羅浦로 잡아서 보고함. (조정에서 우선)
    본도 감사한테 형편을 살펴보게 한 다음 결정하는 것이 좋다는 뜻으로 아

림."(1776년 11월 11일): "수릉관 襧이 원릉 香炭山으로 쓸 땅을 淸道郡 雲門 山寺 蚣里洞 등으로 정했다고 보고함. 원릉 香炭山으로 할 곳을 다시 검토하여 같은 도 固城 欲池島가 적합하다는 회답을 내려보냄."(1777년 2월 4일): "비 변사에서 統制使가 보고한 바에 따라 香炭山으로 정한 경상도 固城縣 欲智島 가 統營의 封山處이므로 수릉관에게 강조하여 천천히 합당한 곳을 望定해야 한다고 아룀." (1776년 2월 22일): "수릉관 은언군 인이 원릉 香炭山으로 마 땅한 곳을 널리 돌아보고 전라도 南原 內外山과 光陽縣 白雲山을 打量하여 盡定 했다고 보고함. 이에 수릉관이 狀請한 바에 의거하여, 해당 지방관에 속히 타 량하게 한 후 어람용으로 성책할 것을 아룀."

111 국립민속박물관. 1996.《전남지방 장승·솟대 신앙》국립민속박물관 549pp.

112 경주시 양북면 불령 수래재의 연경묘향탄산인계하불령봉표(延慶墓香炭山因啓 下佛嶺封標)와 감골의 연경묘향탄산인계하시령봉표(延慶墓香炭山因啓下枾嶺封 標)는 불령과 시령이 위치가 기림사가 자리 잡은 함월산 자락이기 때문에 함 월산을 향탄산으로 추정할 수 있지만, 현재까지 기록으로 보고된 예는 없다.

113 서울대학교 중앙도서관 소장《慶尙道陜川伽倻山天下名山生佛住處海印寺判下完文 節目》/明禮宮(朝鮮) 編. 高宗28年(1891).

114 용문사의 장례원 완문의 사진과 국역 내용의 출처는 용문사 홈페이지 (http://www.yongmunsa.kr/)이다.

115 전영우. 2004.《우리가 정말 알아야 할 우리 소나무》현암사 416pp.

116 전영우. 2012.〈조선시대 사찰의 산림관리-율목봉산과 향탄봉산을 중심으로〉산림과학 24:1-27 국민대학교 산림과학연구소.

117 朴昞璇. 2006.〈朝鮮後期 願堂考〉백련불교논집 5-6집.

118 박병선. 2009.〈조선후기 원당의 설립과 절차 및 구조〉경주사학 29: 53-98.

119 탁효정. 2012.《묘전궁능원묘조포사조》를 통해 본 조선후기 능침사의 실 태〉조선시대사학보 61권: 195-229p.

120 동화사의 예조 첩지. "禮曹 釋敏軒稔 綏陵造泡屬寺 慶尙道大邱桐華寺 兼 香炭封 山守護總攝八道僧風糾正 都僧統者 光緖六年 十一月"

121 辛卯六月 日 明禮宮 完文. "…一本寺四處局內爲 祝香炭封山 劃下東至可質嶺西去馬 亭峙南距武陵地北到鼻持嶺 賜標此中松楸柴雜木等一草一葉如陵園藪林一截嚴禁是矣 如有士豪勢班及吏屬輩雇奴等特其威脅無難入伐該任僧直報 本宮移刑曹遠配之擧爲齊 一本寺定界內淸凉堡田大坪馬亭致隣武陵紅流等地所耕田畓已是 先朝賜牌地內則今 爲始結負火束自本寺奉納以爲 爲祝香供之資爲齊…"

122 朴昞璇. 2006.〈朝鮮後期 願堂考〉백련불교논집 5-6집. 박병선. 2009.〈조선후-

기 원당의 설립과 절차 및 구조〉경주사학 29: 53-98.

123 현봉. 근간.《금명(錦溟)보정(寶鼎)의 종통(宗統)과 다풍(茶風)》송광사.

124 전영우. 2012.〈조선시대 사찰의 산림관리-율목봉산과 향탄봉산을 중심으로〉산림과학 24:1-27 국민대학교 산림과학연구소.

125 한국정신문화연구원. 1991.《한국민족문화대백과사전》. 한국정신문화연구원.

126 김수완. 1968.〈한국임업사 논고, 왕조시대의 임제 3〉산림 1968년 11월호.

127 배재수. 1995.〈조선후기 봉산의 위치 및 기능에 관한 연구〉산림경제연구 제3권(1):29-44.

128 박봉우. 1996.〈봉산고〉산림경제연구 4권 1호.

129 이기봉. 2002.〈조선후기 봉산의 등장 배경과 그 분포〉문화역사지리 제14권 제3호: 1-18.

130 권순구. 2007.〈조선후기 봉산정책의 분석〉한국정책과학회보 11(1): 81-104.

131 이기봉(2002)은 柴場은 禁山이나 封山으로 불리지 않은 이유로 "柴場은 樹木을 보호하려고 지정한 것은 아니라는 점에서 禁山과 다르며, 木材의 조달을 목적으로 하지 않는다는 점에서도 封山과 다르다. 따라서 柴場이 禁山이나 封山으로 불리지 않은 것은 당연하다"라고 했다. 이런 주장은 논문이 나올 당시 炭封山이나 香炭封山의 존재 여부를 몰랐기 때문일 것이다.

132 《한국민족문화대백과》.

133 《朝鮮林業史》, 1944. 岡衛治 著, 社團法人 朝鮮林業協會.

134 배재수. 1997.〈朝鮮林業史'를 넘어 : 朝鮮林業史〉, 岡衛治 著〈書評〉. 산림경제연구 5: 89-94.

135 산림청. 2000, 2001.《조선임업사》상, 하.(번역본).

136 김광식. 2006.〈사찰령의 불교계 수용과 대응〉한국선학 15:619-663. 한국선학회.

137 임업연구원. 2001.《한국의 근·현대 산림소유권 변천사》임업연구원 연구자료 182호.

138 윤선자. 2003.〈일제하 종교단체의 경제적 기반 확보 과정〉한국근현대사연구 2003년 봄호 제24집62-90.

139 국가기록원 소장 문서, 관리번호 BA0200252 관보제36호(1949년1월27일) 수종사 사찰림벌채 허가.

140 국가기록원 소장 문서, 관리번호 CJA0004747 -1202 표충사유입목벌채건.

141 최병택. 2014. 〈일제하 사찰 소유 임야 관리의 실태〉 사학연구 제114호: 125-159.

142 김광식. 2006. 〈사찰령의 불교계 수용과 대응〉 한국선학15호: 619-659.

143 최병택. 2014. 〈일제하 사찰 소유 임야 관리의 실태〉 사학연구 제114호: 125-159.

144 임업연구원. 2001. 한국의 근·현대 산림소유권 변천사》 임업연구원 연구자료 182호.

145 동아일보 1924년 2월 22일자 '각도 조림 개요', '72만여 정보' 란 제목 아래, '사찰숲 23606 정보'의 조림 내용을 다루고 있다.

146 임업연구원. 2001. 한국의 근·현대 산림소유권 변천사》 임업연구원 연구자료 182호.

147 일본 國立公文書館 デジタル archives. https://www.digital.archives.go.jp/ 의 조선임야분포도.

148 삼림령. 조선총독부 제령 제10호 1911년 6월 20일.

149 조명제, 김탁, 정용범, 정미숙. 2009.《역주 조계산송광사사고 산림부》혜안 320pp.

150 국가기록원 소장 문서, 관리번호 CJA0004785 선암사사유림 벌채 허가원 1929년.

151 국가기록원 소장 문서, 관리번호 CJA0004805 선암사사유림 벌채 허가원 1932년.

152 김순미. 2006. 〈해방 후 농지개혁과 사찰재산의 변동〉 한국교육대학교 대학원 석사학위논문.

153 한국은행 경제통계시스템(http://ecos.bok.or.kr/)의 '국민소득' 중 '주요지표'를 참조.

154 인암(忍庵). 1962.《송광사 종무일기》. 미발표 자료. 송광사 성보박물관

155 김기재. 1982. 〈국유임야 관리 특별회계 개선 방안〉 산림 200('82.9) pp.30-35.

156 박은호 기자 2006. 〈국립공원 입장료 올부터 단계 폐지〉 서울신문 2006년 1월 12일자 기사.

157 불교신문 2014. 5. 21일자. "실현돼야 할 전통문화 계승발전 방안" 총무원, 6·4 지방선거 맞아 '불교성책' 제안.

158 전영우. 2015.《사찰림의 활용 방안과 문제점》산림과학 27: 1-40.

159 불교신문 2012. 10월 3일자. 아토피는 '제로'… 창의력은 '쑥쑥' (기획) 사찰 숲을 생태체험 학습장으로….

160 사찰생태연구소. 2013. http://cafe.daum.net/templeeco/

161 전영우. 2013.《숲과 문화》북스힐.

162 Metzner, Ralph. 1999.《Green Psychology》Transforming Our Relationship to the Earth. Park Street Press.

163 심옥화. 2014. 〈템플스테이 운영체계의 발전 방안에 관한 연구〉중앙승가대학교 석사학위논문.

164 최동진, 이강식, 2010. 〈사찰 운영 재원 마련을 위한 방안 연구 : 성공사례와 성공요건을 중심으로〉선문화연구 제9집 (2010년 12월) pp.109-145. 한국불교선리연구원.

165 권뢰택의 1971년 동국대학교 박사학위 논문(〈한국寺刹林의 營林계획과 그 실천방법에 관한 연구〉)이 본격적으로 사찰숲 경영을 다룬 것이다.

166 이상태, 배상원, 장석창, 이경재, 김현섭, 정준모. 2010. 〈사찰림의 관리 방안에 관한 연구-통도사와 마곡사 사례〉한국임학회 정기 학술연구발표회.

167 이계복. 2011. 〈풍수지리 사상과 사찰 부동산 활용 방안에 관한 연구-대한불교 조계종을 중심으로〉동국대학교 행정대학원 석사학위논문.

168 최동진, 이강식, 2010. 〈사찰 운영 재원 마련을 위한 방안 연구 : 성공사례와 성공요건을 중심으로〉선문화연구 제9집 (2010년 12월) pp.109-145. 한국불교선리연구원.

169 전영우. 2010. 〈사찰 소나무림의 역사성과 기능〉산림과학 22:55-70. 국민대학교 산림과학연구소.

170 서치상, 김순일. 1990. 〈송광사 제5중창공사에 관한 연구〉대한건축학회논문집6(1): 79-90.

171 전영우. 2011.《비우고 채우는 즐거움, 절집 숲》운주사.

172 이영경, 이병인. 2002. 〈국립공원 내 전통사찰의 자원 가치 평가〉한국정원학회지 20(4): 37-45.

173 山本博一 (東京大学) 교수의 〈社寺有林の山林経営: 高野山金剛峰寺の事例調査〉(山本博一. 2005.《木造建造物文化財の修理用資材確保に関する研究》, 京都大学).

174 한국임업진흥원은 홈페이지 다드림의 필지별 산림 정보 서비스(http://gis.kofpi.or.kr/gis/)를 통해서 상세한 자료를 제공한다.

175 곤고부지 홈페이지의 산림부 http://www.koyasan.or.jp/forest/

176 민병수 외. 2001.《사찰, 누정, 그리고 한시》태학사.

177 심경호. 2007.《산문기행》이가서.

178 민병수 외. 2001.《사찰, 누정, 그리고 한시》태학사.

179 조선총독부. 1920.《조선고적도보》조선총독부.

180 조선불교중앙교무원. 1929.《조선사찰 31본산》재단법인 조선불교중앙교무원.

181 전영우. 2004.《우리가 정말 알아야 할 우리 소나무》현암사.

182 전영우. 2009.《사찰림의 형성 유래와 기능》산림과학 21: 1-15. 국민대학교 산림과학연구소.

183 김규원, 심우경. 2013. 〈선종(禪宗)을 통한 사찰 소나무림의 의미 고찰〉한국 조경학회 2013 학술대회 논문집.

184 이정호, 전영우. 2009. 〈근세 조선의 왕목-사직수, 문화사회적 임업, 그리고 문화적 지속가능성〉한국임학회지 98:66-81.

185 전영우. 2004.《우리가 정말 알아야 할 우리 소나무》현암사.

186 김병우. 1996. 〈한국사찰의 산신신앙연구〉국립문화재연구소, 장량경. 2007. 〈19세기 불교 산신도 연구〉경주대학교 대학원 석사학위논문.

187 마상규. 1993.《소나무가 사라지고 있다》전영우 편,《소나무와 우리문화》 21-23. 수문출판사.

188 변영섭. 2008. 〈익숙함과 새로움의 소나무-새 시대 문화관과 소나무〉솔바람 모임 소나무 문화강좌(2008. 11. 17).

189 전영우. 2009. 〈사찰림의 형성 유래와 기능〉산림과학 21: 1-15. 국민대학교 산림과학연구소.

190 문화재청. 2010.《문화재대관》문화재청.

191 전영우. 2011. 〈불교에 용해된 수목숭배 신앙의 사례분석. 사찰의 지팡이 설화와 천연기념물을 중심으로〉산림과학 22:1-20. 국민대학교 산림과학연구소.

192 김영희. 2001. 〈한국신중탱화의 도상학적 연구〉동국대학교 석사학위논문.

193 조정옥. 2008.《은행나무와 우리문화》숲과문화 총서 16. 도서출판 숲과 문화.

194 Parkenham, T. 2002.《Remarkable Tree of the World》Weidenfeld &

Nicolson.

195 Altman, N. 1994.《Sacred Trees》Sierra Club Books.

196 전영우.2013.《숲과 문화(산림문화론)》개정2판. 북스힐.

197 강영호, 임주훈, 신수철, 이명보. 2004. 〈산불 예방을 위한 방화선 및 내화 수림대 조성에 관한 역사적 고찰-조선시대부터 일제강점기를 중심으로〉 한 국임학회지 93(7): 409-416, 임주훈. 2005. 〈산불 피해를 줄일 수 있는 조림 방안: 내화수림대 조성 기술사〉38(3):69-72. 한국기술사회.

198 조선총독부. 1920.《조선고적도보》조선총독부.

199 동아일보 1938년 12월 6일자, '油類遝下落 冬柏油는 反撥'이란 제목의 기사.

200 박동춘. 2010. 〈초의선사의 차문화관 연구〉동국대학교 박사학위논문, 박동 춘. 2013.《우리시대의 동다송》북성재.

201 양병훈, 홍용표, 이갑연, 정병춘, 박용구. 2010. 〈ISSR 표지에 의한 우리나라 야생 차 집단의 유전다양성〉한국차학회지 16(3):119-126. 박용구. 2007. 〈차나무 유전자원 보존〉한국차학회지 13(1):125-140.

202 김규원, 심우경. 2015. 〈17세기 이후 장흥 보림사의 경관요소 해석〉한국전 통조경학회지 33:110-118.

203 정인지. 2002.《신편 고려사》1, 2. 고전연구실 역. 신서원.

204 서긍. 정용석 역. 1998.《선화봉사 고려도경》움직이는 책.

205 김문경. 2007. 〈조선후기 백양사의 승역에 대한 고찰〉선문화연구 2: 81-110. 한국불교선리연구원.

206 중종 36권, 14년(1519 기묘/명 정덕(正德) 14년) 9월 25일(병진) 첫 번째 기 사. "각 고을에서 장원서(掌苑署)에 수납(輸納)하는 과일 중에 비자(榧子) 같 은 것은 그 수량이 너무 많아, 매양 그 수량을 감하도록 아뢰고 싶었습니다." 하니, 상이 이르기를 "제조(濟調)가 짐작하여 수량을 감하면 되는데, 어찌 꼭 승전(承傳)을 받아서 해야만 하는가?" 했다.

207 영조 113권, 45년(1769 기축/청 건륭(乾隆) 34년) 7월 10일(경인) 첫 번째 기사. 신회가 제향에 쓰이는 비자·표고를 선혜청에서 진배하는 일에 대해 아 뢰다. "제향(祭享)에 쓰이는 비자(榧子)·표고(蔈古)는 제주(濟州)에서 봉진(封 進)하던 것인데, 정봉(停封)하라는 하교가 있었으니, 마땅히 선혜청(宣惠廳) 으로 하여금 공가(貢價)를 주어 진배(進排)하게 하소서." 하니, 임금이 말하 기를 "공헌(貢獻)은 비록 정지했으나, 제물(祭物)을 어떻게 이와 같이 하겠는 가?"

208 1882년(고종 19) 쓸모없는 관청을 혁파할 때 사도사(司䆃寺)·내섬시(內贍

寺)·내자시(內資寺)·사재감(司宰監)·의영고(義盈庫)·사포서(司圃署) 등과 함께 장원서를 혁파했다. 이때 장원서가 맡고 있던 제향 물품의 수납은 봉상시(奉常寺)가 관장하도록 했다.

209 《관동읍지》.

210 《광여도》.

211 전영우. 2012. 〈조선시대 왕실의례용 임산물 생산을 위한 사찰의 산림관리〉 산림과학공동학술발표논문집. 한국임학회.

212 정약용. 1981-1988. 《목민심서》 창작과 비평사. '승발송행'의 번역본은 이정탁의 《한국산림문학연구》(1984, 형설출판사)를 인용했다.

213 경주시 양북면 불령 수래재의 연경묘향탄산인계하불령봉표(延慶墓香炭山因啓下佛嶺封標)와 감골의 연경묘향탄산인계하시령봉표(延慶墓香炭山因啓下柿嶺封標)는 불령과 시령이 위치가 기림사가 자리 잡은 함월산 자락이기 때문에 함월산을 향탄산으로 추정할 수 있지만, 현재까지 기록으로 보고된 예는 없다.

214 전라남도 영암군 군서면 구림리 산14의 도갑사 입구의 국장생 근처에 있는 건릉향탄봉안소 금표는 이런 사실을 뒷받침한다.

215 박봉우와 전영우가 연곡사의 율목봉산과 진목봉산을 가리키는 봉산표석을 '산림'(378호, 1997년 7월호)에 보고할 당시에는 계단으로 사용되지 않고 있었다.

216 송광사 고경 스님(박물관장)의 전언.

217 전영우. 2011. 《비우고 채우는 즐거움, 절집 숲》 운주사.

218 문화체육관광부. 2010. 《원효대사 순례길》.

219 김하영. 2015. 〈일본 '오헨로'와 33관음성지순례〉 불교신문 3092호 2015년 3월 28일자.

220 https://www.caminodesantiago.me/2013-statistics-for-the-camino-de-santiago/에는 2013년의 순례객 215,880명에 대한 통계가 나와 있다.

221 http://whc.unesco.org/en/list/

222 http://choishimichi.com/choishimichi01.html

223 이병희. 2007. 《고려시대 사원경제연구》 경인문화사.

224 매일신문 2015년 11월 30일자, "천주교 순례 코스 '한티 가는 길' … 순교 스토리 입힌다" 제목의 기사.

225 법보신문 2015년 9월 9일자. 〈자연 속 불교 성지길 걸으며 선지식 향취 만끽 제주에서 만나는 불교 순례길 세주도 순례길〉 제목의 기사.

찾아보기